2019年上半年中小学教师资格考试
综合素质试题(幼儿园)

注意事项：
考试时间为120分钟，满分150分。

一、单项选择题（本大题共29小题，每小题2分，共58分）

1. 图1表明，儿童的发展具有（　　）。

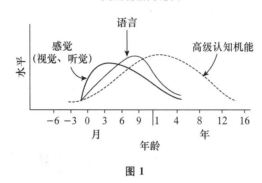

图1

   A. 阶段性　　　　B. 整体性　　　　C. 个体差异性　　　　D. 独特性

2. 某幼儿园为打造以艺术为特色的园本课程，决定将70%的课程安排为音乐、美术、舞蹈等内容。该幼儿园的做法（　　）。
   A. 正确，有利于凸显幼儿园特色　　　　B. 不正确，不利于幼儿知识学习
   C. 正确，有利于培养幼儿艺术特长　　　　D. 不正确，不利于促进幼儿全面发展

3. 绘画活动中，小班幼儿欢欢总是把色彩涂到轮廓线外面。下午，李老师当着欢欢的面对家长说："欢欢画画很不认真，总是画错。"李老师的做法（　　）。
   A. 错误，忽视了幼儿动作发展　　　　B. 错误，不能讽刺挖苦幼儿
   C. 正确，提高了幼儿绘画能力　　　　D. 正确，应该严格要求幼儿

4. 午餐时，幼儿辰辰翘着椅子坐，在椅子上摇来摇去，东倒西歪。对此，王老师恰当的说法是（　　）。
   A. "辰辰，不准玩椅子！"　　　　B. "辰辰，你有多动症吗？"
   C. "辰辰，请坐好，椅子会坏的！"　　　　D. "辰辰，请坐好，你会摔跤的。"

5. 依据我国宪法规定，我国国民经济的主导力量是（　　）。
   A. 集体所有制经济　　B. 非公有制经济　　C. 互联网经济　　D. 国有经济

6. 某幼儿园教师陈某在教育幼儿时，经常敲打、拖拽幼儿，造成幼儿身体多处瘀伤。陈某侵犯幼儿的权利是（　　）。
   A. 受教育权　　　　B. 人格尊严权　　　　C. 人身自由权　　　　D. 生命健康权

7. 梁某受聘在某政府机关举办的幼儿园中从事专职食品安全管理工作。根据《中华人民共和国教育法》的规定，对于梁某的管理应当实行（　　）。
   A. 国家公务员制度　　B. 教育雇员制度　　C. 教育职员制度　　D. 教育公务员制度

8. 教师赵某因当地教育行政部门侵犯其合法权益，依法提出了申诉。对于赵某的申诉，有权受理的机关是（　　）。
   A. 同级人民政府或上一级人民政府有关部门

B. 所在地区中级人民法院或省高级人民法院
C. 所在地区人民检察院或最高人民检察院
D. 上一级人民政府或中央人民政府有关部门

9. 某地区文化执法部门在对当地一家网吧进行巡查时,发现有未成年人正在网吧上网。根据《中华人民共和国未成年人保护法》的规定,文化执法部门可以对该网吧采取的措施是( )。
   A. 予以关闭,依法吊销营业执照
   B. 责令改正,依法给予行政处罚
   C. 予以查封,依法没收违法所得
   D. 责令停业,依法追究民事责任

10. 陈老师发现班里的幼儿玲玲有遭受家庭暴力的迹象。对此,陈老师应当采取的措施是( )。
    A. 对玲玲的家长进行批评教育
    B. 向当地公安机关报案
    C. 对玲玲的家长处以一定罚款
    D. 向当地法院提起诉讼

11. 何老师发现班里的幼儿萌萌感冒了,于是在课间休息期间,喂萌萌服下了儿童感冒药。何老师的做法( )。
    A. 合法,教师可以喂食非处方药
    B. 合法,有利于防止疾病传播扩散
    C. 不合法,幼儿用药应先征得监护人同意
    D. 不合法,幼儿园应在医师的指导下用药

12. 雯雯还未完成义务教育就辍学回家了,班主任王老师多次上门家访,雯雯的父母总是以读了书也找不到工作为由,拒绝让雯雯回学校上学。根据《中华人民共和国义务教育法》的规定,对于雯雯的父母,当地居民委员会可以采取的措施是( )。
    A. 给予批评教育,督促期限改正
    B. 给予行政处分,责令赔礼道歉
    C. 做好协助工作,督促家长送雯雯接受义务教育
    D. 采取强制措施,责令家长送雯雯接受义务教育

13. 在小班的家长会上,有两个家长质问带班的李老师:"为什么不教孩子写字和拼音?再不教的话,我们的孩子就转园。"对此,李老师恰当的做法是( )。
    A. 接受意见,适当增加拼音和写字的内容
    B. 听取意见,耐心向家长分析不教的原因
    C. 尊重家长,推荐校外辅导机构
    D. 不予理会,尊重家长的转园自由

14. 赵老师在省政府机关幼儿园工作,她对班上每个孩子家长的工作单位和职务都了如指掌,在日常的保教活动中,赵老师对省政府工作人员的孩子总是特别关照。赵老师的做法( )。
    A. 不正确,没有维护幼儿的同伴关系
    B. 不正确,没有做到对幼儿一视同仁
    C. 正确,有利于良好家园关系的建立
    D. 正确,有利于获得更多的办园资源

15. 王老师发现,孩子们进入大班后,变得太吵闹了,有时老师喊破了嗓子,孩子才安静下来。下列王老师的解决方法中不恰当的是( )。
    A. 引导幼儿逐渐学会自我约束
    B. 对吵闹的幼儿进行说服教育
    C. 让家长接吵闹的孩子回家安抚
    D. 引导幼儿参与感兴趣的活动

16. 中班幼儿正在做手工,佳佳尿裤子了。刘老师发现后,对嘲笑佳佳的幼儿说:"佳佳可能是做手工太认真,忘记上厕所了,以后我们要学习她认真做事的态度。当然,我们在认真做事时记得上厕所,那就更好了。"刘老师的做法（　　）。
    A. 有利于保护幼儿的自尊心　　　　　B. 有利于提高幼儿的操作能力
    C. 有利于增强幼儿的秩序感　　　　　D. 有利于培养幼儿的时间观念

17. 图2所示是位于雅典卫城中的帕特农神庙,它是为祭祀雅典城的守护神而建造的。这位守护神是（　　）。
    A. 阿波罗
    B. 波塞冬
    C. 阿瑞斯
    D. 雅典娜

    图2

18. 小行星带是太阳系内的一个小行星密集区域,聚集了大约50万颗以上的小行星。它所在的位置是（　　）。
    A. 金星轨道和地球轨道之间　　　　　B. 地球轨道和火星轨道之间
    C. 火星轨道和木星轨道之间　　　　　D. 木星轨道和土星轨道之间

19. 下列科学家中,提出并阐明了燃烧作用的氧化学说的是（　　）。
    A. 拉瓦锡　　　B. 玻意耳　　　C. 普利斯特利　　　D. 阿伏伽德罗

20. 下列选项中,首先提出行星的运行轨道是椭圆形的天文学家是（　　）。
    A. 开普勒　　　B. 哥白尼　　　C. 第谷　　　D. 牛顿

21. 下列影片中,以抗美援朝战争为题材的是（　　）。
    A.《闪闪的红星》　B.《渡江侦察记》　C.《南征北战》　D.《英雄儿女》

22. 芭蕾舞剧《胡桃夹子》改编自德国作家霍夫曼的童话故事《胡桃夹子与老鼠王》,音乐充满了单纯而神秘的神话色彩,其作曲者是（　　）。
    A. 舒曼　　　B. 贝多芬　　　C. 勃拉姆斯　　　D. 柴可夫斯基

23. 中国象棋蕴含了丰富的历史文化,棋盘中间的间隔处,通常被称为"楚河汉界",与其中的"楚""汉"相关的历史人物是（　　）。
    A. 刘邦　项羽　　B. 曹操　袁绍　　C. 苻坚　谢安　　D. 孙膑　庞涓

24. 京剧《贵妃醉酒》经京剧大师梅兰芳倾尽毕生心血精雕细琢,成为梅派经典代表剧目之一。它源自于古代一部戏曲,该戏曲是（　　）。
    A.《桃花扇》　　B.《南柯梦》　　C.《牡丹亭》　　D.《长生殿》

25. 世界各国动画片常常以儿童为主角,展示儿童正义、善良、机智、勇敢等品质,塑造出很多经典形象。图3的经典形象是（　　）。
    A. 葫芦娃(《葫芦兄弟》)
    B. 阿童木(《铁臂阿童木》)
    C. 一休(《聪明的一休》)
    D. 哪吒(《哪吒闹海》)

图3

26. 下列关于Word中的多文档窗口操作,表述不正确的是（　　）。
    A. 通过多文档窗口操作,文档窗口可以拆分成为两个文档窗口
    B. 多个文档编辑工作结束,只能全部存盘后才可关闭文档窗口
    C. 允许同时打开多个文档进行编辑,每个文档有一个文档窗口
    D. 多个文档窗口的内容之间可以进行剪切、粘贴和复制等操作

27. 下列关于 PowerPoint 的表述,不正确的是( )。
   A. 可以动态显示文本和对象
   B. 可以设置幻灯片切换效果
   C. 图表不可以设置动画效果
   D. 可以更改动画对象的出现顺序

28. 下列选项中,与"车票—票据"逻辑关系相同的是( )。
   A. 飞机票—船票
   B. 戏票—入场券
   C. 购水票—门票
   D. 餐券—优惠券

29. 找规律填数字是一项很有趣的活动,特别锻炼观察和思考能力。下列选项中,填入数列"1、2、9、33、( )"空缺处的数字,正确的是( )。
   A. 122   B. 124   C. 126   D. 128

二、材料分析题(本大题共 3 小题,每小题 14 分,共 42 分)

阅读材料,并回答问题。

30. **材料:**

夏日的雨后,大(1)班幼儿来到户外准备做操,发现地上爬了几只蜗牛,都纷纷蹲下来看。音乐声响起,幼儿小心翼翼地站在操场上做操,互相提醒别踩到蜗牛了。做完操后,有的幼儿提议要救救蜗牛,还有的幼儿提出要捉几只蜗牛到班里养着。

"蜗牛有嘴吗?""有脚没有?""喜欢吃什么?""它能走曲线吗?""是公的?还是母的?"幼儿提出了很多问题,李老师也表现出很感兴趣的样子和幼儿一起讨论。李老师说:"宝贝们真棒!提出了这么多有趣的问题,不过,老师也不知道答案,但是老师很愿意和大家一起学习,我们想想,怎么可以获得答案呢?""看书!""问爸爸妈妈!"……小朋友纷纷回答,李老师高兴地说:"好,我们分头行动!"于是,李老师用瓶子装着蜗牛带到班里,养蜗牛的行动开始了。

之后的一段时间里,李老师找来关于蜗牛的科普视频和孩子们一起观看,同孩子们一道观察、记录蜗牛的生活,并一起围绕蜗牛"吃什么""怎么睡觉"等问题查阅资料,分享资料……以"蜗牛"为主题的系列活动陆续在班里开展起来。

问题:

请结合材料,从教师观角度评析李老师的教育行为。(14 分)

31. 材料：

周老师是一名乡村幼儿园教师，她所带的班级里，孩子的父母大部分在外打工。周老师经常在班上组织"娃娃家"游戏。在游戏中，周老师扮演"妈妈"的角色，搂搂这个，亲亲那个，"宝贝"们在"妈妈"的怀里幸福地撒着娇。

妮妮常常把小手弄得脏脏的，还喜欢吸吮手指，导致常拉肚子。一天，周老师看到妮妮没有洗手就拿点心吃，就把她带到水池旁，一边教她洗手一边说："脏脏的小手有许多细菌，不洗手就拿东西吃，会生病的，以后我们天天把小手洗得干干净净的，做个健康的小宝宝，好吗？"妮妮使劲点点头，不好意思地笑了。

周老师还发现妮妮非常喜欢看书。妮妮的父母在外地打工，她和爷爷奶奶生活在一起，爷爷奶奶识字不多，没法陪她一起阅读，周老师就经常给她讲故事、念儿歌。周老师打电话给妮妮的妈妈说："妮妮是个可爱的孩子，就是不太爱说话，建议你们经常打电话给她，让她感受到你们的爱。"周老师还经常利用微信和妮妮的妈妈沟通、交流。

周老师觉得自己对幼儿的心理特点了解不够，有些问题不能妥善处理，于是主动参加培训学习。

问题：

请结合材料，从教师职业道德的角度，评析周老师的教育行为。（14分）

32. 材料：

20世纪20年代，以万氏兄弟为代表的早期动画艺术家创作了中国早期的动画片，此后的80多年，中国动画逐渐成熟，形成了自己独特的艺术风格。在中国，动画有一个特殊称谓——"美术片"，它准确反映了中国动画特殊的创作观念，就是用中国传统美术如绘画、民间工艺等的造型观念、空间概念、绘画技法创作的动画影片。中国"美术片"造型主要取材和借鉴中国古代壁画、民间年画、庙宇泥塑、舞台戏曲等的形象和服装、道具设计，角色造型或富丽堂皇，追求形式感很强的"装饰风格"，或简约洗练，追求轻松随意的"写意风格"，因为运用了中国绘画中散点透视、高远法则、分层、留白等技法和原理，中国传统动画的场景设计不是真实立体空间的再现，而是创造出一个完全不同于真实物理空间的、适合平面形象活动的平面空间，角色造型是平面的，场景也是平面的，动作（表演）自然也不能同真实生活一样了。中国动画家从传统戏曲表演中获得启示，动画角色也要"表现"，不要"再现"，这样既有动画特点，又与画面的平面风格一致。《骄傲的将军》首次把京剧中"净""丑"的表演动作运用到动画角色上，《大闹天宫》《哪吒闹海》《三个和尚》中许多动作也借鉴了京剧表演。由此，中国动画动作设计也逐渐形成了自己的风格，一是舞蹈化的表演动作，不追求真实生活动作，二是适合在平面空间上展现。

中国美术片对中国传统绘画和民间艺术的吸收和借鉴不仅表现为形式，还包含对其美学观念和哲学理念的继承，特别是视觉重构、意境营造等观念的继承。中国传统绘画和文学追求"意境"的传达，在叙事之外给人更多情感宣泄和想象空间，中国传统绘画和脱胎于此的中国传统动画，把真实三维空间重构为二维平面"空间"，则是哲学意义上的突破。独特的"意境"也使中国动画具有鲜明的中国风格。

认为"中国风格"过时了的人，其实并不真正了解"中国风格"，也不知道国外动画无一例外一直在追求、宣扬他们自己国家和民族的文化——从艺术形式到精神内涵。万氏兄弟等老一辈动画艺术家不仅创造了"中国风格"的经典动画，创造了中国动画的辉煌，他们也是在通过这些"中国风格"的动画传承、弘扬、发展中国的文化。

当然，风格也具有时代性。我们说中国动画要坚持"中国风格"，绝不是为了怀旧甚至"复古"，也绝不是说我们的动画必须或只能是传统题材、传统形式和传统表现手法。动画创作中要突出"中国风格"，不仅需要传承坚守，更需要创新发展。没有动画艺术的突破，就不会有动漫产业的真正发展。中国动画史上有过两次大的发展时期。今天，认真学习、研究前辈动画艺术家的理念与精神追求，就是为了抓住机遇，打造既有传统"中国风格"，又符合时代需求的新的"中国学派"，创造新的动画精品，以迎接中国动漫产业发展高峰的到来。

(摘编自曹小卉《中国风格过时了吗》)

问题：
(1) 在中国，"动画"为何又被称为"美术片"？请结合文本，简要概括。(4分)
(2) 文章为什么说中国动画的"中国风格"没有过时？请结合文本，简要分析。(10分)

三、写作题(本大题1小题,50分)

33. 阅读下面的材料,按要求作文。

美国演员莱昂纳多凭借电影《荒野猎人》中的格拉斯一角获得奥斯卡金像奖,引发社交媒体上的"狂欢",也让相关图书搭上一趟顺风车,就如诺贝尔文学奖、茅盾文学奖等奖项所引发的阅读热潮一样,带来了一股"奥斯卡阅读热"。

综合上述材料所引发的思考和感悟,写一篇论说文。

要求:

用规范的现代汉语写作。角度自选,立意自定,标题自拟。不少于800字。

2018年下半年中小学教师资格考试

综合素质试题(幼儿园)

注意事项:

考试时间为120分钟,满分150分。

一、单项选择题(本大题共29小题,每小题2分,共58分)

1. 铭铭问吴老师:"天上哪颗星星最亮?"吴老师说:"老师也不知道,回家后我们都去想办法找答案,好不好?"这说明吴老师能做到(   )。
   A. 尊重个体差异   B. 公平对待幼儿
   C. 面向全体幼儿   D. 引导幼儿探索

2. 刚进园时,小朋友们试图用旋转的方法打开水龙头,不出水就大声叫老师,这时蒋老师没有急于出手帮助,而是鼓励他们自己去试,很快小朋友们发现,提起开关,水就流出来,按下去,水就关上了,小朋友们高兴得不得了。这体现了蒋老师注重(   )。
   A. 教师的主体作用   B. 游戏的促进作用
   C. 幼儿的亲身体验   D. 环境的积极影响

3. 中(1)班有一个现象:一个孩子向杨老师"告状",其他孩子就会一个接一个地"告状",孩子们吵吵嚷嚷,班上乱成一锅粥。杨老师恰当的处理方式是(   )。
   A. 不理所有"告状"的孩子   B. 先让孩子们安静下来再行处理问题
   C. 训所有"告状"的孩子   D. 选取部分孩子的"告状"予以解决

4. 沈老师在指导新教师时说:"学习和掌握幼儿身心发展规律、年龄特点,对做好工作极为重要。"沈老师强调的是(   )。
   A. 幼儿发展知识的学习   B. 通识性知识的学习
   C. 保教知识的学习   D. 领域知识的学习

5. 下列选项中,不属于宪法规定的公民基本权利的是(   )。
   A. 人身自由权   B. 信仰自由权
   C. 通信自由权   D. 教育自由权

6. 联合国《儿童权利公约》所指的"儿童"是(   )。
   A. 18岁以下的任何人   B. 16岁以下的任何人
   C. 10岁以下的任何人   D. 6岁以下的任何人

7. 为解决新建小区幼儿入园难的问题,某房产开发公司在所建小区引入了一家由某教育发展集团独资举办的幼儿园。根据《中华人民共和国教育法》的规定,有权确立该幼儿园管理体制的是(   )。
   A. 当地人民政府   B. 当地教育行政部门
   C. 该教育发展集团   D. 该房产开发公司

8. 某幼儿园为提升教师专业水平,从所有教师工资中扣除100元用于订阅专业刊物。该园的做法(   )。
   A. 合法,幼儿园有权管理和使用本单位经费
   B. 合法,幼儿园有按照章程自主管理的权利
   C. 不合法,侵犯了教师获取工资报酬的权利
   D. 不合法,侵犯了教师从事科学研究的自由

9. 未成年学生孔某在逛超市的时候,管理人员怀疑他偷拿物品,并对他进行了强制搜身。该超市侵犯孔某的权利是( )。
   A. 名誉权　　　B. 人身自由权　　　C. 生命健康权　　　D. 隐私权

10. 某幼儿园在上学期为大班开设了小学一年级语文、数学课程。该幼儿园的做法( )。
    A. 正确,幼儿园有权安排教学活动　　　B. 不正确,这些内容应设在大班下学期
    C. 正确,有利于实现幼小衔接　　　D. 不正确,不利于幼儿的身心发展

11. 某幼儿园要求幼儿必须到医院接受体检,合格后方可入园。该幼儿园的做法( )。
    A. 有利于全面了解幼儿健康状况　　　B. 有利于选拔优秀幼儿入园
    C. 侵犯了幼儿的受教育权　　　D. 侵犯了幼儿的个人隐私

12. 亮亮是驻某地武警部队现役军人的子女,根据《中华人民共和国义务教育法》的规定,对亮亮的义务教育负有保障义务的是( )。
    A. 中央人民政府教育行政部门　　　B. 省级人民政府教育行政部门
    C. 市级人民政府教育行政部门　　　D. 县级人民政府教育行政部门

13. 休息时,王老师让孩子们排队接水喝,可队伍总也排不好,你推我,我挤你。王老师只好扯着嗓门提醒孩子们,可队伍刚排好,过一会儿又乱了。这时,王老师也口渴了,她端起杯子走到队伍前面接了一杯水喝,很无奈地看着眼前乱哄哄的接水队伍。这表明王老师( )。
    A. 未能廉洁从教　　　B. 未能公平对待幼儿
    C. 未能以身作则　　　D. 未能公正对待幼儿

14. 一天,陈老师正在组织孩子们踢球,方方总是抢到球后抱着跑。陈老师看到后就让他站到一边,并对带班老师说:"以后都别让他踢球了!"陈老师的做法( )。
    A. 正确,维护了整个活动的良好秩序　　　B. 正确,保护了其他孩子的人身安全
    C. 不正确,破坏了同事间的团结协作　　　D. 不正确,打击了方方的参与积极性

15. "丢手绢"的游戏结束了,张老师正准备带领小朋友们回教室,晓珺突然走到张老师面前,低声说:"老师,还没有轮到我丢手绢呢。"此时,张老师恰当的回应是( )。
    A. "难道还让我叫小朋友来陪你玩一次?"
    B. "待会儿我们再去玩更有趣的游戏吧!"
    C. "小朋友们先等着,我带晓珺去玩。"
    D. "下次再玩吧,谁让你运气这么差!"

16. 离园时,家长们都走进幼儿园接孩子,金老师一见到小齐爸爸,就埋怨他说:"小齐到现在还不会自己吃饭、穿衣,你们做家长的都怎么教的!"小齐爸爸觉得很难堪,恼怒地说:"就是不会才送到幼儿园学习的嘛!"对该事情,下列说法正确的是( )。
    A. 金老师应该注意与家长沟通的方式　　　B. 生活能力培养主要由家长负责
    C. 金老师拥有批评幼儿家长的权利　　　D. 生活能力培养主要由教师负责

17. 大量细小的水滴随气流漂浮,从天空慢慢降落地面。生活中,人们常常把这种自然现象称作( )。
    A. 雾　　　B. 霾　　　C. 小雨　　　D. 毛毛雨

18. 人类的发展进程与使用工具密切相关。下列选项中,属于人类最早的工具是( )。
    A. 石器　　　B. 陶器　　　C. 瓷器　　　D. 铁器

19. 漫画中的超级英雄拥有特别服饰和超人能力,很多被搬上银幕,获得小朋友们喜爱。图1的银幕形象是(   )。

图1

   A. 闪电侠   B. 蝙蝠侠   C. 蜘蛛侠   D. 钢铁侠

20. 一位作家在创作和翻译儿童作品方面卓有成就,编过儿童文学杂志,有一项儿童文学奖就以其命名,这位作家是(   )。
   A. 严文井   B. 陈伯吹   C. 张天翼   D. 叶圣陶

21. 中国古代蒙学教育的基本目标是培养儿童认字、书写能力,养成良好的日常生活习惯,具备基本的道德伦理规范,掌握一些中国基本文化常识及日常生活常识。下列选项中,不属于中国蒙学教材的是(   )。
   A.《千字文》   B.《百家姓》   C.《急就章》   D.《山海经》

22. 作为计量单位,"光年"和"甲子"分别是(   )。
   A. 时间单位、时间单位   B. 长度单位、长度单位
   C. 时间单位、长度单位   D. 长度单位、时间单位

23. 如果太阳不发光,那么地球上的人们仍然能够用肉眼直接看到的天体是(   )。
   A. 彗星   B. 金星   C. 流星   D. 月亮

24. 大气是围绕地球的气圈,对地球有重要作用。下列选项中,不属于大气作用的是(   )。
   A. 防止过量太阳辐射   B. 帮助保持地球温度
   C. 锁住地球生物所需水分   D. 产生厄尔尼诺现象

25. 中国传统民居风格众多,有很深的人文与地理环境烙印,生动地反映了人与自然的关系。图2所示的民居名称为(   )。

图2

   A. 傣族竹楼   B. 福建土楼   C. 侗族鼓楼   D. 西藏碉房

26. 图文混排是 Word 的特色功能之一。下列表述中,不正确的是( )。
   A. 可以在文档中插入剪贴画　　　　B. 可以在文档中插入图形
   C. 可以在文档中插入文本框　　　　D. 可以在文档中插入配色方案

27. 下列关于 PowerPoint 中"自定义动画"的表述,正确的是( )。
   A. 只能用鼠标,不能用时间来控制动画　　B. 只能用时间,不能用鼠标来控制动画
   C. 鼠标和时间都能够控制动画　　　　　　D. 鼠标和时间都不能控制动画

28. 下列选项中,与"家具—大衣柜"逻辑关系相同的是( )。
   A. 电冰箱—空调　　B. 坐具—双人床　　C. 消毒柜—冰柜　　D. 炊具—煤气灶

29. 找规律填数字是一项很有趣的活动,特别锻炼观察和思考能力。下列选项中,填入数列"50、90、170、( )、650"空缺处的数字,正确的是( )。
   A. 330　　　　　　B. 340　　　　　　C. 350　　　　　　D. 360

二、材料分析题(本大题共 3 小题,每小题 14 分,共 42 分)

阅读材料,并回答问题。

30. 材料:

班上的一些小朋友不喜欢洗手,有些小朋友虽然洗手,也只是简单地冲冲水就算了。户外活动后,韩老师把小朋友分成两组:一组念着儿歌认真地洗手,另一组暂时不洗手。韩老师拿出两块柚子皮,一组一块,让小朋友分别摸柚子皮内层,红红突然叫起来:"黑了,黑了!"果然,没洗手那组小朋友摸过的柚子皮内层已经黑乎乎了,韩老师趁机提问:"柚子皮为什么会变黑呀?"孩子们抢着说:"他们没洗手,手很脏。""手上有土,把柚子皮弄脏了。"韩老师连忙引导:"这是我们能看见的,还有我们看不见的有什么呢?""细菌、病毒。"孩子们大声说。韩老师趁热打铁:"如果我们不洗手就拿东西吃,手上的脏东西会沾到食物上,脏东西进入我们的肚子,身体会怎么样? 我们应该怎样做呢?"孩子们叽叽喳喳地讨论开来,最后得出了"一定要认真洗手,做健康的小主人"的结论。活动结束后,没洗手的小朋友,立刻跑到洗手池边洗手,洗得格外认真;洗了手的小朋友中,有人感觉自己没洗干净,就又认真地洗了一遍。

自此,小朋友们大都能自觉地去洗手,如果某个小朋友忘记洗手,其他的小朋友也会提醒他。

问题:

请结合材料,从儿童观的角度,评析韩老师的教育行为。(14 分)

31. **材料：**

一天早上，陈一航蹦蹦跳跳地走进教室，在搬椅子时，他发现旁边小朋友的椅子上有一本书没有收好，便大声喊道："余老师，这儿有一本书没有收。"余老师笑着说："那就请你把它送回去，好吗？"他高兴地把书拿往图书角。由于陈一航平时吃饭、睡觉、上课、活动无一不让老师费心，所以余老师一直盯着他的送书过程，生怕他把书拿到别处去。当他把书拿到书柜前，正想顺手往里面一扔时，余老师连忙说："谢谢你哦，你帮了我一个大忙，要不等会儿我还得自己把书整理好。"他听后连忙把书放整齐，离开书柜了，还不时地回头看看书本是否会掉下来。

余老师被陈一航的这个行为所触动，立刻走过去，轻轻地拍了拍他，说："陈一航，原来你那么会整理书啊，那你愿意做'图书管理员'吗？把小朋友们没有收好的书，都送到这里来收放整齐。"他高兴地说："当然可以！我放书最整齐了！"之后的一个星期，在余老师的引导下，陈一航很用心地寻找没有收回图书角的书，把书摆放整齐，在其他方面也进步了很多。

问题：

请结合材料，从教师职业道德的角度，评析余老师的教育行为。（14分）

32. 材料：

民族文化的独特性和优越性,不仅体现于显性的世界观和价值观,而且根植于隐性的思维模式中。在人类文明的进程中,中华文明之所以延续得如此绵长,在很大程度上得益于我们这个民族独特的方法论和辩证法原则,得益于中国人思考问题的方式和解决问题的路径。辩证矛盾思维即是其中之一。

辩证矛盾思维特别注重时间性。既然矛盾双方之间的辩证运动是在时间中展开的,时间就不是可有可无的,而必须是参与事件的重要因素。因此,辩证思维特别看重"时机",追求"时中"。

"时中"一词最早出现于《周易》"蒙"卦的《彖传》"蒙,亨。以亨行,时中也。"意思是说,蒙卦表示希望亨通,所以,以通来行事,是符合"蒙"这个时机的。可见,所谓"时中",主要有两方面的含义:一是要"合乎时宜",二是要"随时变通"。中而非时,不谓之中。同样,时而不中,更不谓之中了。

《资治通鉴》中记载了这么一个故事,说韩国的国君韩昭侯准备修建一个高门,但他的谋士屈宜臼却奉劝他不要这么做。屈宜臼说:"如果你非要修建这个高门,恐怕你还等不到这个高门修建完,就要死了。为什么呢?因为时机不对。国君在自己家修建一个高一点的门楼,搞得气派一些,有错吗?没有错。当年我们国强民富的时候,你如果修建一个高门,肯定没有问题。可是今天的情况已经不一样了,秦国去年刚刚攻占了我们的宜阳城,我国元气大伤,你偏偏要在这个时候修建高门,势必会使百姓离心,将士散德,韩国的败落就不可避免了。"结果,韩昭侯没有听屈宜臼的劝告,而屈宜臼的预言也应验了,高门还没有修好,韩昭侯就去世了。

当然,这只是一个小故事,但其中蕴含的道理却非常深刻。正如屈宜臼说的那句话:"吾所谓时者,非时日也,夫人固有利,不利时。"意思是说,他所说的时间,不是客观的时间,而是参与到事情当中来的时间。在合适的时间做一件事情,效果会很好;在不合适的时间做同一件事情,往往会很糟。这正是"举事而不时,力虽尽而功不成"的道理。

正因为此,中国文化对时间非常敏感,强调做任何事情都要相时而动,顺势而行。《中庸》中说:"君子之中庸也,君子而时中;小人之中庸也,小人而无忌惮也。"宋代学者朱熹在注释"时中"时也说:"盖中无定体,随时而在,是乃平常之理也。"即是指,"中庸",是因"时"而"中"的,并非骑墙、折中,更不是简单、僵化的"中间地带"。"时中"又是何其之难!因为它在实践中很难把握,你不可能一劳永逸地抓住它,然后照本宣科地去实践。但是,认识到这种困难并不是坏事,因为你一旦明白了"时中"的艰难,就会有一种危机感。而这种危机感又会让你在行为中谨小慎微,如履薄冰,相时顺势,减少犯错。

(摘编自祝和军《中国传统文化中的辩证思维》)

问题:

(1) 辩证矛盾思维为何特别注重时间性?请结合文本,简要概括。(4分)

(2) 追求"时中",对个体而言有何价值和作用?请结合文本,简要分析。(10分)

三、写作题(本大题 1 小题,50 分)

33. 阅读下面文字,按要求作文。

管仲随齐桓公攻打孤竹,春天出征,凯旋时已是冬天,迷了路。管仲说:"老马的智慧是可以利用的。"于是放开老马,人们跟随着它,终于找到了回去的路。

北京大学一位老教授,在海淀区住了将近半个世纪,自认为蒙着眼睛也能找回家,可谓地道的"老马"。然而,有一次他走了一条新路,一走出去,是一条大马路,车如流水马如龙,竟一时找不到归路,幸而看见马路上驶过的332路公交车,才得以安全回到家。

综合上述材料所引发的思考和感悟,写一篇论说文。

要求:

用规范的现代汉语写作。角度自选,立意自定,标题自拟。不少于800字。

2018年上半年中小学教师资格考试
综合素质试题(幼儿园)

注意事项:

考试时间为120分钟,满分150分。

一、单项选择题(本大题共29小题,每小题2分,共58分)

1. 中班的浩浩组织能力和语言表达能力都很强,王老师每次都让他在表演游戏中扮演主角。王老师的做法违背的教育理念是( )。
   A. 促进学生发展
   B. 促进全体学生发展
   C. 促进学生主动发展
   D. 促进学生个性发展

2. 幼儿在游戏时总是喜欢争抢玩具,对此,胡老师不合适的做法是( )。
   A. 组织幼儿讨论玩具使用规则
   B. 让幼儿说明会争抢玩具的理由
   C. 表扬幼儿的分享及合作行为
   D. 让争抢玩具的幼儿站到墙角

3. 上课时,柯老师正在组织小朋友们讨论,然然先找毛毛碰头玩,又去抱乐乐的腿,脸上还带着得意的笑容。柯老师恰当的做法是( )。
   A. 当众点名批评然然
   B. 抚摸然然的头以示提醒
   C. 鼓励然然继续游戏
   D. 假装没看见然然的行为

4. 初入园的小朋友害怕幼儿园厕所里的蹲坑,黎老师就在每个蹲坑的两边合适的位置,用环保油漆画上可爱的小脚印。孩子们看了既新奇又喜欢,如厕时都去踩自己喜欢的小脚印。这说明教师劳动具有( )。
   A. 长期性　　B. 示范性　　C. 复杂性　　D. 创造性

5. 幼儿教师李某猥亵儿童被人民法院判处有期徒刑一年,缓刑一年。李某( )。
   A. 将终身不能从事教师职业
   B. 五年内不得从事教师职业
   C. 缓刑期内可继续从事教师职业
   D. 可在私立幼儿园从事教师职业

6. 小华的父母出差,将其委托给好友胡某代为监护,胡某带着小华在小区内玩耍,在与小朋友们的追逐打闹中,小刚将小华推倒摔伤。对小华所受伤害,应承担赔偿责任的是( )。
   A. 小华的父母
   B. 胡某
   C. 小刚的父母
   D. 胡某与小刚的父母

7. 《国家中长期教育改革与发展规划纲要(2010—2020年)》提出了学前教育发展的政府职责。关于政府职责说法,下列选项中不正确的是( )。
   A. 制定审核幼儿园的章程
   B. 建立幼儿园准入制度
   C. 制定学前教育的办园标准
   D. 完善幼儿园收费管理办法

8. 依据联合国《儿童权利公约》,对儿童的养育和发展负有首要责任的是( )。
   A. 国家　　B. 父母　　C. 学校　　D. 社会

9. 某幼儿园组织幼儿进行军训活动,该幼儿园的做法( )。
   A. 正确,有利于强化幼儿纪律教育
   B. 正确,有利于增强幼儿的责任感
   C. 不正确,阻碍幼儿学习成绩的提升
   D. 不正确,未遵循幼儿身心发展的规律

10. 某小学王校长发现校门口有商贩向学生兜售散装香烟,他应该采取的做法是( )。
    A. 制止学生购买香烟,立即将商贩劝离

B. 允许学生购买香烟,禁止其校内吸烟
C. 制止学生购买香烟,对商贩处以罚款
D. 允许学生购买香烟,对商贩不予干涉

11. 幼儿萌萌午休时不睡觉还发出吵闹的声音,何老师把她关在厕所里,以免影响其他幼儿休息。何老师的做法(　　)。
    A. 不正确,侵犯幼儿的人身权利和人格尊严
    B. 不正确,侵犯了幼儿的思想自由和受教育权
    C. 正确,有利于保障其他幼儿午间休息的权利
    D. 正确,有利于引导萌萌养成良好的生活习惯

12. 秦老师按照行为表现把班里的幼儿分为"精英组""平民组""娱乐组"。"娱乐组"里全都是调皮的孩子。秦老师的做法(　　)。
    A. 尊重了幼儿发展的个别差异　　　B. 体现了因材施教的教育理念
    C. 未能平等公正对待幼儿　　　　　D. 未能培养幼儿良好品行

13. 妈妈到幼儿园接斌斌时,发现斌斌的手背被小朋友抓破了,就马上向园长投诉当班的丁老师。为此,丁老师的心里很不舒服,第二天一到教室就训斥了斌斌。丁老师的行为(　　)。
    A. 合理,教师可以表达自己的真实情感
    B. 不合理,教师应完全接受家长的意见
    C. 合理,教师不可能对每一个孩子监管到位
    D. 不合理,教师应具备较强的情绪调适能力

14. 小(2)班的孩子们在"六一"会演的节目排练时,洋洋和健健总是不能跟着刘老师做动作,站在原地发呆。为了不影响班集体的表演效果,刘老师不让他俩参加演出。刘老师的做法(　　)。
    A. 恰当,教师应尊重幼儿的选择
    B. 恰当,教师应维护班集体荣誉
    C. 不恰当,教师应引导全体幼儿参与集体活动
    D. 不恰当,教师应要求幼儿必须参与集体活动

15. 强强特别能吃,体型偏胖,动作比其他小朋友稍微缓慢,小朋友们因此不喜欢跟他玩,强强慢慢地变得孤僻了。老师不正确的做法是(　　)。
    A. 训练强强的动作敏捷性　　　　　B. 默许其他小朋友的行为
    C. 教育其他小朋友接纳强强　　　　D. 帮助强强养成合理饮食的习惯

16. 幼儿园派夏老师外出学习,在她回来后,园长要求她给全员老师做一次讲座,分享她的学习体会。夏老师应该(　　)。
    A. 只与园长分享学习体会　　　　　B. 婉拒分享学习体会的要求
    C. 积极主动地与全园老师分享　　　D. 挑选不重要的内容与全园老师分享

17. 春秋战国时期,各诸侯国为富国强兵、增强争霸实力,先后实行变法。下列选项中,诸侯国与变法活动对应不正确的是(　　)。
    A. 魏国—李悝变法　　　　　　　　B. 楚国—吴起变法
    C. 秦国—商鞅变法　　　　　　　　D. 赵国—管仲变法

18. 历法是推算年、月、日的时间长度和它们之间的关系,制定时间序列的法则。我国最早制定历法的朝代是( )。
   A. 夏朝   B. 商朝   C. 西周   D. 西汉

19. 外国历史学家要研究我国历史上手工业生产的基本情况,下列选项中,最应该推荐的书是( )。
   A.《齐民要术》 B.《梦溪笔谈》 C.《天工开物》 D.《农政全书》

20. 盆地的主要特征是四周高(山地或高原)、中部低(平原或丘陵)。下列选项中,海拔最高的盆地是( )。
   A. 塔里木盆地 B. 柴达木盆地 C. 吐鲁番盆地 D. 四川盆地

21. 海洋科学考察离不开考察船的建设,我国从20世纪70年代起到现在,已经拥有了各种类型的科考船。我国建造的第一艘水文气象科考船是( )。
   A. 大洋一号   B. 远望一号
   C. 东方一号   D. 向阳红一号

22. 王维《送刘司直赴安西》诗中写道:"绝域阳关道,胡沙与塞尘。"诗人的朋友要经过"阳关道"去的地方属于( )。
   A. 漠北   B. 岭南   C. 西域   D. 中原

23. 用来记数的符号叫"数字",世界各大文明都曾创造过"数字",有的现代已经不再使用,有的只用于特定的场合。右图钟表盘面上表示时间的数字,使用的是( )。
   A. 希腊数字   B. 罗马数字
   C. 阿拉伯数字   D. 巴比伦数字

24. 各国的儿童文学都曾产生过深受儿童和家长欢迎的经典作品。下列选项中属于法国小说家圣·埃克苏佩里创作的作品是( )。
   A.《金银岛》 B.《水孩子》 C.《小王子》 D.《彼得·潘》

25. 交通标志已经成为现代生活的一部分,在保证道路交通安全、畅通方面有着重要作用,分为主标志和辅助标志两大类。主标志包括禁令标志、警告标志、指路标志、指示标志等。下列选项中,表示"禁止直行"的标志是( )。

26. 在Word文档编辑状态下,点击功能图标 ![icon] ,可实现的操作是( )。
   A. 居中对齐   B. 分散对齐   C. 右对齐   D. 左对齐

27. 赵老师希望按特定顺序呈现演示文稿当前幻灯片的标题、图片、文字等,下列选项中,能实现这一操作的是( )。
   A. 自定义放映   B. 幻灯片设计
   C. 幻灯片切换   D. 自定义动画

28. 下列选项中,与"电磁炉"和"家用电器"的逻辑关系相同的是( )。
   A. "钢笔"与"文具"   B. "电脑"与"微机"
   C. "电视"与"冰箱"   D. "教具"与"黑板"

— 4 —

29. 按照给出图形的逻辑特点,下列选项中,填入空白处最恰当的是( )。

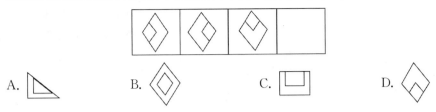

A.　　　　B. 　　　　C. 　　　　D.

二、材料分析题(本大题共 3 小题,每小题 14 分,共 42 分)

阅读材料,并回答问题。

30. 材料:

建构游戏开始了。樊老师对孩子们说:"你们喜不喜欢西安啊?"小朋友们齐声说:"喜欢!"樊老师又说:"那你们都来说一说西安都有哪些著名的建筑?"

林晓英抢着说:"老师,我知道,西安有城墙。"贺子涵接着说:"老师,还有大雁塔。"孩子们你一言我一语地说着。于是,樊老师提议:"那我们大家一起把这些建筑搭建出来好吗?"孩子们兴奋地去积木区选择自己需要的材料。

一开始,贺子涵将"大雁塔"搭得上下一样宽,有小朋友反对说:"这个不像大雁塔!我见过大雁塔,下面大一些,上面尖尖的。"贺子涵立刻说:"我还没搭好呢!"接下来,他通过几次调整,将"大雁塔"的底部变大了,"大雁塔"稳固了不少。林晓英在尝试搭建城墙的过程中,最先采用了垂直堆高的方法,不一会工夫就摆放到位,骄傲地站在城墙边,邀请小朋友观看。樊老师发现孩子们都没有注意到城墙砖块交错的方式,于是拿来一张城墙的图片,说:"孩子们快来看,城墙的砖块是怎样摆放的呢?"孩子们通过观察图片,一下子发现了砖块交错摆放的秘密,很快做出修正。

问题:

请结合材料,从教育观的角度,评析樊老师的教育行为。(14 分)

31. 材料:

中班的睿睿很任性,处处以自我为中心。音乐课上,李老师教小朋友们唱《两只老虎》,大家都跟着老师唱,只有睿睿故意把"两只老虎"的歌词改成"两只花猫",其他小朋友听了,也随着睿睿唱"两只花猫",李老师警告睿睿:"如果再改歌词,你就到小班去!"但睿睿没有听老师的话,继续改歌词,甚至把调子拖得很长。李老师火了,站起来走到睿睿跟前,大声吼道:"你给我出去!"睿睿哭着走出教室,李老师没有理会,继续教小朋友们唱歌。就这样,睿睿站在教室门口哭个不停,直到下课。

回家后,睿睿把这件事告诉了家人。第二天,奶奶来送睿睿时,找李老师理论。李老师说:"就是你们这些家长太溺爱孩子,孩子才那么任性!我们对他进行教育,难道不对吗?"

问题:

请结合材料,从教师职业道德的角度,评析李老师的教育行为。(14分)

32. 材料:

人类在两千多年前轴心时期所创造的人文经典,那个历史时期留下的人文价值理念,包括怎么做人、怎么处理人和人的关系、怎么建构一个和谐合理的社会等一些涉及道德、审美、信仰等人文精神的内容,仍然是今天人们的思想源泉。然而,近百年来,我们不时中断这一源头活水,常常会对中华文化的人文经典采取很不适当的态度。今天,当我们富国强兵的梦想即将实现之时,却突然发现,我们的人文经典所承载的人文理性、人文价值是多么重要。今天很多学生,也包括企业家、公务员,他们津津乐道于读经典。这种重新回到经典的冲动,实质上也是一种回归中华人文传统的精神渴求。

中华文明的每一次重要发展,都跟重新回归经典有关系。比如,当隋唐时期佛教大盛,中华文明面临外来宗教的挑战时,中国会不会成为一个佛教化的国家呢?许多儒家士大夫强调中华民族自身的文化传统,并且选择了春秋战国时代的儒家子学(《论语》《孟子》)和解释"五经"的传、记之学,把这些典籍重新确立为新的经典体系,从而为中国文化又一个高峰的近世文明奠定了人文价值、人文信仰的基础。

当代中国,我们需要回归经典。但是,这并不是说把古代的经典搬过来重读就可以解决问题,而是需要一个重建中华经典学或现代新经学的过程。这个重建的过程,应该说更加艰难。

如果我们站在整个中华文明史发展的角度来看,在历史上所谓的"经"实质上是在不断地变化的。比方说,孔子创立的所谓"六经"体系的前身,实际上是夏商周时期的先王们留下的档案、文献等历史典籍,而孔子希望在那样一个礼崩乐坏的历史时期,重建一个理想的社会秩序和文明形态,故而从历史传下来的典籍中间挑选、整理出一个"六经"体系。

为了真正实现中华文明的复兴,我们应该从浩如烟海的文献典籍中,选出哪些典籍作为现代中国文明复兴的经典?很多人自然而然想到"五经""四书"。其实如果我们要建立合乎当代中华文明复兴的经典体系的话,不应该局限于历史上的经典,而是要根据这个时代的需求而重建经典体系。一个是超越时代也就是应该不再以"三代"圣王为标准,除了充分考虑轴心时代的先哲所创作的著作外,也可以延续到汉唐以后,只要是既能够体现中华民族文化内涵又具有普遍性永恒性价值和意义的文献,都可以进入中华经典体系。另一个是超越学派。中国古代,只有儒家的经典才是经学,其他各家各派的都是子学。我们建立中华民族现代新经典体系时,只要具有普遍意义和现代价值,均可以成为当代中华经典。从中华文明的历史建构和现代需要来看,儒家典籍仍然是中华新经典体系的主体。但与此同时,我们应该从中华民族无限丰富的典籍里,为现代中国人构筑精神家园、为中华文明复兴、为人类文明的发展,来建立新的经典体系。

我们选出新的经典体系来,还要根据时代的发展做出合乎我们现代人所需要的创造性诠释。我相信,中华经典的创造性诠释,其实就是我们当代学人、当代中国人和千古圣贤打破时空关系的一种心灵对话,我们要在这种对话中完成回归经典、重建经学的使命。这种对话能够实现现代中华文明的建构,特别是对当代中国的人文价值、人文信仰、人文理性的建构有着非常重要的、关键性的意义。

(摘自朱汉民《重建中华经典体系》)

问题:
(1) 文章认为回归中华传统经典有何意义?请简要概括。(4分)
(2) 文章认为应当怎样重建中华经典体系?请简要分析。(10分)

三、写作题(本大题1小题,50分)

33. 阅读下面文字,按要求作文。

近日,某市地铁运营公司发布检修数据,发现95%的自动扶梯右侧梯级链磨损严重。这再次引发公众对于自动扶梯"右立左行"规则的反思。

有人认为:安全重于效率,为了安全应该改"右立左行"的规则。

有人认为:在效率至上的时代,高效就是一切,磨损严重就要加强检修,别把问题甩给大众。

有人认为:没有哪一法律允许在高速路拥挤时,废除应急车道来提高效率,规则的存在是有道理的。

综合上述材料所引发的联想和感悟,写一篇不少于800字的论说文。

要求:

用规范的现代汉语写作,角度自选,立意自定,标题自拟。

2017年下半年中小学教师资格考试
综合素质试题(幼儿园)

注意事项：

考试时间为120分钟，满分150分。

一、单项选择题(本大题共29小题,每小题2分,共58分)

1. 手工制作后,孩子们都开心地把作品拿在手里。小明兴高采烈地奔向老师,举起手里的作品,向老师炫耀。老师瞟一眼说:"看你做的是什么呀?难看死了。"老师的做法（　　）。
   A. 正确,从小培养幼儿的认真态度　　　　B. 不正确,挫伤了幼儿的创造热情
   C. 正确,从小对幼儿进行挫折教育　　　　D. 不正确,扼杀幼儿的竞争欲望

2. 某幼儿园一直试着让幼儿做一些力所能及的事,如拿勺子、碗、筷子、搬凳子等。一天,小樱用乞求的目光注视着老师,轻声地说:"老师让我发一次勺子好吗?"老师说:"每次吃饭最慢,上课从不举手发言,还发勺子呢!"下列做法正确的是（　　）。
   A. 老师让小樱先举手再发言　　　　　　B. 老师让小樱先吃饭再做事
   C. 老师让小樱搬凳子　　　　　　　　　D. 老师让小樱发勺子

3. 某幼儿园一直注重教育质量,选择"唐诗三百首"对幼儿进行详细讲解、认读、听写,部分家长对此很满意。该幼儿园的做法（　　）。
   A. 不正确,忽视了幼儿教育的生活化　　B. 不正确,忽视了幼儿教育的均衡化
   C. 正确,提高了幼儿的语言能力　　　　D. 正确,打牢了幼儿的知识基础

4. 在教育活动中,幼儿园老师总是主动为幼儿提供丰富的游戏,并指导幼儿开展游戏活动。下列关于该行为的理由不正确的是（　　）。
   A. 游戏能促进幼儿同伴关系的建立　　　B. 游戏是教师自发自主的行为
   C. 游戏需要教师的综合指导　　　　　　D. 游戏是幼儿学习的基本形式

5. 根据《中华人民共和国教育法》的规定,中华人民共和国公民不分民族、种族、性别、职业、财产状况、宗教信仰等,依法享有（　　）。
   A. 平等受教育机会　　　　　　　　　　B. 平等受教育条件
   C. 免试入学机会　　　　　　　　　　　D. 就近入学机会

6. 某幼儿园聘用曾经有过犯罪记录的宋某作为工作人员,依据《幼儿园工作规程》的规定,该幼儿园的做法（　　）。
   A. 合法,要给予宋某改过自新的机会
   B. 合法,幼儿园有权自主聘用工作人员
   C. 不合法,应征得上级主管部门同意
   D. 不合法,幼儿园不得聘用宋某担任工作人员

7. 幼儿园黄某活泼好动,常与同伴嬉笑打闹,多次违反活动纪律。为此带班老师万某不允许其参加幼儿园各种文艺活动,以防其破坏活动秩序。教师万某的做法（　　）。
   A. 正确,是维护活动秩序的需要　　　　B. 不正确,教师应该平等对待幼儿
   C. 正确,教师有权自主管理班级　　　　D. 不正确,应征得其他教师同意

8. 某幼儿教师在幼儿园操场上吸烟,该教师的做法（　　）。
   A. 合法,幼儿园的操场可以吸烟　　　　B. 合法,幼儿教师可以吸烟
   C. 不合法,幼儿教师不得吸烟　　　　　D. 不合法,不得在幼儿园内吸烟

9. 某教师积极参加幼儿园的集体活动,并对幼儿园的改革发展建言献策。该教师行使的权利是( )。
   A. 教育教学权   B. 科学研究权   C. 民主管理权   D. 公正评价权

10. 教师成某带领小班幼儿进行户外活动,东东在玩滑梯时突然从滑梯上摔伤。事后调取监控录像发现,事发时成某背对着幼儿活动区域。对东东所受伤害应承担赔偿责任的主体是( )。
    A. 成某   B. 幼儿园   C. 东东   D. 东东的监护人

11. 关于幼儿园教育的性质和地位,正确的是( )。
    A. 幼儿园教育属于基础教育的预备阶段
    B. 幼儿园教育是义务教育的组成部分
    C. 幼儿园教育是学校教育制度的基础阶段
    D. 幼儿园教育不属于学校教育制度范畴

12. 根据《国家中长期教育改革和发展规划纲要(2010—2020年)》的规定,下列对于我国重点发展农村学前教育的表述,不正确的是( )。
    A. 将小学扩建为幼儿园   B. 着力保证留守儿童入园
    C. 提高农村学前教育普及程度   D. 支持贫困地区发展学前教育

13. 最近,徐老师将头发染成红色,在一次区域活动中,"理发室"里的几个孩子边玩边说:"请给我染发,我要红颜色的,像徐老师一样的红色。""我也要红色的!"徐老师染头发的行为( )。
    A. 恰当,反映幼儿教师的合理审美需求   B. 恰当,促进幼儿审美能力的发展
    C. 不恰当,不符合区域活动的组织要求   D. 不恰当,不符合幼儿教师的仪表规范

14. 教师节那天,李老师一进教室就看见桌子上放着孩子们送给自己的礼品,有包装精美的鲜花和音乐卡等。李老师特意拿起一张贺卡,笑着对大家说:"这张贺卡真漂亮,是小朋友自己做的吧,老师最喜欢这样的礼物。"该做法表明李老师( )。
    A. 偏爱袒护幼儿   B. 不尊重大部分幼儿
    C. 自觉抵制不良风气   D. 能维护幼儿的权益

15. 中二班要举行画展,孩子们纷纷带来了各自的作品,赵老师当众挑选了"好的作品",并将"不好的作品"丢在了废纸篓里。赵老师的做法( )。
    A. 错误,伤害了部分孩子的自尊心   B. 错误,打击了全体孩子的积极性
    C. 正确,能充分激励孩子们创造好的作品   D. 正确,能提升班级画展的整体水平

16. 周老师在活动课中,趁孩子自主游戏的时候,拿出手机看微信,并给某些孩子看手机上漂亮的图片及有趣的小视频。周老师的行为( )。
    A. 不正确,不利于公正地对待幼儿   B. 不正确,不利于保护幼儿安全
    C. 正确,有利于拓宽幼儿的知识面   D. 正确,有助于建立和谐的师幼关系

17. 自从1927年发现"北京猿人"化石后,我国又相继在多处发现了原始人类的遗迹,并为这些原始人类命名。北京周口店龙骨山遗址的原始人,考古学上称其为( )。
    A. 山顶洞人   B. 元谋猿人   C. 巫山猿人   D. 蓝田猿人

18. 南丁格尔是现代护理学的奠基人,是全世界护士的典范,她还建立了世界第一所护士学校。她的国籍是( )。
    A. 瑞士   B. 法国   C. 瑞典   D. 英国

19. 基因工程又称基因拼接技术或DNA重组技术。此外，还有个通俗叫法是（　　）。
   A. 生命工程　　　B. 遗传工程　　　C. 细胞工程　　　D. 绿色工程

20. 我国人民在长期的劳动实践中，观察云的状态预测天气，产生了许多天气谚语。下列图片中，与谚语"馒头云在天脚边，晴天无雨日又煎"相符的是（　　）。
   A. 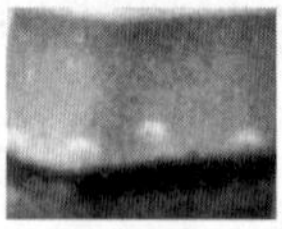　　　　B. 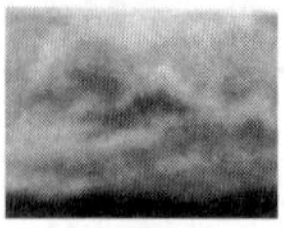　　　　C. 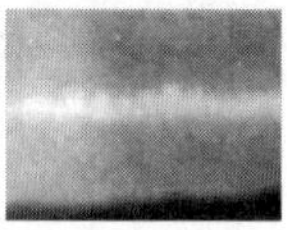　　　　D.

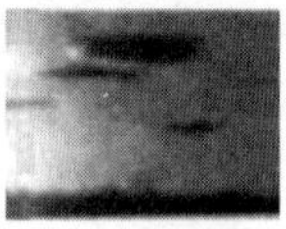

21. 光是人类生存环境的一个要素。光照射在物质上，一般会与物质发生相互作用。下列选项，不是光与物质相互作用的结果的是（　　）。
   A. 直射　　　B. 折射　　　C. 反射　　　D. 吸收

22. 电影可分为纪录片、科教片、故事片、美术片四大类，下列选项中主要运用绘画或其他造型艺术来表现生活的是（　　）。
   A. 纪录片　　　B. 科教片　　　C. 故事片　　　D. 美术片

23. 古代西亚人把庙宇建在高高的台面上，后人称之为"山岳台"，又称"观象台"。除了观测星象外，还有表达图腾崇拜的意味。其崇拜的对象是（　　）。
   A. 天体山岳　　　B. 帝王将相　　　C. 祖辈先人　　　D. 飞禽走兽

24. 图1描绘的是中国古代的一项娱乐活动，这项活动通常认为在先秦就已出现，到了宋代尤为兴盛。该活动是（　　）。
   A. 步打
   B. 蹴鞠
   C. 跳丸
   D. 角抵

25. "千锤万凿出深山，烈火焚烧若等闲。粉身碎骨全不怕，要留清白在人间。"这首诗常被认为是明代政治家于谦的一首托物言志诗。他吟咏的对象是（　　）。
   A. 花岗岩　　　B. 大理石　　　C. 石灰　　　D. 煤炭

图1

26. 在Word中，用鼠标左键单击文档中图片所产生的效果是（　　）。
   A. 弹出快捷菜单　　　　　　B. 选中该图片
   C. 进入图形编辑状态　　　　D. 将该图片加文本框

27. PowerPoint中新建演示文稿已选定某特定的应用设计模板，在该文稿中插入一个新的幻灯片时，新幻灯片模板将（　　）。
   A. 采用默认设计模板　　　　B. 随机选择任意设计模板
   C. 采用已选设计模板　　　　D. 需要指定另外设计模板

28. 找规律填数字是一项很有趣的活动，特别锻炼观察和思考能力。下列选项中填入数列"7,8,9,11,（　　）,19"空缺处的数字是（　　）。
   A. 12　　　B. 14　　　C. 16　　　D. 18

29. 下列选项中表述的内容，包含在"没有学会分享，就不能感受更多的快乐"中的是（　　）。
   A. 只要学会分享，就能感受更多的快乐
   B. 即便学会分享，也未必能感受更多的快乐
   C. 没感受更多的快乐，是因为没有学会分享
   D. 只有学会分享，才能感受更多的快乐

二、材料分析题(本大题共3小题,每小题14分,共42分)

阅读材料,并回答问题。

30. 材料:

下面是某幼儿园小班老师的教育片段:

(张老师的铃鼓响起来了,孩子们回到座位上。)

师:我们都是机器人。

幼儿:一不许动,二不许笑,三不许露出大门牙。

师:小朋友们,我们先来看看电视上播放的是什么。

(老师按下播放键,电视里出现了新华书店的宣传片。)

师:小朋友们去过这个地方吗?

幼儿:去过。

师:这是什么地方呀?

幼儿:新华书店。

师:你们真棒。你们看新华书店有许多许多的书,是不是?这些书都是分门别类放在一起的,咱们一起看看,都有哪些种类呢?

(老师指着"教育类"这块牌子,问幼儿是哪个区,大多数孩子不识字,都没有反应。)

师:你们可能不认识这些字,那我们让我们班的识字大王江江来帮帮我们,你们说好不好?

幼儿:好!

(江江站起来念出后,老师放弃了与孩子一起探索书的种类,自己看着电视屏幕一类接着一类给孩子们认真讲解,教孩子认字,孩子在下面念着,听着。)

问题:

请结合材料,从儿童观的角度,评析张老师的教育行为。(14分)

31. 材料：

5岁的小熙生活在一个单亲家庭,现在主要和外婆住在一起。一天午餐过后,小朋友们都在认真看书。突然,林老师听见有轻轻的抽泣声,发现小熙正双手捂着脸,伤心地哭着,旁边的浩浩四处张望,眼里掠过一丝不安。林老师走过去把小熙搂在怀里,轻轻拍着她问:"小熙,怎么了?"小熙指着浩浩说:"他打我。"说完哇的一声哭起来。林老师帮她整理好衣服,并夸夸她的裙子,摸摸她的小辫,安抚了好一会儿,她才平静下来。林老师问浩浩:"怎么回事啊?"浩浩委屈地说:"我想拉她跟我一起去搭积木,她就哭了。"小熙说:"他弄疼我了。"林老师对小熙说:"浩浩不是故意的,你就原谅他吧。"林老师把浩浩和小熙的小手拉到一起,鼓励他们一起去搭积木。下午外婆牵着小熙的手准备离园时,林老师对外婆说:"小熙这孩子什么都好,就是太内向,太敏感,回去您好好说说她吧。"

问题：

请结合材料,从教师职业道德的角度,评析林老师的教育行为。(14分)

32. 材料：

一部《西游记》，是一部孙悟空的英雄史，记录了他的出生、成长、奋斗，直到成为"斗战胜佛"的全过程，探求他追求自由、追求平等、追求成功的人生意义。

《西游记》小说写孙悟空的出生，有一点和普通人大不一样的地方：他是天生地长的，从石头缝里蹦出来的神猴。

孙悟空从石头里蹦出来，他就摆脱了人与生俱有的社会关系。美猴王没有家庭的束缚，也就意味着他一开始就不受任何的社会束缚，用小说的话，就是"不服麒麟辖，不服凤凰管，又不服人间王位拘束"，成为一个摆脱一切社会关系的原生态的人。

那么，作为一个原生态的人，是不是就获得了真正的"自在"呢？这还不行。石猴有一天突然发现，自己生活的环境太狭隘了，来来回回的就是在花果山上，交往的就是那些个猴哥猴弟。他想要拥有更大的空间和世界，所以他就去寻仙问道，有了种种法力。这既提升了个人能力，同时也拓展了无穷的生存空间。一个筋斗云就可以翻出十万八千里，生活空间如此之大，可以为所欲为，来去自如。

有了这么广阔的生存空间，人就能获得真正的"自在"了吗？还是不行。孙悟空有一天突然悲叹起来，他看到老猴子一个个死去，想到自己迟早也要死去。孙悟空努力超越，到阎罗殿去，把自己的名字从生死簿中勾掉。

孙悟空对精神自由的追求是被唤醒的，原来他只有对空间自由和时间自由的追求，但一旦上了天庭，孙悟空就变化了，他有对"名"的追求。原来他是没有追求"名"的意识的，你叫他美猴王也罢，叫他悟空也罢，什么都行。所以当孙悟空第一次被收容到天庭时，让他当"弼马温"，他还挺高兴，可以天天管马。

可是，当他知道"弼马温"是个未入流品的官职的时候，他明白了人和人之间还有官职的区别，于是他又造反了。他给自己创造了响亮的名号——"齐天大圣"。

社会教给孙悟空知识的过程就是他个人的欲望不断膨胀的过程。最后他提出一个最极端的口号，就是"皇帝轮流做，明年到我家"。孙悟空说这是"常言道"，咱们要追问：这"常言"是哪儿来的？孙悟空不识字，他从哪儿学到这"常言"呢？花果山猴子们哪能知道"皇帝"是什么？这显然是玉皇大帝和臣子们教的。在天庭生活的耳濡目染中，孙悟空受到了熏陶，被知识化了。他逐渐失去原本有的"赤子之心"，导致了个人欲望的极端膨胀。

有了个人欲望的极端膨胀之后，社会就不能容忍他了。有人赞扬说"皇帝轮流做"体现出"造反精神"。但这种造反精神如果应该得到肯定的话，那么这个社会就毫无秩序可言了。"皇帝轮流做"，是靠能力还是靠年龄？怎么"轮流"法？如果人人想要当皇帝，这只能导致个人欲望的极端膨胀，造成社会秩序的残酷破坏。

孙悟空打破了这种社会规律，扰乱了正常的文化秩序，这必定要受到惩罚。小说采取了寓意性的写法，个人有再大的能耐也逃不出"如来佛的掌心"。"个体人"一旦步入社会，就不可能再有绝对的自由自在，不可能再为所欲为了。

（摘编自郭英德《中国四大名著的文化价值》）

问题：
(1) 在本文看来,"如来佛的掌心"的寓意是什么?请根据文本简要概括。(4分)
(2) 文章是怎么表明孙悟空从一个"原生态"的人演变为"个人欲望极端膨胀"的人的?但他为什么最终又能成为"斗战胜佛"?请结合文本,简要分析。(10分)

三、写作题(本大题1小题,50分)

33. 阅读下面的材料,按要求作文。

20世纪30年代,梅兰芳先生初到上海,虽然他唱功绝佳,誉满京华,但要在大上海一下子出名也难。当时想在报纸上登广告,但广告怎么写,才能引起人们的注意呢?经过一番筹划,戏班子决定在报纸上只印三个字——梅兰芳。当时上海的市民并不知道梅兰芳是谁,因为好奇,都在互相打听,连登了一周之后,报纸上登出了一个详细的广告:"梅兰芳——京剧名旦,今晚在上海茶戏园登台献艺。欢迎观看。"就这样,先生在上海一唱走红。

综合上述材料所引发的思考和感悟,写一篇不少于800字的论说文。

要求:

用规范的现代汉语写作,角度自选,立意自定,标题自拟。

2017年上半年中小学教师资格考试
综合素质试题(幼儿园)

注意事项:

考试时间为120分钟,满分150分。

一、单项选择题(本大题共29小题,每小题2分,共58分)

1. 吃橘子时,岚岚说:"老师,你给我剥皮。"王老师大声说:"咱们来帮小橘子脱衣服吧,看谁做得又快又好!"小朋友们争着说:"好!""我来!"大家争相动起手来,岚岚也在模仿中学会了剥橘子皮。王老师的行为体现了其善于( )。
   A. 综合组织各领域教育教学内容　　　B. 创设与教育相适应的物质环境
   C. 维护每一个幼儿的人格与权利　　　D. 培养幼儿初步的生活自理能力

2. 活动课上,赵老师特意邀请了几个平时不太合群的孩子表演"找朋友",被邀请的孩子面带微笑,与其他小朋友一起愉快地完成了表演。赵老师的行为( )。
   A. 恰当,教师应当培养幼儿遵守纪律的习惯
   B. 不恰当,教师应当遵循幼儿身心发展规律
   C. 恰当,教师应当关注每个幼儿的发展
   D. 不恰当,教师应当保护幼儿的自尊心

3. 吃午饭时,孩子们吵吵嚷嚷、不能好好吃饭。李老师说:"咦,教室里怎么这么多小蜜蜂,嗡嗡嗡地好吵啊。快把它们请出去,别打扰我们吃饭。"孩子们听了之后便安静地吃饭了。李老师的语言具有( )。
   A. 教学性　　　B. 趣味性　　　C. 鼓励性　　　D. 示范性

4. 郑老师收集矿泉水瓶、报纸、纸箱、塑料绳等材料,并改造成适合幼儿的教学材料,郑老师的行为表明其具有( )。
   A. 环境创设的能力　　　B. 随机教育的能力
   C. 教学反思的能力　　　D. 教学生成的能力

5. 明明午睡后又尿床了,保育员张某不高兴地大声斥责:"你真是烦,都大班了还经常尿床,下次再尿床,就切掉你的小鸡鸡!"小朋友们哄堂大笑。张某的做法( )。
   A. 合法,教师有批评教育幼儿的法定权利
   B. 合法,有利于幼儿养成良好的生活习惯
   C. 不合法,侵犯了明明的隐私权
   D. 不合法,侵犯了明明的名誉权

6. 王某是某集团公司的老总,创办了一家民办幼儿园。下列关于王某创办幼儿园行为的说法,不正确的是( )。
   A. 幼儿园应依法接受监督　　　B. 幼儿园可以以营利为目的
   C. 幼儿园应维护幼儿的合法权益　　　D. 幼儿园可以自行确定收费标准

7. 某幼儿园正在开展游戏活动,教师王某活动前反复提醒小朋友注意安全,活动中也一直在旁边组织、观察、保护,但是意外还是发生了,小明在跳跃时摔伤了手臂,王某马上将小明送到医院检查,经医生诊断,小明右手骨折。应对小明所受伤害承担责任的主体是( )。
   A. 幼儿园　　　　　　　　　　B. 教师王某
   C. 小明的监护人　　　　　　　D. 幼儿园和小明的监护人

8. 公办幼儿园教师张某多次申报职称未果,认为是幼儿园领导故意为难他。此后,张某经常迟到、早退,教学敷衍了事。园长对其进行批评教育,但张某仍然我行我素,幼儿园上报教育主管部门后将其解聘,该幼儿园的做法( )。
   A. 正确,张某的行为给教学造成损失   B. 正确,应同时追究张某的民事责任
   C. 不正确,侵犯了张某的教育教学权   D. 不正确,事业单位的人员不能解聘

9. 依据《幼儿园工作规程》,下列说法不正确的是( )。
   A. 健康检查不合格的幼儿,可以拒绝其入园
   B. 幼儿一日活动组织应动静交替,以动为主
   C. 幼儿的每日户外体育活动不得少于一小时
   D. 幼儿园可按年龄分别编班,也可混合编班

10. 下列行为属于侵犯了幼儿肖像权的是( )。
    A. 小红表现优异,幼儿园将其照片贴在宣传栏上
    B. 幼儿园网站上刊登了小张在运动会上的比赛照片
    C. 照相馆经过小明父母的同意,将其照片摆在橱窗里
    D. 为了发泄不满,小强将小明的照片当作投掷的靶子

11. 我国不少地方已形成了为校车提供最高路权,路人自觉礼让校车的良好风尚。这对未成年人的保护是( )。
    A. 家庭保护   B. 社会保护   C. 学校保护   D. 司法保护

12. 依据《国家中长期教育改革和发展规划纲要(2010—2020年)》下列关于学前教育发展任务的说法不正确的是( )。
    A. 建立政府主导、社会参与、民办为辅的办园体制
    B. 着力保证留守儿童入园,努力提高农村学前教育普及程度
    C. 制定学前教育办园标准,建立幼儿园准入制度
    D. 到2020年有条件的地区普及学前三年教育

13. 华华在活动室不小心把膝盖摔破了,华华的妈妈投诉了带班的范老师,第二天园长批评了范老师,范老师憋了一肚子的火,回到班里训斥孩子们:"还不给我坐好!莫名其妙!"范老师的行为( )。
    A. 合理,表明她不掩饰自己的情绪   B. 合理,表明她善于转变负面情绪
    C. 不合理,表明她缺乏心理调适能力   D. 不合理,表明她缺乏教学组织能力

14. 兵兵动作比较迟缓,小朋友们都不喜欢跟他玩,因此兵兵变得越来越孤僻。对此,兵兵的老师应该( )。
    A. 尊重其他幼儿的交往选择   B. 引导其他幼儿多与兵兵交往
    C. 责怪其他幼儿不应该冷落兵兵   D. 责令家长加强对兵兵的动作训练

15. 唐老师准备参加全市幼儿园教师基本技能大赛,因缺乏参赛经验,就去请教经常担任各类大赛评委的谢老师,但总被谢老师拒绝,谢老师的做法( )。
    A. 不注重同事间的团结协作   B. 促进了唐老师的自我发展
    C. 不注重同事的探索创新   D. 维护了比赛的公正公平

16. 夏老师教唱儿歌,可可总是唱错歌词,夏老师当着全班幼儿的面,严肃地对可可说:"你怎么那么笨,脑子进水了啊!"小朋友们哄堂大笑,夏老师的做法( )。
    A. 阻碍了幼儿的探究学习   B. 破坏了幼儿的同伴关系

C. 损害了可可的名誉　　　　　　D. 侮辱了可可的人格

17. 在古代社会中,对国王的称呼有很多。下列选项中,把国王尊称为"法老"的是( )。
    A. 古希腊　　B. 古罗马　　C. 古印度　　D. 古埃及

18. 中国古代发明的指南针、造纸术、印刷术、火药是中国古代文明标志性成就,深刻地影响了中国和世界文明的进程。下列选项中,把这些发明传播到西方的是( )。
    A. 来华的留学生　　　　　　　B. 西方航海冒险家
    C. 阿拉伯的商人　　　　　　　D. 派赴西方的使者

19. 人的身体里布满了血管。下列关于人体血管的表述,不正确的是( )。
    A. 人体内的血管分为动脉、静脉和毛细血管
    B. 毛细血管是极细微的血管,连接动静脉
    C. 动脉是将血液输送到心室的血管
    D. 静脉是引导血液流回心房的血管

20. 在进化的过程中,鸟嘴形成了各种不同的形状,下面是鹦鹉、鹭鸶、老鹰、金丝雀的头部画像,从嘴形看,鹭鸶应当是( )。
    A.　　　　B.　　　　C.　　　　D.

21. 自然界中很多固体物都可以晶体状态存在,如水晶。下列物质中,不以晶体状态存在的是( )。
    A. 玻璃　　B. 钻石　　C. 盐　　D. 糖

22. 下列音乐术语中,表示"两个乐音之间的音高差距"的是( )。
    A. 音域　　B. 音程　　C. 音调　　D. 音阶

23. 数码相机的出现是摄影技术的重大进步,它与胶片相机有很多不同。下列有关两种相机的表述,不正确的是( )。
    A. 影像获取的装置不同　　　　B. 影像记录的方式不同
    C. 影像储存的介质不同　　　　D. 影像呈现的形式不同

24. 通常认为《庄子》为战国中期庄子及其后学所著,在哲学、文学上都有较高价值。唐代以后,人们又称它是( )。
    A.《南华真经》　B.《无量寿经》　C.《道德经》　D.《华严经》

25. 世界各国的动画片常常以动物为主角。下列影片中猫的形象,属于中国创作的是( )。
    A.《猫和老鼠》　B.《机器猫》　C.《黑猫警长》　D.《加菲猫》

26. 下列选项中,关于 Word 中"项目符号"的说法,不正确的是( )。
    A. 项目符号可以改变　　　　　B. 项目符号只能是阿拉伯数字
    C. 项目符号可增强文档的可读性　D. $和@都可定义为项目符号

27. 在 PowerPoint 中,演示文稿的基本组成单元是( )。
    A. 文本　　B. 图形　　C. 工作表　　D. 幻灯片

28. 找规律填数字是一项很有趣的活动,特别锻炼观察和思考能力,下列选项中,填入数列"36、24、15、12、( )、9"空缺处的数字,正确的是( )。
    A. 8　　B. 7　　C. 6　　D. 5

29. 下列选项所表述的内容,包含在"只有理解别人,才会被别人理解"中的是( )。
   A. 除非被别人理解,否则没理解别人　　B. 只要理解了别人,就能被别人理解
   C. 没被别人理解,是因为没理解别人　　D. 要想被别人理解,就得去理解别人

二、材料分析题(本大题共 3 小题,每小题 14 分,共 42 分)

阅读材料,并回答问题。

30. 材料:

分组活动时,姜老师正在辅导一部分小朋友学跳绳。瑜瑜跑过来说:"姜老师,元元他们往滑梯上吐唾沫,不让我们滑。"姜老师抬起头来,果然看见几个男孩围着滑梯议论着什么。姜老师急忙走了过去,刚要开口,忽然听到元元嚷道:"快看,唾沫往下滑了。"姜老师把要说的话咽了下去,站到这群男孩的背后。"真的在滑,就是太慢了。"恺恺头也不抬地说。迪迪问:"唾沫为什么会滑下去呢?""这个问题提的好。谁知道为什么呀?"姜老师插话。听见姜老师说话,几位男孩转过头,懵懂地看着姜老师。姜老师笑了笑说:"想一想……"见姜老师没有批评他们,孩子们活跃起来,迪迪说:"我知道,因为滑梯是斜的,很光滑,唾沫像水一样,所以就滑了下来。"姜老师摸了摸迪迪的头,说:"迪迪说得对。但是,你们往滑梯上吐唾沫,对不对呢?""不对!""随地吐痰不对,往滑梯上吐也不对。""不讲卫生。"小朋友们抢着回答,那几位男孩说:"我们以后不随便吐了,咱们把滑梯擦干净吧。"恺恺从口袋里拿出纸将滑梯上的唾沫擦干净。

滑梯前又排起了队。

问题:

请结合材料,从教育观的角度,评析姜老师的教育行为。(14 分)

31. **材料：**

小(二)班有一个叫涛涛的孩子，因为有全家人的宠爱，自己的东西从不让别人碰，还很任性。

一天，幼儿园开展区域游戏活动，涛涛想去搭积木，可是建构区里已经挤了很多孩子，涛涛不管那么多，拼命往里挤，边挤边推正在搭积木的幼儿，嘴里还嚷嚷："你们让开，让我先玩。"看见没有人让给自己，他一屁股坐在地上大哭起来，这个过程被李老师看在眼里，李老师走过去将涛涛扶起来，说："涛涛，你继续哭下去的话，那么多好玩的玩具你都玩不到了，不如我们先到别的地方去玩，等一会儿再回来搭积木。"涛涛止住了哭声，点了点头，跟着李老师走到另一个活动区域玩起了拼图游戏，一会儿就拼出小花来，涛涛开心地笑了，李老师趁机说："我们能不能邀请其他小朋友一起来拼出更有趣的图案呢？"涛涛点点头，高兴地跑出去找小朋友。

之后，李老师有意引导涛涛和小朋友一起游戏，慢慢地，涛涛不再只顾自己的感受，也能与同伴分享玩具了。

问题：

请结合材料，从教师职业道德的角度，评析李老师的教育行为。（14分）

32. **材料：**

提到人工智能的发展历程，在它的起源阶段，有三位名人和一个关键地点。

第一位名人就是大名鼎鼎的"人工智能之父"图灵，他对人工智能的贡献集中体现于两篇论文。一篇对"可计算性"下了一个严格的数学定义，并提出著名的"图灵机"设想，从数理逻辑上为人工智能用上"机械大脑"开创了理论先河。另一篇提出了一种判定机器是否具有智能的试验方法，即著名的图灵测试：如果一台机器能够与人类展开对话而不能被辨别出其机器身份，那么这台机器就是智能的。可以说，图灵是第一个严肃地探讨人工智能标准的人，被称作"人工智能之父"当之无愧。

第二位名人是一位神童,18岁便取得了数理逻辑博士学位,他就是"控制论之父"维纳。1940年,维纳开始将计算机看作一个进行信息处理和信息转换的系统,认为所有的智能活动都是反馈机制的结果,而反馈机制是可以用机器模拟的。维纳的理论抓住了人工智能的核心——反馈,因此被视为人工智能"行为主义学派"的奠基人。

第三位名人是"人工智能"(AI)这一术语的发明者麦卡锡。1955年,他与另一位人工智能先驱明斯基以及"信息论"创始人香农一道作为发起人,邀请各路专家学者齐聚达特茅斯学院,共同讨论了自动计算机、自然语言处理和神经网络等经典人工智能命题。

关键地点便是上述会议的举行地达特茅斯学院。达特茅斯会议正式确立了AI这一术语,并开始从学术角度对AI展开了严肃而精专的研究。在那之后,最早的一批人工智能学者和技术开始涌现。这次会议被广泛认为是人工智能诞生的标志,从此人工智能走上了快速发展的道路。

1956年至1974年是人工智能发展的第一个黄金时期。在此期间,"通用解题机"被制造出来,人工智能程序在问题求解、语言处理方面取得了一些进展。然而,民众和政府似乎对人工智能期待过高,当研究遭遇瓶颈、成果不尽如人意时,便丧失了对人工智能的兴趣。从1974年开始,人工智能遭遇第一次寒冬,对其研究的资金投入骤减。

直到1980年,人工智能的商用价值被广泛接受,企业订单增多,全面的研究开始复苏。然而这种复兴未能持续太久,从1987开始,由于Apple和IBM生产的个人电脑发展迅速,没有用到AI技术却在性能上超过了价格昂贵的AI机。人工智能市场急剧萎缩,科研经费又被削减,AI经历了第二次寒冬。

从20世纪90年代中期开始,随着神经网络技术的发展,以及人们开始理性地认知AI,AI技术开始进入平稳发展时期。1997年5月11日,IBM的计算机系统"深蓝"战胜了国际象棋世界冠军卡斯帕罗夫,又一次在公众领域引发了现象级的AI话题讨论。

2006年,Hinton在神经网络的深度学习领域取得突破,人类再一次看到机器赶超人类的希望。这次标志性的技术进步,在2013年之后引爆了一场商业革命。谷歌、微软、百度等互联网巨头,还有众多的初创科技公司,纷纷加入人工智能产品的战场,掀起新一轮的智能化狂潮。随着技术的日趋成熟和大众的广泛接受,这次狂潮也许会架起一座现代文明与未来文明的桥梁。

(摘编自刘兴亮《人工智能的早期简史》)

问题:
(1)在人工智能发展的三个阶段,分别有怎样的重要进步?请根据文本,简要概括。(4分)
(2)人们应该如何理性地看待人工智能的发展?请结合文本,简要分析。(10分)

三、写作题(本大题 1 小题,50 分)

33. 阅读下面的材料,根据要求作文。

一个小女孩的玩具车刮到了一位老人,老人坐在地上与孩子家长理论。有人录下现场视频即传至网上,不少人认为是碰瓷。老人被送医检查后,确诊桡骨骨折。事实是,老人并非碰瓷,还婉拒了女孩家人更多的赔偿和照顾。

综合上述材料所引发的思考和感悟,写一篇不少于800字的论说文。

要求:

用规范的现代汉语写作。角度自选,立意自定,标题自拟。

2016年下半年中小学教师资格考试

综合素质试题（幼儿园）

注意事项:

考试时间为120分钟,满分150分。

一、单项选择题(本大题共29小题,每小题2分,共58分)

1. 王老师在给孩子们讲故事时,讲到"大象用鼻子把狼卷起来",用手做出卷的动作,说到"大象把狼扔到河里去",又用手做出扔的样子,孩子们也学老师做出相同的动作,脸上露出会意的笑容。这体现教师劳动的特点是( )。
   A. 复杂性　　　　B. 示范性　　　　C. 长期性　　　　D. 创造性

2. 图1表明,儿童的发展具有( )。

年龄(月)	精细动作
4	能抓住玩具,握物时大拇指参与
8	用拇指和食指平夹取物
15	能几页几页翻书
18	能叠2—3块积木
24	会叠6—7块方木,能一页一页翻书
36	能叠9—10块方木

   图1

   A. 连续性　　　　B. 个体差异性　　　　C. 整体性　　　　D. 不均衡性

3. 有家长对孩子说"我们与别人交同样多的钱,分点心时就不要拿小的",针对此现象,胡老师讲"孔融让梨"的故事,教育幼儿学会谦让。胡老师的做法( )。
   A. 错误,违背了一致性原则　　　　B. 错误,违背了科学性原则
   C. 正确,遵循了公平性原则　　　　D. 正确,遵循了适时性原则

4. 午餐时,有些幼儿边吃边玩,为了让幼儿专心就餐,李老师正确的说法是( )。
   A. 没吃完的不准睡觉　　　　B. 比比看谁吃得最快
   C. 我看看谁吃得最香　　　　D. 看谁在那磨蹭

5. 某幼儿园中班把班里每个孩子的体检结果公布在教室门口,上面除了身高体重等项目外,还包括血液检查结果等内容。该幼儿园的做法( )。
   A. 正确,方便家长了解孩子身体状况　　　　B. 正确,贯彻了重视幼儿身心健康的理念
   C. 不正确,侵犯了幼儿的隐私权　　　　D. 不正确,侵犯了幼儿的人格尊严

6. 在幼儿园开展的户外活动中,小明和小刚一起玩滑梯,玩到高兴时小明推了小刚一下,致使小刚摔到地面受伤,老师马上从教室跑出来扶起了小刚。对小刚所受伤害应当承担赔偿责任的是( )。
   A. 幼儿园　　　　B. 小明的监护人
   C. 小刚的监护人　　　　D. 小明的监护人和幼儿园

7. 良好的社会环境对未成年人的健康成长有着重要作用,下列选项中属于社会保护的是( )。
   A. 洋洋在幼儿园突发疾病,园方及时通知家长并积极救护洋洋
   B. 父母以健康思想、良好品行和适当方法教育影响未成年人

C. 国家鼓励研究开发有利于未成年人健康成长的网络产品

D. 对违法犯罪的未成年人实行教育、感化和挽救

8. 依据《中华人民共和国教育法》,教育是社会主义现代化建设的基础,国家保障教育事业( )。

A. 优先发展　　　B. 持续发展　　　C. 重点发展　　　D. 均衡发展

9. 观察图2,下列选项中说法正确的是( )。

图2

A. 母亲依法履行了对孩子的监护职责

B. 母亲的监护人资格应当依法被撤销

C. 母亲无理怒吼侵犯孩子的人格尊严

D. 母亲没有为孩子提供健康的家庭环境

10. 教师张某因为醉驾被人民法院判处有期徒刑,张某( )。

A. 将永远丧失教师资格　　　　　B. 教师资格不受此影响

C. 张某五年内不得从事教师职业　D. 只能在民办学校从事教师职业

11. 某幼儿园教师钱某实名举报丁园长的违法乱纪行为,园长知晓后,找社会人员殴打钱某,致使钱某重伤。对该园长的行为应依法( )。

A. 给予行政处罚　　　　　B. 追究其刑事责任

C. 给予其行政处分　　　　D. 追究其治安责任

12. 国家中长期教育改革和发展规划纲要提出,教育改革发展的战略主题是( )。

A. 坚持立德树人,创新人才培养体制　　B. 坚持以人为本,全面实施素质教育

C. 坚持教育公平,合理配置教育资源　　D. 坚持内涵发展,全面提高教育质量

13. 东东经常欺负别的孩子,今天他又惹得琪琪大哭,张老师走过去,生气地对东东说:"你要是我的儿子,我恨不得拍死你。"张老师的行为( )。

A. 可以理解,因为有些孩子的行为真的让人生气

B. 可以理解,因为批评也是一种有效的教育

C. 不恰当,应该先了解孩子间发生矛盾的原因

D. 不恰当,因为东东毕竟不是她的儿子

14. 豆豆在幼儿园经常尿床,老师恰当的做法是( )。

A. 了解豆豆尿床的原因,和家长共同商量办法

B. 提醒其他小朋友,不要像豆豆一样尿床
C. 适当地批评豆豆,以帮助豆豆养成良好的习惯
D. 要求家长把豆豆带去治疗,治好后再回幼儿园

15. 李老师是一名幼儿园的骨干教师,开学初,她接到教育局的通知,要求她去省城参加幼儿园教师培训班的学习,李老师(　　)。
    A. 可以拒绝,外出培训既辛苦又浪费时间
    B. 可以拒绝,骨干教师不需要参加教师培训
    C. 应当参加培训,培训有利于身心休闲
    D. 应当参加培训,培训有利于提升教学水平

16. "六一"儿童节到了,幼儿园给每个孩子都准备了食品作为礼物带回家,老师把小班的礼物分发后,发现还剩下几份礼物。对剩下的礼物,李老师(　　)。
    A. 应该卖掉,把钱留作班级经费
    B. 应该上交,由幼儿园统一处理
    C. 带回家去,以免浪费食品
    D. 分给同事,促进团结协作

17. 公元前一千多年,人们就开始了海上贸易,那时就以海上贸易著称的是(　　)。
    A. 巴比伦人　　B. 古罗马人　　C. 腓尼基人　　D. 古希腊人

18. 一位英国科技史家花费近50年心血编著了多卷本的《中国科学技术史》,全面、系统地概述了中国古代科学技术的辉煌成就及其对世界文明的伟大贡献。这位科技史家是(　　)。
    A. 莫塞莱　　B. 布拉格　　C. 达尔文　　D. 李约瑟

19. 电影拍摄和放映的速度不同,会产生不同的视觉效果,商业电影放映速度是(　　)。
    A. 每秒20个画格　　　　B. 每秒24个画格
    C. 每秒28个画格　　　　D. 每秒30个画格

20. 在进化过程中鸟嘴形成了不同的形状,下图是鹦鹉、鹭鸶、老鹰、金丝雀头部画像,从嘴型看,金丝雀应当是(　　)。

    A. 　　B. 　　C. 　　D.

21. 没有发动机的过山车,自高处下滑,速度越来越大,到达斜坡底部时速度最大,足以使车体冲上下一个斜坡,使山车保持运动状态,冲上下一个斜坡的是(　　)。
    A. 势能　　B. 惯性　　C. 加速度　　D. 初速度

22. 下列音乐术语中,表示"两个以上不同的音按一定法则同时发声构成的音响组合"的是(　　)。
    A. 和声　　B. 合奏　　C. 合唱　　D. 齐奏

23. 钟乳石发育于石灰岩溶洞地区,包括石笋、石柱、石钟乳等,其中悬挂在洞顶、向下生长的倒锥状碳酸钙沉积物是(　　)。
    A. 石笋　　B. 石柱　　C. 石钟乳　　D. 石灰乳

24. 世界各国动画片常常以儿童为主角,展示儿童正义、善良、机智、勇敢。图3展示的是哪部动画片的哪位儿童形象?(　　)

图3

A. 哪吒—《哪吒闹海》 B. 阿童木—《铁臂阿童木》
C. 一休—《聪明的一休》 D. 葫芦娃—《七个葫芦娃》

25. 章回小说是中国古典小说的主要形式,其体式特征是:分回标目,段落整齐,首尾完整。下列作品中,不属于明朝四大章回小说的是( )。
A.《水浒传》 B.《西游记》 C.《金瓶梅》 D.《红楼梦》

26. 下列选项中,关于 Word 文档"页码"功能的表述,不正确的是( )。
A. 文档中页眉页脚区域可以插入页码
B. 文档中左右页边距区域不可以插入页码
C. 可通过设置"首页显示页码"实现首页不显示页码
D. 可通过设置"奇偶页不同"实现奇数页和偶数页页码位置不同

27. 在 PowerPoint 中,对幻灯片中某对象建立超链接时要添加的是( )。
A. 文本框和超链接点 B. 文本和图片
C. 文本框和动作按钮 D. 超链接点和动作按钮

28. 找规律填数字是一项很有趣的活动,特别锻炼观察和思考能力。下列选项中,填入数列"2,4,9,16,( ),47"空缺处的数字,正确的是( )。
A. 28 B. 29 C. 30 D. 31

29. 下列选项所表述的内容,包括在"只有想不到,没有做不到"中的是( )。
A. 如果没想到,肯定做不到 B. 只要想得到,就能做得到
C. 既然做到了,便是想到了 D. 既有想不到,也有做不到

二、材料分析题(本大题共3小题,每小题14分,共42分)

阅读材料,并回答问题。

30. **材料:**

到中一班的第一天,白老师就注意到了小锴。整整一天,小锴基本上不说话,极腼腆,无论老师问什么他都用大大的眼睛看着你,点点头、摇摇头或是笑一笑。玩"萝卜蹲"游戏时,他踊跃地举手,叫上来又一言不发;在外面投掷沙包时,白老师问他:"你能扔进那个筐吗?"他就把沙包捡起来扔进去,然后腼腆地笑……经过了解,小锴是一个农民工的孩子,刚入园不久,害怕小朋友嘲笑自己的乡音,很少说话。怎么让小锴开口说话呢?白老师有意识地找小锴说话,聊他最感兴趣的话题。美工区里,小锴在玩橡皮泥,白老师问:"你握的是什么呀?"他摇摇头,"告诉

老师,你握的是什么呀?"小锴小声地说:"是橡皮泥……""我觉得你说话的声音特别好听。"小锴开心地笑了,用极小的声音说:"这是西瓜,这是……""回家看什么动画片啊?""大头儿子小头爸爸。""最喜欢里面的谁呀?""大头儿子。""那你喜欢白老师吗?""喜欢……"之后,白老师找到小锴的家长,建议他们多和小锴交流。抽时间带小锴与同龄孩子玩耍。慢慢地,小锴愿意和别人说话,性格也活泼开朗多了。

问题:
请结合材料,从教育观的角度,评析白老师的行为。(14分)

31. **材料:**

星星幼儿园本学期开设了托班,这个班的孩子年龄偏小,平均年龄不满两岁。钟老师主动承担了这个托班的保教工作。入园时,托班孩子都是会哭闹不止,"我要妈妈!""回家!""不上幼儿园!"……钟老师一会儿抱着这个,一会儿哄着那个,一天下来,累得几乎直不起腰,但是不管钟老师用什么方法,总有几个孩子会一直哭个不停。有时钟老师也会心情烦躁,甚至还对个别孩子发脾气。但是她发现发脾气非但解决不了问题,反而会让孩子哭闹得更凶。经过一段时间的摸索,她发现只有自己心平气和才能安抚孩子烦躁的情绪。渐渐地,孩子们的哭闹声少了,欢笑声多了。因为年龄小,大多数孩子走路不稳,语言不清晰,对一切事物都好奇,什么都想看,什么都想摸。钟老师怕他们摔倒或碰伤,就时刻注意着他们的安全。家长们看着自己的孩子每天在幼儿园开开心心的,都很感激钟老师。教师节这天,有家长给钟老师送来了购物卡和礼品以表达谢意,钟老师欣然接受了。

问题：
请结合材料，从教师职业道德的角度，评析钟老师的教育行为。(14分)

32. **材料：**

记得是在读小学三年级的时候，有一天，我在母亲的书架上找到一本装帧精致的小书，翻开来，便不由地沉浸了进去。一小段一小段的文字不带韵脚，却诗意盈盈。字里行间似有一种不可测的魔力。用书中的语言来形容，恰"好像那傍晚的宽宏大量的和平，覆盖着日间的骚乱一样"。当时是什么日子？岁月刚进入20世纪70年代，外面正闹"文化大革命"呢。我于是记下了这么一个题目：《新月集》，以及这么一个外国名字：泰戈尔。八年后我进京读书，随身行囊中就有这本美丽的小书。大学毕业时，我将行李打包邮寄回家，其中一件不慎遗失，心爱的小书却恰巧在那只纸箱中。后来，我试着翻阅过其他版本，却再难寻到那怦然心动的感觉，我这才咀嚼回忆起另一个名字——郑振铎，并深深地怀念着了。

几十年过去，直到不久前我终于又欣喜地发现了一本郑振铎译的《泰戈尔诗选》。重新捧读之下，曾经令十岁孩童着迷的文字让如今已知天命的我仍然沉醉不已。合上书本，我忍不住细细叩问自己，这份历久弥新的魅力究竟自何而来？

《新月集》虽然号称儿歌(children poem)，但它并不是一部写给儿童读的诗歌集，而是用了孩子的口吻叙述儿童心理、儿童生活的最好的诗歌集，其中不乏隽永的智慧和很深的哲理。这情形与法国作家圣·埃克苏佩里的名著《小王子》有几分相似。《新月集》译成于1923年，那是个白话文未臻成熟的年代。或许这份稚拙正好契合了儿童语气的秀嫩天真。郑振铎先生在"译者自序"中说："我的译文自己很不满意，但似乎还很忠实，且不至于看不懂。"这句话让我上了心。据说在郑先生之前确有位王独清君的译文使人看不懂。看来早期的白话文翻译曾在"忠实"和"易懂"之间苦苦挣扎过。

郑振铎先生翻译所依据蓝本是英文版，其实那已经是翻译本了。泰戈尔的诗篇多用孟加拉语写成，其风格深受古印度宗教哲学影响，又创造性地融入了孟加拉乡间民歌之旋律。尽管如此，在翻译过程中，郑先生对这部诗集的英文本始终恪守"忠实"信条。这一点，从文中多处做定语的"的"字便可看出。"天空里突然升起了一个男孩子的尖锐的歌声，他穿过看不见的黑暗，留下他的歌声的辙痕跨过黄昏的静谧"("家庭")。从译文我们几乎可以不费力地还原出英文来。换了我或大多数今人，恐怕会轻易采用"他的歌声碾过黄昏的静谧"这样熟稔的译法。然而如此一来,读者们便不再能体会到原文中"track"一词的存在了。

从根儿上讲,"译"与"诱""媒"的意义一脉相通。翻译家如同媒人,挑动起人们的好奇心,引诱他们对原作无限向往。而一旦能够欣赏货真价实的原作以后,一般人常常薄情地抛弃了翻译家辛勤制造的代用品。(参看《林纾的翻译》——钱锺书)不过我以为郑振铎先生的译文却属于另外一种境界,它纯净得犹如清新空气,人们透过它得以通畅无碍地欣赏原文,却几乎忘记了这个媒介本身的存在。或许这才是真正的翻译家该有的角色——尽量隐匿在原作者的身影里。毕竟与天马行空式翻译的自由发挥比较起来,忠实原文要艰难得多;而既忠实又优雅则是戴着脚镣的舞蹈了。大约这正是郑译版永葆青春活力的秘诀所在。

(摘自飞雾《那一弯新月》)

问题:
(1)郑译《新月集》"忠实"的特点体现在哪里?请根据文本,简要概括。(4分)
(2)文章认为翻译外文作品一般有几种"境界"?请结合文本,简要分析。(10分)

三、写作题(本大题1小题,50分)

33. 阅读下面材料,按要求作文。

妈妈问孩子"棉被放在床上一直是冰冷的,可是人一躺进去就变得暖和了,你说是棉被把人暖热了,还是人把棉被暖热了。"孩子一听笑了,"妈妈你真糊涂呀,棉被怎么可能把人暖热,是人把棉被暖热了。"妈妈又问:"既然棉被给不了我们温暖,反而要靠我们去暖它,那么我们还盖棉被做什么?"孩子想了想说,"虽然棉被给不了我们温暖,却可以保存我们的温暖,让我们在被窝里睡得舒服呀!"

综合上述材料所引发的思考和感悟,写一篇不少于800字的议论文。

要求:
用规范的现代汉语写作,角度自选,立意自定,标题自拟。

2016年上半年中小学教师资格考试
综合素质试题(幼儿园)

注意事项：
考试时间为120分钟，满分150分。

一、单项选择题(本大题共29小题，每小题2分，共58分)

1. 为了培养幼儿想象力，老师让幼儿画蝴蝶，下列做法恰当的是(　　)。
   A. 老师画好左半边蝴蝶，幼儿模仿完成右半边
   B. 老师在黑板上用笔示范，让幼儿跟着画
   C. 幼儿先观察蝴蝶，然后让幼儿自己画
   D. 老师先画蝴蝶，然后让幼儿照着画

2. 为体现"幼儿为本"的教育理念，教师不正确的做法是(　　)。
   A. 尊重幼儿人格　　　　　　　　B. 为幼儿提供适合教育
   C. 调动幼儿的主动性　　　　　　D. 让幼儿主动选择课程

3. 每次在与幼儿交流过程中，吴老师都会全神贯注看着幼儿，有时候，她也点头、微笑、询问和鼓励，这反映了吴老师与幼儿相处所遵循的原则是(　　)。
   A. 个体性原则　　　　　　　　　B. 适时性原则
   C. 公平原则　　　　　　　　　　D. 尊重原则

4. 中一班的男孩如厕时常常有意将小便洒在便池外甚至是小朋友的身上，据此，王老师在便池里合适的位置上画了几朵花，要求幼儿小便时比赛看谁能瞄准花朵，给花浇水，此后男孩小便再也不乱洒了，王老师的教育方法体现的幼儿教育特点是(　　)。
   A. 游戏性　　　B. 综合性　　　C. 整体性　　　D. 浅显性

5. 《国家中长期教育改革和发展规划纲要(2010—2020年)》要求学前教育发展的一大任务是重点发展(　　)。
   A. 西部地区学前教育　　　　　　B. 边远地区学前教育
   C. 城镇学前教育　　　　　　　　D. 农村学前教育

6. 下列选项中不符合联合国《儿童权利公约》对儿童权利保护规定的是(　　)。
   A. 承认儿童享有固有的生命权
   B. 确保儿童免受惩罚的权利
   C. 最大限度地确保儿童的生存与发展
   D. 确保儿童享有其幸福所必需的保护和照顾

7. 孙某和张某共同举办了一家具有法人资格的幼儿园，由张某担任园长，该幼儿园的法定代表人是(　　)。
   A. 张某　　　　　　　　　　　　B. 孙某
   C. 孙某和张某　　　　　　　　　D. 教职工大会

8. 教师钱某对幼儿园解聘自己的决定不服，可以向教育行政部门(　　)。
   A. 检举　　　B. 揭发　　　C. 提出诉讼　　　D. 提出申诉

9. 15岁的小江辍学到王某所办的电子厂打工，王某的行为(　　)。
   A. 合法，王某有自主招工的权利　　　B. 合法，王某有管理工人的权利
   C. 不合法，工厂不得招用童工　　　　D. 不合法，经家长同意可招用

10. 幼儿园小朋友洋洋的画被幼儿园推荐发表,所得稿酬应归(　　)。
    A. 幼儿园   B. 洋洋本人
    C. 洋洋的父母   D. 洋洋的老师

11. 某民办寄宿制幼儿园小朋友军军睡觉时不小心从上铺摔下受伤,关于该起事故(　　)。
    A. 幼儿园无过错,不承担法律责任   B. 幼儿园有过错,承担相应法律责任
    C. 幼儿园无过错,但应负赔偿责任   D. 幼儿园有过错,承担一定补偿责任

12. 某幼儿园以识字和算术为基本活动,得到了家长支持,该幼儿园的做法(　　)。
    A. 不正确,幼儿园以游戏为基本活动
    B. 不正确,幼儿园以体育为基本活动
    C. 正确,有助于培养幼儿的阅读能力
    D. 正确,有助于办出幼儿园的特色

13. 马老师在逛商场时偶遇班上一位小朋友的家长,便一同挑选衣服,付款时,这位家长坚持把马老师的500元钱一起付了。对此,马老师的正确做法是(　　)。
    A. 数额不大,不必在意,但下不为例
    B. 表示谢意并坚持把钱还给家长
    C. 勉强接受并回送价值相当的礼物
    D. 表示感谢,并注意格外关照他的孩子

14. 幼儿园拟派工作多年、任劳任怨的胡老师去外地参加理论研修班,胡老师对园长说:"年轻人喜欢玩,让她们去吧,而且照顾小孩子,都是些穿衣吃饭的琐事,耐心点就行,不需要太多的理论。"这表明胡老师(　　)。
    A. 关心年轻教师专业成长,甘为人梯
    B. 不服从园里的安排,我行我素
    C. 忽视自身的专业发展,盲目奉献
    D. 积极参与园内管理,合理建议

15. 许多老师发现,不少孩子在家过了一个双休日再回到幼儿园后,一些良好的行为习惯就退步了,比如不认真吃饭、乱扔东西、活动时喜欢说话。对此,老师正确的做法是(　　)。
    A. 召开家长会,点名要求做得不好的家长向做得好的家长学习
    B. 密切联系家长,并要求家长完全按照老师的要求去做
    C. 发挥自己学有专攻的优势,为家长提供指导
    D. 不过于干涉家庭教育,做好园内教育工作

16. 张老师在幼儿园对小朋友态度亲和、耐心细致,她的工作获得了领导和家长一致好评,小朋友也喜欢她。可是一回到家里,张老师就只想安静休息,不让家人开电视,稍不如意就会和家人吵架,常常弄得心力交瘁。下列说法中正确的是(　　)。
    A. 张老师缺乏心理调适能力   B. 张老师家人缺乏体谅之心
    C. 张老师的情绪反应很正常   D. 张老师善于转移负性情绪

17. 中国历史上第一个统一的多民族中央集权国家的都城是(　　)。
    A. 河南安阳   B. 河南洛阳   C. 陕西咸阳   D. 陕西西安

18. 2014年12月13日是我国首个国家公祭日,与这一公祭日直接相关的惨案发生的时间地点是( )。
   A. 1931年沈阳　　　　　　　　　B. 1937年南京
   C. 1937年北京　　　　　　　　　D. 1938年武汉

19. 下图是世界上最早测定地震方位的地动仪的示意图,创造这一地动仪的中国古代科学家是( )。

   A. 祖冲之　　　B. 宋应星　　　C. 张衡　　　D. 蔡伦

20. 下列对古代科技著作的表述,不正确的是( )。
   A. 《周髀算经》是数学专著　　　　B. 《农政全书》是农学专著
   C. 《黄帝内经》是中医学专著　　　D. 《齐民要术》是天文学专著

21. 下面的对联所描述的历史人物是( )。
   两表酬三顾,一对足千秋。
   A. 辛弃疾　　　B. 诸葛亮　　　C. 李白　　　D. 陶潜

22. 下列关于韩愈、柳宗元的表述,不正确的是( )。
   A. 韩愈、柳宗元都是唐代文学家
   B. 他们倡导了著名的"古文运动"
   C. 他们力倡内容充实、形式严整的散文
   D. 他们同是"唐宋八大家"的重要成员

23. 下列动物中不属于两栖动物的是( )。
   A. 青蛙　　　B. 蟾蜍　　　C. 蜥蜴　　　D. 大鲵

24. 我们日常食用的马铃薯,所属的植物器官是( )。
   A. 块根　　　B. 块茎　　　C. 肉质根　　　D. 肉质茎

25. 杜甫《饮中八仙歌》诗句"脱帽露顶王公前,挥毫落纸如云烟"所描写的书法家是( )。
   A. 张旭　　　　　　　　　　　　B. 怀素
   C. 颜真卿　　　　　　　　　　　D. 柳公权

26. 关于 Word 中的多文档窗口操作,下列叙述不正确的是( )。
   A. 文档窗口可以拆分为两个文档窗口,分别显示文档的不同部分
   B. 多个文档编辑工作结束后,只能一个个地保存或关闭文档窗口
   C. 允许同时打开多个文档进行编辑,且每个文档有一个文档窗口
   D. 多个文档窗口之间的内容,可以进行剪切、复制、粘贴等操作

27. 在空白幻灯片中,不可以直接插入的是( )。
   A. 艺术字　　　B. 剪贴画　　　C. 文字　　　D. 图表

28. 下列选项中,与"三角形—几何图形"的逻辑关系相同的是( )。
   A. 矩形—椭圆形　　　　B. 菱形—六边形
   C. 圆形—三角形　　　　D. 梯形—四边形

29. 找规律填数字是一个很有趣的活动,特别锻炼观察和思考力,下列选项中填入数列"1,2,4,10,42,( )"空缺处的数字正确的是( )。
   A. 422　　　B. 523　　　C. 624　　　D. 725

二、材料分析题(本大题共3小题,每小题14分,共42分)

阅读材料,并回答问题。

30. **材料:**

托班幼儿园吃饭时普遍存在以下情况:不肯张嘴或不肯咀嚼吞咽。为解决这个问题,张老师想了很多办法。一天中午吃饭时,张老师端了一碗饭菜,边示范边夸张地说:"我是大老虎,嘴巴张得大,牙齿咬得快,一会儿饭菜吃光光!"鼓励幼儿和老师一样做大老虎。在进餐巡视时,张老师一会儿对吃得快的宝宝说:"嗯,原来这里有一只大老虎,我喜欢你!"一会儿又走到另外一个宝宝身边说:"这只老虎吃得真香呀!"有时还在"大老虎"身上贴个贴纸……慢慢地,幼儿爱吃饭了,也会吃饭了。把饭含在嘴里的现象明显减少了。

张老师还发现,每次吃饭璐璐还习惯用手擦嘴巴,所以吃完饭后,她的衣袖总是沾有很多菜汁。一天吃鸡腿,张老师特意在璐璐的桌子上放一条干净的小毛巾,让璐璐记得将沾满油腻的小手在毛巾上擦一擦,所以那天璐璐的衣袖很干净。从那以后,每到吃饭时张老师总会给璐璐准备一条毛巾,璐璐养成了随时用毛巾擦拭嘴和手的习惯,衣袖总是干干净净的。

问题:

请结合材料,从教育观的角度分析张老师的教育行为。(14分)

31. 材料：

下面是李老师的教育日志：

下午的点心是每人一块蛋糕、一杯牛奶，孩子们像往常一样静静品尝着自己的那一份。发完后，我发现袋子里还有一块蛋糕，就随手给了旁边的莉莉，可没想到我这个无心之举却引起了一场"风波"。莉莉脸上露出了得意的笑容，举起那块蛋糕，在小朋友面前炫耀起来："这是李老师多给我吃的！"其他孩子有的向她投去了羡慕的目光，有的向我桌上投来搜寻的眼神。孩子们接着纷纷议论起来，有的一本正经地说："她小，所以李老师才给她吃的呢！"有的愤愤不平地说："李老师一定是喜欢莉莉。"……

这时，我才意识到事情的严重性，我的举动欠考虑，冷落了其他小朋友。我马上进行补救。"今天多的一块蛋糕老师分给了莉莉，以后多下来的点心，老师会发给别的小朋友，大家轮流吃，你们说好吗？"孩子们脸上的复杂表情马上都消失了，大声喊道："好！"

问题：

请结合材料，从教师职业道德的角度评析李老师的教育行为。（14分）

32. 材料:

一个真正的文学批评家,应该坚守自己独立的批评品格,远离世俗的主流风尚,对文学进行精神与灵魂的审视。然而,中国当下文学的主流批评恰恰存在着一定的灵魂缺失与精神萎缩。文学批评渐渐被市场与媒体所左右,总是在大而不当的赞歌与恣肆恶意的攻击之间进退失据,作家和读者很难听到真正的批评的声音。大多数文学批评家将自己的批评视角与笔墨投向了文学热闹喧嚣之地,而对一些处于边缘地位因种种缘故未能进入主流文坛的作家作品,却少有注意。事实上,在一些边缘作家的作品里,我们往往能够读到异于所谓主流的特别内容。譬如王小波,他在世的时候,并没有多少批评家的目光注意到他,关于其作品的译介自然也是其身后的事情了。而王小波的出现无疑显示了文学的另一种可能,他的作品在精神上和鲁迅式的焦灼与反抗,可谓有着异曲同工之妙:对人间猥琐的嘲弄,对现实生活的焦虑,对芸芸众生的哀怜,以及回到生活的深处与内心的深处,"将人的狂放、朗然之气弥散在作品中","在嘲弄社会的同时,也冷视了自我"。显然,王小波之死唤醒了一种新的文学批评的诞生,即充满学术良知、生存尊严的文学批评。不过,这种文学批评并非当前文坛的大多数,恰恰相反,它只在少数批评家那里存在着,热闹的文坛依然那么热闹,热闹过后,一片虚无。文学批评的光芒,倘若日益被甚嚣尘上的商业化炒作完全掩盖,文学批评的末路或许也就为期不远了,我们的文学批评必须对此有所警觉。

(摘编自陈劲松《文学批评的姿态》)

问题:

(1) 材料最后一句"我们的文学批评必须对此有所警觉"中的"此"指代的内容是什么?(4分)

(2) 结合文本,请简要分析文章所指出的当下文学批评存在的弊端。(10分)

三、写作题(本大题 1 小题,50 分)

33. 阅读下面的材料,根据要求作文。

常言道:"上山容易,下山难。"这句话是说:上山虽然费力,但不容易发生危险;下山虽然省力,但容易失足跌下山。其实,这简单的话语蕴含着丰富的人生哲理。

要求:

用规范的现代汉语写作。自定立意,自拟题目,自选文体。不少于800字。

2015年下半年中小学教师资格考试
综合素质试题(幼儿园)

注意事项：

考试时间为120分钟，满分150分。

一、单项选择题(本大题共29小题，每小题2分，共58分)

1. 语言活动中，吴老师发现凯凯正在拔前面一个女孩外衣上的绒毛。此时，吴老师恰当的做法是(　　)。
   A. 停止教学，点名批评　　　　　　B. 停止教学，当众罚站
   C. 继续教学，不予理睬　　　　　　D. 继续教学，微笑提醒

2. 在幼儿园阶段，下列不属于幼儿学习内容的是(　　)。
   A. 听故事　　　　　　　　　　　　B. 洗手如厕
   C. 与同伴一起游戏　　　　　　　　D. 学习10以上的加减法

3. 绘画时，飞飞在纸上画了一个黑色的太阳。对此，李老师恰当的做法是(　　)。
   A. 批评飞飞的画不合常理　　　　　B. 耐心地询问飞飞的想法
   C. 替飞飞把太阳涂成红色　　　　　D. 要求飞飞重新画红太阳

4. 每次老师提问，小虎总爱抢着回答，但基本上都答错，对此老师应该(　　)。
   A. 引导小虎仔细思考　　　　　　　B. 安排小虎多做作业
   C. 批评小虎思考不认真　　　　　　D. 对小虎举手置之不理

5. 联合国《儿童权利公约》规定，对儿童的养育与发展负有首要责任的是(　　)。
   A. 联合国儿童权利委员会　　　　　B. 父母或法定监护人
   C. 国家　　　　　　　　　　　　　D. 幼儿园

6. 《国家中长期教育改革与发展规划纲要(2010—2020年)》提出重点发展农村学前教育。下列措施中不正确的是(　　)。
   A. 扩大农村学前教育资源　　　　　B. 着力保证留守儿童入园
   C. 着力保证农村幼儿园现有规模　　D. 发挥乡镇中心幼儿园示范作用

7. 某幼儿园将识字作为基本活动。该园的做法(　　)。
   A. 正确，有助于增长幼儿知识
   B. 正确，有助于提升教学质量
   C. 不正确，幼儿园不能组织教学活动
   D. 不正确，幼儿园以游戏为基本活动

8. 教师梁某因旷工被幼儿园处分，她对幼儿园给予的处分不服，向有关部门提出教育申诉，被申诉人为(　　)。
   A. 园长　　　　　　　　　　　　　B. 幼儿园
   C. 书记　　　　　　　　　　　　　D. 教育行政部门

9. 教师王某经常让班里的幼儿在活动室外面罚站，王某的做法(　　)。
   A. 不合法，侵犯了幼儿的受教育权
   B. 不合法，侵犯了幼儿的荣誉权
   C. 合法，教师有管理幼儿的权利
   D. 合法，教师有教育幼儿的权利

10. 幼儿园教师赵某休息时在活动室抽烟,他的行为(　　)。
   A. 不正确,教师不得在幼儿园抽烟
   B. 不正确,教师只能在办公室抽烟
   C. 正确,教师有抽烟的权利
   D. 正确,教师休息时可以抽烟

11. 幼儿阳阳在自由活动时偷偷溜出幼儿园,在人行道上被电动车撞伤。对阳阳受到的伤害,应承担赔偿责任的是(　　)。
   A. 幼儿园　　　　　　　　　　B. 车主
   C. 阳阳的监护人　　　　　　　D. 车主和幼儿园

12. 某幼儿园安排行政人员代替李老师参加教师专业培训,该做法(　　)。
   A. 合法,幼儿园有选派培训学员的权利
   B. 合法,幼儿园有管理教学事务的权利
   C. 不合法,侵犯了李老师进修培训的权利
   D. 不合法,侵犯了李老师的教育教学权利

13. 骨干教师闵老师在年终的同行测评中得分不高,很郁闷,活动中幼儿出一点差错他就大发雷霆。闵老师应该(　　)。
   A. 严格待生,专注教学　　　　B. 保持个性,坚持自我
   C. 注重反省,调适自我　　　　D. 迎合同事,搞好关系

14. 每年王老师都给自己制订读书计划,并严格执行。这体现了王老师注重(　　)。
   A. 团结协作　　　　　　　　　B. 教学创新
   C. 终身学习　　　　　　　　　D. 循循善诱

15. 小红怀疑同伴小刚偷了她新买的油画棒,并报告了老师,老师便要搜查小刚的衣服口袋,小刚拒绝被搜。该老师的做法(　　)。
   A. 错误,应当充分尊重信任小刚　　B. 错误,应搜查所有幼儿的口袋
   C. 错误,应避免当众对小刚搜查　　D. 错误,应该通知家长之后再搜

16. 李老师一个学期对父亲是副乡长的小壮家访了8次,却从未对需要帮助的留守儿童小龙家访过。李老师的做法(　　)。
   A. 符合主动联系家长的要求　　B. 有违平等待生的要求
   C. 符合因材施教的教育要求　　D. 有违严慈相济的要求

17. 下列选项中,不属于天然光源的是(　　)。
   A. 阳光　　　　　　　　　　　B. 月光
   C. 激光　　　　　　　　　　　D. 星光

18. 下列太阳系行星中,已证实拥有卫星最多的是(　　)。
   A. 地球　　　　　　　　　　　B. 木星
   C. 水星　　　　　　　　　　　D. 火星

19. 文成公主入藏和亲,嫁于松赞干布,这一历史事件发生的朝代是(　　)。
   A. 汉朝　　　　　　　　　　　B. 晋朝
   C. 唐朝　　　　　　　　　　　D. 宋朝

20. 下列作品中,不属于高尔基"自传体三部曲"的是( )。
    A.《童年》   B.《在人间》
    C.《母亲》   D.《我的大学》

21. 下列这首古代诗歌的作者是( )。
    松下问童子,言师采药去。
    只在此山中,云深不知处。
    A. 白居易   B. 贾岛
    D. 欧阳修   D. 袁枚

22. 《三字经》中"融四岁,能让梨"的"融"指的是( )。
    A. 孔融   B. 马融
    C. 苻融   D. 祝融

23. 下列人物中,相传曾整理《诗》《书》等古代典籍,并删修《春秋》的是( )。
    A. 孔子   B. 老子
    C. 孟子   D. 荀子

24. 下列乐器中,不属于中国传统乐器的是( )。
    A. 横笛   B. 风笛
    C. 箫   D. 埙

25. "梁山伯与祝英台"是我国著名的民间传说,多种地方剧种都表现过相关的题材。何占豪、陈钢的小提琴协奏曲《梁祝》的创作,所依据的地方剧种是( )。
    A. 粤剧   B. 豫剧
    C. 川剧   D. 越剧

26. 在 Word 中,下列操作不能实现的是( )。
    A. 在页眉中插入日期
    B. 建立奇偶内容不同的页眉
    C. 在页眉中插入分页符
    D. 在页眉中插入剪贴画

27. 在 PowerPoint 中,新建一个演示文稿时第一张幻灯片的默认版式是( )。
    A. 项目清单   B. 两栏文本
    C. 标题幻灯片   D. 空白

28. 下列选项中,与"书法家—画家"逻辑关系相同的是( )。
    A. 童星—明星   B. 党员—教师
    C. 军人—军官   D. 幼儿—青年

29. 4 个杯子上各写着一句话。第一个杯子"每个杯子中都是酸性溶液";第二个杯子"本杯中是矿泉水";第三个杯子"本杯中不是蒸馏水";第四个杯子"有的杯子中不是酸性溶液"。如果 4 句话中只有一句真实,则可以确定的是( )。
    A. 所有的杯子中都是酸性溶液
    B. 第二个杯中是矿泉水
    C. 所有杯子中都不是酸性溶液
    D. 第三个杯中是蒸馏水

二、材料分析题(本大题共 3 小题,每小题 14 分,共 42 分)

阅读材料,并回答问题。

30. 材料:

班上的幼儿总记不住饭后漱口。一天早上,刘老师找了两个透明的塑料杯放在桌上,其中一个杯子里面装满了干净的水。早饭后刘老师让小朋友接水漱口,并让他们把漱口水吐在空杯子里,让全班小朋友过来观察。

孩子们议论纷纷:"这两杯水不一样,一个很干净,一个很脏。""那个杯子里的水里有东西了。"刘老师问:"这些脏东西原来藏在哪儿呀?"他们纷纷说道:"藏在小朋友的嘴里。""藏在舌头底下。""粘在牙上的。""藏在牙缝里的。"刘老师把装着漱口水的杯子放进盥洗室。

午睡后,孩子们去盥洗室解便洗手,佳佳捂着鼻子说:"房间里是什么味,真难闻。"这时,放杯子的地方围着几个小朋友,正在议论着。孩子们指着杯子问:"这是什么呀?真臭。"原来漱口水已经变臭了。这时刘老师走过来,看见孩子们一脸的惊讶,问道:"大家想一想,这些东西在嘴里会怎么样?"有的孩子说:"也会变得这样臭,生出许多细菌来。"还有的孩子说:"原来我们的牙齿就是这样被弄坏的!那吃完饭得把嘴漱干净。"有一位小朋友说:"我回家告诉爸爸妈妈,让他们吃完饭后也一定漱口。"自从那次观察活动后,孩子们漱口再也不用老师提醒了。

问题:

请从教育观的角度,评价刘老师的教育行为。(14 分)

31. 材料：

性格文静的馨馨午睡时总是睡不着,为解决这个问题,黄老师耐心地告诉她天天午睡的好处。黄老师还联系家长,请家长配合,让馨馨在家里早睡早起,以帮助她养成良好的午睡习惯,可总是收效不大。

经过观察,黄老师还发现馨馨不好运动,到午睡时仍然精神饱满,不觉疲惫。于是,黄老师调整策略。首先,增加馨馨的活动量,如：户外运动后引导她跑几圈,跑完后发给金牌；让她和运动量较大的小朋友一起游戏、玩耍。其次,舒缓馨馨的情绪,午睡时不催她,还在耳边轻轻地说:"没关系,如果睡不着就闭上眼睛躺一会儿吧!"等她睡着后,在她枕头下藏一个小红花,等她醒来,给她一个惊喜……慢慢地,馨馨每天都能睡得很香了!

问题：

请从教师职业道德的角度,评析黄老师的教育行为。(14分)

32. 材料：

在艺术创作中，往往有一个重复和变化的问题：只有重复而无变化，作品就必然单调枯燥；只有变化而无重复，就容易陷于散漫零乱。

重复与变化的统一，在建筑物形象的艺术效果上起着极其重要的作用。古今中外的无数建筑，除去极少数例外，几乎都以重复运用各种构件或其他构成部分作为取得艺术效果的重要手段之一。

历史中最杰出的一个例子是北京的明清故宫。从天安门到端门、午门是一间间重复着的"千篇一律"的朝房。再进去，太和门和太和殿、中和殿、保和殿成为一组的"前三殿"与乾清门和乾清宫、交泰殿、坤宁宫成为一组的"后三殿"的大同小异的重复，就更像乐曲中的主题和"变奏"；每一座的本身是许多构件和构成部分（成句、乐段）的重复；而东西两侧的廊、庑、楼、门，又是比较低微的，以重复为主但亦有相当变化的"伴奏"。然而整个故宫，它的每一个组群，每一个殿、阁、廊、门却全部都是按照明清两朝工部的"工程做法"的统一规格、统一形式建造的，连彩画、雕饰也尽如此，都是无尽的重复。我们完全可以说它们"千篇一律"。但是，谁能不感到，从天安门一步步走进去，就如同置身于一幅大"手卷"里漫步；在时间持续的同时，空间也连续着"流动"。那些殿堂、楼门、廊庑虽然制作方法千篇一律，然而每走几步，前瞻后顾，左睇右盼，那整个景色、轮廓、光影，却都在不断地改变着；一个接着一个新的画面出现在周围，千变万化。空间与时间，重复与变化的辩证统一在北京故宫中达到了最高的成就。

翻开一部世界建筑史，凡是较优秀的个体建筑或者组群，一条街道或者一个广场，往往都以建筑物形象重复与变化的统一而取胜。说是千篇一律，却又千变万化。每一条街都是一轴"手卷"、一首"乐曲"。千篇一律和千变万化的统一在城市面貌上起着重要作用。

（摘编自梁思成《千篇一律与千变万化》）

问题：

（1）请简要概括重复与变化的辩证统一关系。（4分）

（2）简要分析北京故宫的建筑在"千篇一律"与"千变万化"结合中取得的艺术效果。（10分）

三、写作题(本大题1小题,50分)

33. 阅读下面材料,根据要求作文。

著名教育家张伯苓十分注意对学生进行文明礼貌教育,并且身体力行,为人师表。一次,他发现有个学生手指被香烟熏黄了,便严肃地劝告那个学生:"烟对身体有害,要戒掉它。"没想到那个学生有点不服气,俏皮地说:"那您吸烟就对身体没有害处吗?"张伯苓面对学生的责难,歉意地笑了笑,立即叫工友将自己所有的烟取来,当众销毁,还打断了自己用了多年的心爱的烟袋杆,诚恳地说:"从此以后,我与诸同学共同戒烟。"果然,打那以后,他再也不吸烟了。

要求:

请用规范的现代汉语写作。自定立意,自拟题目,自选文体。不少于800字。

2015年上半年中小学教师资格考试
综合素质试题(幼儿园)

注意事项：

考试时间为120分钟，满分150分。

一、单项选择题（本大题共29小题，每小题2分，共58分）

1. 平时嗓门很大的小强，在回答老师提问时声音却很低。老师批评说："声音这么小，难道你是蚊子吗？"话音刚落，全班哄堂大笑。该老师的做法（ ）。
   A. 合理，有助于促进幼儿自主学习　　　B. 合理，有助于激发幼儿主动反思
   C. 不合理，没有体现对幼儿的尊重　　　D. 不合理，歧视幼儿的生理缺陷

2. 老师组织集体游戏时，发现嘉嘉独自一人专注地看着落在地上的小水珠，老师走过去对嘉嘉说："还是先跟大家一起玩吧，游戏后再观察，然后把看到的告诉老师和小朋友，好吗？"该教师的做法（ ）。
   A. 保护了幼儿自主探究的兴趣　　　B. 忽视了游戏活动的目标
   C. 忽视了幼儿仔细观察的需求　　　D. 培养了幼儿的动手能力

3. 某幼儿园经常组织老师们相互观摩保教活动，针对活动过程展开研讨，提出完善活动设计的建议。这种做法体现的教师专业发展途径是（ ）。
   A. 进修培训　　B. 同伴互助　　C. 师徒结对　　D. 自我研修

4. 焦老师积极参加各种教师培训活动，返园后主动与同事们交流学习的心得体会，并将其运用于保教实践。关于焦老师的做法，下列说法不正确的是（ ）。
   A. 体现了终身学习的自觉性　　　B. 有利于师幼的共同发展
   C. 推动了幼儿园的园本教研　　　D. 有利于增进家园合作

5. 某县教育局长马某挪用教育经费，建造教育局办公大楼，对于马某，应当依法（ ）。
   A. 给予行政处分　　　B. 给予行政拘留
   C. 责令其限期悔过　　D. 责令其赔礼道歉

6. 某幼儿园为增强家园协作决定设立家长委员会协助开展工作。根据《幼儿园工作规程》的规定，家长委员会的主要任务是（ ）。
   A. 负责与社区的联系和合作　　　B. 组织交流家庭教育经验
   C. 管理园舍、设备和经费　　　　D. 监督指导幼儿园管理工作

7. 小学生李某多次违反学校管理制度。对于李某，学校可以采取的管教方式是（ ）。
   A. 强制劝退　　B. 批评教育　　C. 开除学籍　　D. 收容教养

8. 因为父母双亡，5岁的亮亮成了孤儿。根据《中华人民共和国未成年人保护法》，应对其履行收留抚养责任的主体是（ ）。
   A. 教育行政部门　　B. 幼儿教育机构　　C. 儿童福利机构　　D. 社区居民委员会

9. 校外人员孔某趁幼儿园门卫疏忽之际，骑摩托车闯入幼儿园，将幼儿刘某撞伤。对刘某所受伤害，应当承担主要责任的是（ ）。
   A. 孔某　　B. 门卫　　C. 幼儿园　　D. 刘某的监护人

10. 《国家中长期教育改革和发展规划纲要（2010—2020年）》提出，要将减轻中小学生课业负担作为教育工作的重要任务。为切实减轻学生课业负担，各级政府可以采取的措施有（ ）。
    A. 减少学生课外及校外活动　　　B. 加强教辅市场管理，取缔补习机构

C. 调整教材内容,科学设计课程难度　　D. 依据升学率对地区和学校进行排名

11. 某幼儿园在其教学计划中大量增加小学一年级的课程内容,该幼儿园的做法(   )。
    A. 正确,有利于幼儿园和小学的衔接　　B. 错误,背离了幼儿教育的基本目标
    C. 正确,有利于促进儿童认知发展水平　　D. 错误,只能适量增加小学教育的内容

12. 下列选项中,不属于联合国《儿童权利公约》中确认和保护的儿童权利的是(   )。
    A. 信仰和宗教自由的权利　　　　B. 受益于社会保障的权利
    C. 自由发表言论的权利　　　　　D. 选举和被选举的权利

13. 宋老师发现很多幼儿的生活习惯不好,就创编了一些关于习惯培养的儿歌,这些儿歌很受幼儿欢迎,对他们的习惯养成产生了积极作用。宋老师的做法体现的师德规范是(   )。
    A. 廉洁从教　　B. 公正待生　　C. 举止文明　　D. 探索创新

14. 汪老师在教室里贴了一个"坏孩子"榜,那些爱讲话、爱打闹的小朋友都榜上有名。汪老师的做法(   )。
    A. 合理,有助于维护教师权威　　B. 合理,体现了对幼儿的严格要求
    C. 不合理,没有认真备课上课　　D. 不合理,没有尊重幼儿人格

15. 晓光很有舞蹈天赋,小小年纪已经参加过很多大型比赛,但他不愿意参加幼儿园组织的科学活动,方老师劝说道:"老师很喜欢会跳舞的晓光,可是如果你在其他方面也很能干的话,大家会更加喜欢你。"方老师的做法(   )。
    A. 不合理,不利于幼儿发展特长
    B. 不合理,不尊重幼儿的兴趣爱好
    C. 合理,教师应该关注幼儿的全面发展
    D. 合理,幼儿必须在各个学习领域平均发展

16. 面对捣乱的幼儿,个别同事采取体罚的办法,叶老师没有这样做,而是耐心地与幼儿交流,帮助他们改正缺点,这说明叶老师能够做到(   )。
    A. 依法执教　　B. 团结协作　　C. 尊重同事　　D. 终身学习

17. "种痘术"对消灭天花起到了决定性作用,它最早出现在(   )。
    A. 英国　　　　B. 法国　　　　C. 中国　　　　D. 印度

18. 下列关于医学知识的说法,不正确的是(   )。
    A. 砒霜在中医里是可以入药的
    B. 放疗要使用放射线进行照射
    C. 肝脏的功能之一是分解排除血液中的毒素
    D. 针灸中的"灸"是指用针扎刺人体的穴位

19. 第一次世界大战的起始时间是(   )。
    A. 1840年　　B. 1914年　　C. 1937年　　D. 1945年

20. 下列古典小说中人物与故事,对应不正确的是(   )。
    A. 贾宝玉—怒摔通灵玉　　B. 诸葛亮—巧设空城计
    C. 鲁智深—醉打蒋门神　　D. 孙悟空—三借芭蕉扇

21. 下列关于《离骚》的表述,不正确的是(   )。
    A. 战国时诗人屈原的代表作　　B. 我国古代最长的爱情诗
    C. 运用了"香草美人"的比兴手法　　D. 具有积极的浪漫主义精神

22. 下列选项中,被后世尊为我国农耕和医药始祖的是(   )。
    A. 神农氏　　　　B. 伏羲氏　　　　C. 燧人氏　　　　D. 有巢氏
23. "鸿雁传书"这一典故源自(   )。
    A. 文姬归汉　　　B. 霸王别姬　　　C. 苏武牧羊　　　D. 楚汉相争
24. 图1所示《自叙帖》被誉为"天下第一草书",它的作者是(   )。

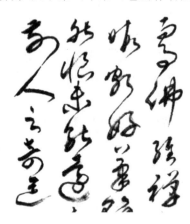

图 1

    A. 王羲之　　　　B. 欧阳询　　　　C. 苏轼　　　　　D. 怀素
25. 下列人物中,既是诗人也是画家的是(   )。
    A. 李白　　　　　B. 王维　　　　　C. 白居易　　　　D. 李商隐
26. 图2是Word所制作文档的一部分,其中剪贴画"青蛙"的文字环绕方式是(   )。

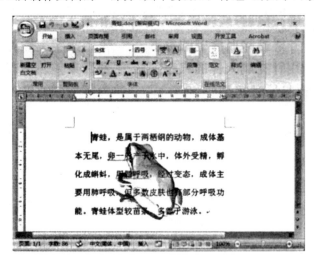

图 2

    A. 四周型环绕　　B. 浮于文字上方　C. 紧密型环绕　　D. 衬于文字下方
27. 在PowerPoint的空白幻灯片中,不可以直接插入的是(   )。
    A. 艺术字　　　　B. 声音　　　　　C. 字符　　　　　D. 文本框
28. 下列选项中,与"青岛—珠海"逻辑关系相同的是(   )。
    A. 新疆—边疆　　B. 大象—老鼠　　C. 植物—水仙　　D. 西瓜—水果

29. 小王、小赵和小李的艺术专长分别为小提琴、二胡和古筝。已知：小王比小赵年龄大，小李比弹古筝的年龄小，拉小提琴的年龄最大。根据上述条件，可以确定的是（　　）。

  A. 小王拉小提琴，小赵弹古筝，小李拉二胡

  B. 小王拉二胡，小赵拉小提琴，小李弹古筝

  C. 小王拉小提琴，小赵拉二胡，小李弹古筝

  D. 小王弹古筝，小赵拉小提琴，小李拉二胡

二、材料分析题（本大题共3小题，每小题14分，共42分）

阅读材料，并回答问题。

30. **材料：**

一周长假结束后，楠楠一进教室，就马上走到自然角去探望小金鱼和蝌蚪。

"小金鱼不见啦！"楠楠大叫起来。

邓老师很吃惊地走过去看，以前游来游去的小金鱼不见了，只剩下两个小鱼头躺在缸底的水草下，几只蝌蚪竟然正在"啃"着鱼头。

蝌蚪吃金鱼的事立刻引起了孩子们的注意。早餐结束后，邓老师决定利用这次机会，组织孩子们讨论小金鱼的死因。

孩子们分小组进行了热烈讨论，他们列出了几种可能的原因：

（1）天气闷热致死。因为放假期间，天气一直有些闷热。

（2）水污染致死。因为涵涵曾经将肥皂泡吹到鱼缸里，大家觉得水污染可能会导致金鱼死亡。

（3）金鱼吃得太饱，胀死了。因为小杰家的金鱼就是这样死的。

（4）金鱼是饿死的。因为放假期间没人给金鱼喂食，它们就饿死了。

邓老师继续组织幼儿讨论怎样的喂养方式是正确的，大家纷纷发表意见。

随后，邓老师指导孩子们把金鱼的尸体从鱼缸里捞出来。有的孩子还提出要把金鱼埋葬到草丛里，邓老师答应了，给孩子们借来铲子，看着孩子们很认真地把他们心爱的金鱼埋好。

问题：

请从儿童观的角度，评析邓老师的保育行为。（14分）

31. **材料：**

徐老师的班上新来了一个男孩,不爱说话,更没有笑声。徐老师问他叫什么名字,他只会摇头。通过和家长交谈,徐老师知道这个名叫晓天的幼儿从小失去母亲,爸爸忙于生计也无暇顾及他,所以晓天性格孤僻,语言表达能力很差,动作发育迟缓。

了解到晓天的身世后,徐老师更加关心晓天,在教室里为他专门准备了开发智力的玩具,还亲手为他编织毛衣,徐老师经常亲切地跟晓天说话,教他练习发音,以提高其语言表达能力;利用图片和图书为他讲故事,以提高其理解能力;跟他一起堆积木、折纸,以提高其动手能力。徐老师还指导晓天的爸爸在家里如何对孩子进行早期智力训练。

时间一天天过去,渐渐地,晓天的眼睛亮了,能与人进行简单的交谈了,脸上也常挂着微笑……

问题：

请从教师职业道德的角度,评价徐老师的保教行为。(14分)。

32. 材料:

每年夏天,被冰层覆盖的格陵兰岛大部分地区几乎整日被阳光照射,在很多冰盖上,特别是那些低海拔地区,融冰沿着冰盖表面流动,并聚集成深蓝色的池塘或湖泊,不同于我们能够畅游其中的湖泊,这些水体能够在眨眼之间就消失不见。例如一个比全球最大室内体育场——新奥尔良超级穹顶体育场大上十几倍的湖泊,能够仅仅在90分钟内就从冰缝中排干所有的水。

研究者们已经分散到格陵兰岛各地,从细节上调查这些湖泊会怎么影响冰盖和未来海面,伍兹霍尔海洋研究所的地球物理学家萨拉·达斯说,最近的实地考察研究表明,研究者已经知道,当湖泊突然排空时,融冰会被送往基岩,暂时性地对冰盖向海洋迁移起到润滑作用。科学家们担心,如果这个区域的气候持续变暖,那么湖泊突然排空的现象可能经常发生,并在更大范围的冰盖上出现。那样可能会加速冰盖的崩解,从而导致海平面上升。

纽约城市大学的冰川学家马德·德斯科认为,冰盖上的湖泊也会加速冰盖融化:湖泊下的冰融化速度比湖泊周围暴露在地面的冰快两倍。今年夏天,德斯科使用一艘远程遥控船只,通过实际测量来揭示湖泊的颜色深浅是否与他们的深度有关——这些数据可以帮助研究人员更好地估计卫星图像中地表湖泊的深度,以便更好地预测冰盖的融化速度。加利福尼亚大学洛杉矶分校的地理学家劳伦斯·C.史密斯正在将冰盖表面的融化速度同由融水积聚而成的河流的流动速度进行比较,如果两者相差甚大,那么这种差距就表示,一部分融水积聚在了冰盖下,这将提升冰流向大海的速度。

(摘编自希德·珀金斯《冰盖上的湖泊》)

问题:

(1) 冰盖上的湖泊与普通湖泊的差别是什么?(4分)

(2) 请根据文中的描述,简要分析冰盖上的湖泊产生的影响。(10分)

三、写作题(本大题1小题,50分)

33. 阅读下面材料,根据要求作文。

当下,流行着这样一种观点:能力很重要,但有一样东西比能力更重要,那就是人品。人品,是一个人真正的最高"学历"。

要求:

请用规范的现代汉语写作。自定立意,自拟题目,自选文体。不少于800字。

2014年下半年中小学教师资格考试
综合素质试题(幼儿园)

注意事项：

考试时间为120分钟,满分150分。

一、单项选择题(本大题共29小题,每小题2分,共58分)

1. 为了准备六一儿童节全园体操表演,刘老师提前一个月组织幼儿反复训练,甚至缩短幼儿午睡及游戏时间。刘老师的做法( )。
   A. 错误,不利于儿童身体健康　　　　B. 错误,不利于儿童个性发展
   C. 正确,有利于提高儿童素质　　　　D. 正确,有利于儿童全面发展

2. 在美术活动中,孩子们正兴致勃勃地做着手工,忽然停电了,教室里光线不足。此时教师应该( )。
   A. 继续组织幼儿手工活动　　　　　　B. 让幼儿自行选择是否继续
   C. 组织幼儿进行户外游戏　　　　　　D. 让幼儿在教室内自由活动

3. 常老师经常利用周末向农民请教农业知识,看科普书籍,并把这些内容融入教学中,还印成小册子分发给同事。这说明常老师具有( )。
   A. 课程开发的意识　　　　　　　　　B. 园本教研的意识
   C. 课程评价的意识　　　　　　　　　D. 园本培训的意识

4. 课堂上杨老师对某个问题的解释有错误,学生指出后,杨老师不但没有批评,反而表扬该学生善于思考,具有质疑精神。下列说法不恰当的是( )。
   A. 杨老师注重培养学生独立思考能力
   B. 杨老师注重培养学生自我评价能力
   C. 杨老师注重培养学生创新求异能力
   D. 杨老师注重培养学生批判思维能力

5. 根据《幼儿园工作规程》,下列选项不正确的是( )。
   A. 幼儿园是对3周岁以上学龄前幼儿实施保育和教育的机构
   B. 幼儿园以游戏为基本活动,寓教育于各项活动之中
   C. 幼儿入园前须进行简单测试,通过者方可入园
   D. 幼儿入园前须进行体检,合格者方可入园

6. 右图中某幼儿园的做法,下列说法正确的是( )。
   A. 属于幼儿园的卫生保健常规工作
   B. 体现了幼儿园对幼儿健康的关心
   C. 教师应承担喂药事件的全部责任
   D. 随意喂药损害了幼儿的身心健康

7. 某幼儿园规定,女教师必须在园工作3年后方可怀孕,否则产假按事假对待。该规定( )。
   A. 合法,体现了幼儿园的自主办园权利
   B. 合法,保障了幼儿园正常的教学秩序
   C. 不合法,侵犯了女教师的身体权
   D. 不合法,侵犯了女教师的人权

8. 成年人杨某对5岁的小明说:"你敢砸人家的玻璃,你就是英雄。"小明听后,拿起一块石头就砸破了小刚家的玻璃。对小刚家的损失应承担赔偿责任的是( )。
   A. 小明　　　　　　　　　　　　B. 杨某
   C. 小明的监护人　　　　　　　　D. 杨某和小明的监护人

9. 某医院擅自将幼儿吴某的照片及病例刊登在宣传材料上广为散发,用以宣扬本院的医治水平,该医院的行为( )。
   A. 侵犯了吴某的名誉权　　　　　B. 侵犯了吴某的姓名权
   C. 侵犯了吴某的健康权　　　　　D. 侵犯了吴某的隐私权

10. 某幼儿在手工活动中吵闹不休,班主任一怒之下用胶带贴住该幼儿的嘴巴,该班主任的做法( )。
    A. 正确,班主任有维护班级秩序的职责
    B. 正确,班主任有批评教育幼儿的权利
    C. 不正确,违反了不得体罚幼儿的规定
    D. 不正确,侵犯了幼儿的言论自由权利

11. 《国家中长期教育改革和发展规划纲要(2010—2020年)》提出健全统筹有力、权责明确的教育管理体制,深化教育管理体制改革的重点是( )。
    A. 加强省级政府的教育统筹　　　B. 转变政府职能和简政放权
    C. 建立依法办学的学校制度　　　D. 规范政府管理权限和职责

12. 教师李某因盗窃被法院判处有期徒刑一年缓刑一年,下列说法中正确的是( )。
    A. 李某服刑期满可以继续从事教师职业
    B. 李某可在民办幼儿园从事教师职业
    C. 李某5年内不得从事教师职业
    D. 李某终身不能从事教师职业

13. 涂鸦活动中,贝贝笔下的卢老师奇丑无比,有同伴讥笑贝贝,卢老师对有些不高兴的贝贝笑着说:"宝贝,你把我的头发画得卷卷的挺好看的。"卢老师的行为体现了她能( )。
    A. 公正待生　　B. 正面激励　　C. 严于律己　　D. 严慈相济

14. 下列关于教师家访的做法不恰当的是( )。
    A. 忌"指导",对家教问题不要给家长建议
    B. 忌"独白",与家长交流不要唱"独角戏"
    C. 忌"教训",不要居高临下苛责教训家长
    D. 忌"揭短",不要当着幼儿的面向家长告状

15. 汪老师平时对幼儿的大声喧哗、随地乱扔果皮等行为视若无睹、不予理睬,有人参观或检查时才提出要求。该教师的做法( )。
    A. 体现了宽容待生的教育要求　　B. 体现了严慈相济的教育原则
    C. 忽视了幼儿良好习惯的养成　　D. 影响了幼儿学习成绩的提高

16. 刚参加完培训的张老师自费将培训资料复印给同事,并将自己的心得打印出来与同事分享,下列说法中不正确的是( )。
    A. 张老师富有循循善诱的品德　　B. 张老师富有团结协作的精神
    C. 张老师注重业务能力的提高　　D. 张老师重视专业素养的提升

17. 造纸术是我国的四大发明之一,东汉所造纸张有以造纸术发明家命名的"蔡侯纸"。"蔡侯"是(   )。
    A. 蔡襄　　　B. 蔡伦　　　C. 蔡沈　　　D. 蔡邕

18. 历史上第一位使用望远镜进行科学观察的学者是(   )。
    A. 亚里士多德　B. 伽利略　　C. 开普勒　　D. 布鲁诺

19. 秦统一六国的过程中,最后灭亡的诸侯国是(   )。
    A. 赵　　　　B. 燕　　　　C. 韩　　　　D. 齐

20. 下列选项中,作家和作品的对应正确的是(   )。
    A. 罗贯中—《西游记》　　　　B. 施耐庵—《三国演义》
    C. 蒲松龄—《水浒传》　　　　D. 曹雪芹—《红楼梦》

21. 下列关于《诗经》的表述,不正确的是(   )。
    A. 我国古代第一部诗歌总集　　B. 作品在当时可以配乐歌唱
    C. 表现爱情的诗占绝大多数　　D. 主要艺术手法有赋、比、兴

22. "救人一命胜造七级浮屠"中的"浮屠"指的是(   )。
    A. 宫殿
    B. 台榭
    C. 佛龛
    D. 佛塔

23. 我国科举考试中有"连中三元"之说,其中"三元"指的是(   )。
    A. 秀才、举人、进士　　　　B. 状元、榜眼、探花
    C. 解元、会元、状元　　　　D. 乡试、会试、殿试

24. 表达贝多芬"亿万人民团结起来,大家相亲相爱"欢乐理想的乐曲是(   )。
    A. 第九交响曲　　　　　　　B. 第五交响曲
    C. 第六交响曲　　　　　　　D. 第三交响曲

25. 下列选项中,不属于西洋乐器的是(   )。
    A. 吉他　　　B. 三弦　　　C. 提琴　　　D. 竖琴

26. 下列 Word 功能按钮中,可实现"绘图"操作的是(   )。
    A.　　　　　B.　　　　　C.　　　　　D.

27. 下列 PowerPoint 功能选项中,可将幻灯片放映的换页效果设为"垂直百叶窗"的是(   )。
    A. 自定义动画　　　　　　　B. 动画方案
    C. 幻灯片切换　　　　　　　D. 动作设置

28. 下列选项中与"砚台—端砚"逻辑关系一致的是(   )。
    A. 北京—故宫　　　　　　　B. 拉萨—西藏
    C. 苹果—水果　　　　　　　D. 文具—钢笔

29. 花坛中种了牡丹、海棠、月季和芍药各一排花,已知,牡丹花在中间的两排中,芍药花和海棠花不相邻,海棠花不在第一排。下列关于四种花由前到后的排序正确的是(   )。
    A. 芍药、月季、海棠、牡丹　　B. 月季、牡丹、海棠、芍药
    C. 芍药、月季、牡丹、海棠　　D. 海棠、牡丹、月季、芍药

二、材料分析题(本大题共3小题,每小题14分,共42分)

阅读材料,并回答问题。

30. 材料:

东东有一双系鞋带的鞋子,他非常喜欢,但是他自己不会系。午睡起床时,他怎么也系不好鞋带,又着急又难过。华老师安慰他:"别着急!老师教你,你一定能学会的。"华老师边讲解,边示范,教了几遍,但是东东还是没学会。华老师知道这是因为东东性子急,观察不仔细。为了让东东掌握系鞋带的步骤,于是华老师自编儿歌,将系鞋带的动作进行分解。第一步要把系鞋带的两个头拉得一样齐,边念儿歌边做动作:"两个线儿一样长,两个线头儿交个叉,后面线头儿往下钻。"第二步打活结时按照"一个圈,两个圈。换一换,一只蝴蝶飞起来。"这种具体形象的方法,让东东很快学会了,怕东东忘记,华老师还将这些步骤用图画出来。

问题:

请从教育观的角度,评价华老师的教育行为。(14分)

31. 材料：

小班的丹丹有个很奇怪的表现，每次午睡都不愿意脱袜子，夏天也是如此。一天午睡，丹丹依旧不肯脱袜子，李老师决心要帮助她改掉这个毛病，对她说："丹丹，天气热了，脱了袜子睡觉好吗？"边说边帮丹丹脱袜子。令李老师惊讶的是，丹丹右脚有6个趾头。看丹丹蜷曲着双脚，眼里含着泪水。李老师心里责备自己的莽撞，迅速地帮丹丹穿好袜子，并安慰她："对不起，宝贝！不愿意脱就不脱吧，没关系！"

班上的乐乐是一个留守儿童，长期和性格孤僻、不善言辞的爷爷一起生活，3岁了还不怎么会说话。在同乐乐相处的过程中，李老师仔细观察，做好记录，发现他要玩玩具就会说"咿呀"，上厕所就会说"哦哦"。李老师不厌其烦地放慢语速，嘴型夸张地教他正确的发音。在游戏活动中，李老师积极引导乐乐和小伙伴进行交流，李老师还给乐乐的父母打电话，希望他们能在繁忙的工作之余，每天抽固定时间利用电话与乐乐进行交流，尽量多回来看孩子。在家园共同努力下，乐乐的语言能力获得了发展，能主动和小伙伴玩耍，性格开朗多了。

问题：

请从教师职业道德的角度，评价李老师的教育行为。（14分）

32. 材料:

冯友兰先生有个提法,"照着讲"和"接着讲"。冯先生说,哲学史家是"照着讲",例如康德是怎样讲的,朱熹是怎样讲的,你就照着讲,把康德、朱熹介绍给大家。但是哲学家不同,哲学家不能限于"照着讲",他要反映新的时代精神,他要有所发展,有所创新。冯先生叫作"接着讲"。例如,康德讲到哪里,后面的人要接下去讲,朱熹讲到哪里,后面的人要接下去讲。

人文学科的新的创造必须尊重古今中外思想文化的经典创造和学术积累,必须从经典思想家"接着讲"。

"接着讲",从最近的继承关系来说,就是站在21世纪文化发展的高度,吸取20世纪中国学术积累的成果,吸收蔡元培、朱光潜、宗白华、冯友兰、熊十力等学者的学术成果。对中国美学来说,尤其是从朱光潜接着讲。之所以特别强调朱先生,主要是因为他更加重视基础性的理论工作,重视美学与人生的联系。朱先生突出了对"意象"的研究,这些对把握未来中国美学的宏观方向都很有意义。宗白华先生同样重视"意象"的研究,重视心灵的创造作用。他从文化比较的高度阐释中国传统美学的精髓,帮助我们捕捉到中国美学思想的核心和亮点。他的许多深刻的思想可以源源不断地启发今后的美学史、美学理论的研究。

学术研究的目的不能仅仅限于搜集和考证资料,而是要从中提炼出具有强大包容性的核心概念、命题,思考最基本、最前沿的理论问题。从朱光潜"接着讲"也不是专注于研究朱光潜本人的思想,而是沿着他开创的学术道路,在新的时代条件、时代课题面前做出新的探索。每一个时代都有自己的学术焦点,这形成了每一个时代在学术研究当中的烙印。"接着讲"的目的是要回应我们时代的要求,反映新的时代精神,这必然推动我们对朱光潜、宗白华、冯友兰等前辈学者的工作有所超越。

(摘编自叶朗《意象照亮人生》)

问题:
(1) 请简述文中"照着讲"的意思。(4分)
(2) 简要分析当代中国的人文学科应该怎样"接着讲"?(10分)

三、写作题(本大题 1 小题,50 分)

33. 阅读下面材料,根据要求作文。

一位主持人问一名立志做飞行员的小朋友:"假如有一天,你架着飞机飞到太平洋上空时,熄火了,你会怎么办?"小朋友想了想说:"我会先让大家绑好安全带,然后我乘着降落伞跳出去。"有观众问他:"你为什么一个人逃生,丢下大家不管?"小孩满含眼泪,显得很委屈。主持人又问:"为什么你要这么做?"小孩急切地说:"我要去拿燃料,我还要回来!"

要求:

用规范的现代汉语写作。自定立意,自拟题目,自选文体。不少于800字。

2014年上半年中小学教师资格考试
综合素质试题(幼儿园)

注意事项：

考试时间为120分钟，满分150分。

一、单项选择题（本大题共29小题，每小题2分，共58分）

1. 某幼儿园分班布置画展，张老师精心挑选部分"好的幼儿作品"展出，李老师则将每个孩子的作品展出。两位老师的做法中，（　　）。
   A. 张老师对，应支持优秀儿童的绘画表现
   B. 李老师对，应支持每个儿童的绘画表现
   C. 张老师对，班级画展需要体现最高水平
   D. 李老师对，班级画展需要平衡家长关系

2. 王老师得知红红偷拿了同伴的玩具，没有当着全体幼儿的面批评红红，而是把红红叫到办公室耐心引导。王老师的做法（　　）。
   A. 正确，幼儿需要赏识　　　　　　B. 不正确，幼儿是有个性的人
   C. 正确，幼儿需要尊重　　　　　　D. 不正确，幼儿是有发展潜能的人

3. 老师在组织规则游戏时，发现有孩子开小差。老师应采取的措施是（　　）。
   A. 点名批评，制止这种行为　　　　B. 继续游戏，完全视而不见
   C. 大发雷霆，把幼儿赶出活动室　　D. 轻拍幼儿，提醒幼儿集中精力

4. 李老师认真学习《幼儿园教师专业标准（试行）》，并制定了自己的专业发展规划。李老师的做法体现了（　　）。
   A. 终身学习的理念　　　　　　　　B. 先进的管理策略
   C. 良好的沟通能力　　　　　　　　D. 高超的教育技能

5. 下列选项中，属于《国家中长期教育改革和发展规划纲要（2010—2020年）》提出的战略目标的是（　　）。
   A. 全面普及学前教育　　　　　　　B. 基本实现区域之间的教育公平
   C. 全面实施素质教育　　　　　　　D. 优质教育资源总量不断扩大

6. 教育行政部门取缔了一批违反国家规定私自招收未成年学生的私立学校。教育行政部门这一行政行为的法律依据是（　　）。
   A.《中华人民共和国教育法》　　　　B.《中华人民共和国教师法》
   C.《中华人民共和国未成年人保护法》　D.《中华人民共和国预防未成年犯罪法》

7. 为确保儿童享有接受教育的权利，联合国《儿童权利公约》规定各缔约国应当（　　）。
   A. 实现全面的免费义务教育　　　　B. 采取有效措施降低辍学率
   C. 使得所有人接受高等教育　　　　D. 发展不同形式的学前教育

8. 张老师大学本科毕业后自愿到少数民族地区从事教育工作。依据《中华人民共和国教师法》，应当依法对张老师（　　）。
   A. 给予补贴　　B. 予以表彰　　C. 进行奖励　　D. 提高津贴

9. 某幼儿园为实现管理工作的规范化，要求保育员采取措施控制幼儿的便溺时间和次数。该幼儿园的做法（　　）。
   A. 正确，有利于培养幼儿的良好生活习惯

B. 正确,体现了保育员管理幼儿生活的权利
C. 错误,违反了《幼儿园工作规程》的规定
D. 错误,违反了联合国《儿童权利公约》的规定

10. 某小朋友在暑假期间擅自钻幼儿园的铁门,导致右腿划伤。对于该小朋友所受伤害,下列选项中正确的是( )。
    A. 幼儿园存在过错,应当承担赔偿责任
    B. 幼儿园没有过错,但要承担赔偿责任
    C. 幼儿园没有过错,无须承担赔偿责任
    D. 幼儿园存在过错,但可免除赔偿责任

11. 学生刘某因家庭经济困难无法按规定完成义务教育。依据《中华人民共和国未成年人保护法》,对于刘某的受教育权利,具有保障责任的是( )。
    A. 刘某的监护人   B. 当地教育机构
    C. 儿童福利机构   D. 当地人民政府

12. 国有企业员工李某经常在家酗酒后打骂孩子。对于李某的行为,下列表述中正确的是( )。
    A. 可由李某所在单位给予劝诫   B. 可由李某所在单位给予处分
    C. 可由当地人民政府给予行政处罚 D. 可由当地人民政府进行行政调解

13. 张老师心情烦躁的时候,会把气撒在孩子身上,随意批评或是打骂幼儿。这表明张老师( )。
    A. 具有反思意识   B. 具有敬业精神
    C. 缺乏心理调适能力   D. 缺乏终身学习理念

14. 某教师一边要求幼儿安静地玩玩具,一边和同事聊天说笑。该教师的行为( )。
    A. 正确,应该培养幼儿习惯   B. 错误,应该小声聊天
    C. 正确,利用融洽同事关系   D. 错误,应该以身作则

15. 新入职的王老师想去优秀教师李老师班上随班听课,学习经验。李老师笑容可掬地说:"你是名牌大学毕业的高才生,我的课上得不好,就不要去听了。"这表明李老师( )。
    A. 缺乏专业发展意识   B. 缺乏团结协作精神
    C. 能够尊重信任同行   D. 鼓励同事自我提升

16. 图1中,对幼儿所送的礼物,教师应该( )。

图1

A. 全部接受,在教师节时可以接受幼儿的所有礼物
B. 区别对待,对幼儿自制的小礼物可以适当地接受
C. 婉言谢绝,任何时候都不能接受幼儿的任何礼物
D. 婉言谢绝,尽量避免在公开场合接受幼儿的礼物

17. 我国第一艘航空母舰的名称是(　　)。
    A. 武汉号　　　B. 上海号　　　C. 辽宁号　　　D. 重庆号

18. "度量衡"是中国历史上对"计量"的称谓,其中"衡"计量的是(　　)。
    A. 长度　　　B. 重量　　　C. 容量　　　D. 面积

19. 秦始皇派遣主持修筑长城的将领是(　　)。
    A. 白起　　　B. 蒙恬　　　C. 章邯　　　D. 王翦

20. 下列选项中,不属于东晋文学家陶渊明的作品是(　　)。
    A.《岳阳楼记》　　　　　　B.《桃花源记》
    C.《归去来兮辞》　　　　　D.《归园田居》

21. 下列选项中,与"姜太公钓鱼,愿者上钩"相关的历史人物是(　　)。
    A. 周宣王　　　B. 周文王　　　C. 周幽王　　　D. 周平王

22. 战国时期,主持修筑都江堰的历史人物是(　　)。
    A. 李冰　　　B. 管仲　　　C. 吴起　　　D. 商鞅

23. 下列关于古代书法的表述正确的是(　　)。
    A. 王献之的《兰亭集序》是行书代表作
    B. 北宋时期宋徽宗赵佶创立了"瘦金体"
    C. "柳骨颜筋"指柳永书法遒健,颜真卿书法端庄
    D. 唐朝的张旭和怀素的书法都是以隶书闻名于世

24. 鲁迅的第一篇白话文是(　　)。
    A.《祝福》　　B.《阿Q正传》　　C.《故乡》　　D.《狂人日记》

25. 图2所示的国宝级文物茂陵石雕,其创作的时代是(　　)。

图 2

    A. 西周　　　B. 战国　　　C. 西汉　　　D. 唐朝

26. 不能将书本上的内容采集为数字图像存储到计算机中的设备是(　　)。
    A. 数码相机　　B. 扫描仪　　C. 打印机　　D. 手机

27. 编辑 Word 文档时,工具栏上用以绘制表格的按钮是(　　)。

—— 4 ——

28. 下列句子中,对"不夸己能,不扬人恶,自然能化敌为友"理解正确的是(   )。
   A. 要想化敌为友,就要不夸己能且不扬人恶
   B. 不想化敌为友,就可以既夸己能又扬人恶
   C. 没能化敌为友,则没能不夸己能或不扬人恶
   D. 能够化敌为友,则能够不夸己能或不扬人恶

29. 某单位要评选一名优秀员工,群众评议推选出候选人赵、钱、孙、李。
   赵说:小李业绩突出,当之无愧。
   钱说:我个人意见,老孙是不二人选。
   孙说:选小钱或者老赵我都赞成。
   李说:各位做得更好,不能选我。
   如果赵、钱、孙、李只有一个人的话与结果相符,则优秀员工是(   )。
   A. 赵   B. 钱   C. 孙   D. 李

二、材料分析题(本大题共3小题,每小题14分,共42分)

阅读材料,并回答问题。

30. 材料:

亮亮喜欢打人,经常有小朋友因此找王老师告状。今天,小朋友们坐在餐厅等待吃饭时,明明经过亮亮身边,顺手戳了亮亮一下。亮亮还手打了明明一下。这时,王老师经过,看见亮亮打人,一把抓住他,用力狠狠戳他的头,推得他直摇晃,并生气地说:"看你还打人!"见此情景,小朋友纷纷数落亮亮曾经打了自己,王老师听后更生气了,她用力拍打亮亮的肩膀,同时生气地大声吼道,说"你真是讨人嫌!长得人不像人!"

问题:

请从儿童观的角度,评价王老师的教育行为。(14分)

31. **材料：**

活动开始了，教师请幼儿轻轻搬椅子到老师身旁来。这时，有的幼儿轻轻抱着椅子，有的幼儿推着椅子，有的幼儿拖着椅子往老师身边挤，活动室里一片混乱。

看到这幅情景，教师轻轻走到一位推着椅子的幼儿跟前，抱起他的椅子，说："哎呀，小椅子，对不起，你的腿很疼，是吗？我帮你揉揉。"教师充满关爱的神情和言行引起幼儿的注意，活动室里一下子静了下来。"老师，我不推椅子的。""老师，我会抱起椅子的。"……推着椅子和拖着椅子的幼儿小心翼翼地抱起椅子，轻轻将椅子放下。教师做出询问小椅子的样子，然后高兴地说："现在小椅子很高兴，他说谢谢大家爱护他。"

问题：

请从教师职业道德的角度，评析该教师的教育行为。（14分）

32. **材料：**

"苦难是人生的一笔财富。"这是人们常说的一句激励人奋进的话，可是，苦难不是幸事，也不是每个人都能从中获益的，学会正确对待苦难更有现实的意义。

在一次聚会上，那些堪称成功的实业家、明星谈笑风生，其中就有著名的企业家约翰·艾顿。艾顿向他的朋友、后来成为英国首相的丘吉尔回忆起他的过去——他出生在一个偏远小镇，父母早逝，是姐姐帮人洗衣服、干家务，辛苦挣钱将他抚育成人。但姐姐出嫁后，姐夫将他撵到了舅舅家，舅妈更是刻薄，在他读书时，规定每天只能吃一顿饭，还得收拾马厩和剪草坪。刚工作当学徒时，他根本租不起房子，有将近一年多时间是躲在郊外一处废旧的仓库里睡觉……

丘吉尔惊讶地问："以前怎么没有听你说过这些？"艾顿笑道："有什么好说的呢？正在受苦

或正在摆脱受苦的人是没有权利诉苦的。"这位曾经在生活中失意、痛苦了很久的汽车商又说："苦难变成财富是有条件的,这个条件就是,你战胜了苦难,不再受苦。这时,别人听着你的苦难,也不觉得你是在念苦经,只会觉得你意志坚强,值得敬重。只有在这时,苦难才是你值得骄傲的一笔人生财富。但如果你还在苦难之中或没有摆脱苦难的纠缠,你能说什么呢?在别人听来,无异于就是请求廉价的怜悯甚至乞讨——这个时候你不能说你正在享受苦难,在苦难中锻炼了品质、学会了坚韧。否则别人只会觉得你是在玩精神胜利、自我麻醉吧。"

艾顿的一席话,使丘吉尔重新修订他"热爱苦难"的信条。他在自传中这样写道——苦难,是财富还是屈辱?当你战胜了苦难时,它就是你的财富;可当苦难战胜了你时,它就是你的屈辱。

(摘编自《课外阅读》2007.9)

问题:
(1)让苦难不再成为屈辱的前提是什么?请结合文本,谈谈你的看法。(4分)
(2)每个人都有表达、申诉的权利,可是艾顿却说"正在受苦或正在摆脱受苦的人是没有权利诉苦的",谈谈你的理解。(10分)

三、写作题(本大题 1 小题,50 分)

33. 阅读下面材料,根据要求作文。

博览群书总还是要的,读书人喜欢说"腹有诗书气自华",但仔细想想,在人身上真正起作用的,一定是真正读懂、读通、读化了的那几部书。

要求:

用规范的现代汉语写作。自定立意,自拟题目,自选文本。不少于800字。

2019年上半年中小学教师资格考试
保教知识与能力试题(幼儿园)

注意事项:

考试时间为120分钟,满分150分。

一、单项选择题(本大题共10小题,每小题3分,共30分)

1. 幼儿园的双重任务是( )。
   A. 保教幼儿和服务家长
   B. 看护幼儿和服务家长
   C. 培养习惯和传递知识
   D. 保育和教育幼儿

2. 幼儿认真完整地听完老师讲的故事,这一现象反映了幼儿注意的什么特征?( )
   A. 注意的选择性
   B. 注意的广度
   C. 注意的稳定性
   D. 注意的分配

3. 小红知道9颗花生吃掉5颗,还剩4颗,却算不出"9-5"等于多少。这说明小红的思维具有( )。
   A. 具体形象性
   B. 抽象逻辑性
   C. 直观动作性
   D. 不可逆性

4. 按照布鲁姆等人教育目标分类的观点,"了解青蛙的生长发育过程"属于( )。
   A. 情感目标
   B. 认知目标
   C. 动作技能目标
   D. 行为目标

5. 阳阳一边用积木搭火车,一边小声地说:"我要快点搭,小动物们马上就来坐火车了。"这说明幼儿自言自语具有的作用是( )。
   A. 情感表达
   B. 自我反思
   C. 自我调节
   D. 信息交流

6. 人体各大系统中,发育最早的是( )。
   A. 淋巴系统
   B. 生殖系统
   C. 神经系统
   D. 消化系统

7. 教师通常在班级设置许多活动区,提供多层次的活动材料,让幼儿自选,这遵循的心理发展原则是( )。
   A. 阶段性原则
   B. 社会性原则
   C. 操作性原则
   D. 差异性原则

8. 幼儿园教师要能接住幼儿抛来的"球",并用恰当的方式把"球"抛回给幼儿,让活动能继续下去,这里所体现的教师角色是( )。
   A. 幼儿学习活动的指导者
   B. 幼儿学习活动的管理者
   C. 幼儿学习活动的设计者
   D. 幼儿学习活动的合作者

9. 下列关于幼儿美术教育的做法中,不正确的是( )。
   A. 支持幼儿表达自己对美术作品的独特感受
   B. 出示范画让幼儿模仿
   C. 鼓励幼儿用自己的方式表现美
   D. 为幼儿的美术创作提供丰富的材料

10. 芳芳数积木,花花问她有几块三角形,芳芳点数:"1、2、3、4、5、6,6个三角形。"花花又给她4块,问她现在有多少块三角形积木。芳芳边点数边说:"1、2、3、4、5、6、7、8、9、10,我有10块啦!"就数学领域而言,下列哪一条最贴近芳芳的最近发展区?( )
    A. 认识和命名更多的几何图形
    B. 默数,接着数等计数能力
    C. 以——对应的方式数10个以内的物体,并说出总数
    D. 通过实物操作进行10以内加、减法的运算能力

二、简答题(本大题共2小题,每小题15分,共30分)

11. 列出幼儿园课程生活化的实施要求并分别举例说明。

12. 教师可以从哪些方面观察幼儿的注意是否集中？

三、论述题(本大题1小题,20分)

13. 幼儿园集体教学活动和游戏的含义分别是什么?(4分)试述两者的区别与联系。(16分)

四、材料分析题(本大题共 2 小题,每小题 20 分,共 40 分)

阅读材料,并回答问题。

14. 材料:

教师出示饼干盒,问亮亮里面有什么,亮亮说:"饼干。"教师打开饼干盒,亮亮发现里面装的是蜡笔。教师盖上盖子后再问:"欣欣没有看过这个饼干盒,等一会儿我要问欣欣盒子里面装的是什么,你猜她会怎么回答?"亮亮很快就说:"蜡笔。"

问题:

(1)亮亮更可能是哪个年龄班的幼儿?(6分)

(2)你判断的依据是什么?(14分)

15. 材料：

在开展"烧烤店"游戏前，大一班的李老师加班加点为幼儿准备了烧烤架、烧烤夹，以及各种逼真的"鱼丸""香肠""土豆片"等食材；大二班的王老师没有直接投放材料，而是与幼儿商量，并支持他们自己去寻找、搜集所需要的材料。幼儿游戏情景分别见图1(大一班)和图2(大二班)。

图1

图2

问题：

(1) 哪位教师的做法更恰当？(4分)

(2) 请分别对两位教师的做法进行评析。(16分)

五、活动设计题(本大题 1 小题,30 分)

16. 最近,大三班许多小朋友用大大小小的纸盒制作小汽车等物品,马老师发现,制作的汽车装饰不太一样,但结构差不多,往往只有车厢、车轮、车灯等。马老师认为可以根据这种情况生成一个"汽车"主题活动,引发幼儿的深度学习。请帮助马老师设计"汽车"主题活动。

要求:

(1)写出主题活动的总目标。(8分)

(2)围绕主题设计三个子活动。写出其中一个子活动的具体活动方案,包括活动名称、目标、准备和主要环节。(14分)

(3)写出另外两个子活动的名称、目标。(每个活动4分,共8分)

2018年下半年中小学教师资格考试
保教知识与能力试题(幼儿园)

注意事项:

考试时间为120分钟,满分150分。

一、单项选择题(本大题共10小题,每小题3分,共30分)

1. 小班同一个"娃娃家"中,常常出现许多"妈妈"在烧饭,每位幼儿都感到很满足。这反映了小班幼儿游戏行为的特点是( )。
   A. 喜欢模仿　　　　　　　　　　　B. 喜欢合作
   C. 协调能力差　　　　　　　　　　D. 角色意识弱

2. 下列针对幼儿个体差异的教育观点,哪种不妥?( )
   A. 应关注和尊重幼儿不同的学习方式和认知风格
   B. 应支持幼儿富有个性和创造性的学习和探索
   C. 应确保同校幼儿在同一时刻达成同样的目标
   D. 应对有特殊需要的幼儿给予特别关注

3. 为保护幼儿的脊柱,成人应该( )。
   A. 推荐用单肩背包　　　　　　　　B. 鼓励睡硬床
   C. 组织从高处往水泥地跳　　　　　D. 要求幼儿长时间抬头挺胸站立

4. 幼儿教师应该是( )。
   A. 幼儿学习的引导者、决策者和管理者　　B. 幼儿学习的支持者、合作者和引导者
   C. 幼儿学习的引导者、传授者和控制者　　D. 幼儿学习的管理者、决策者和传授者

5. 婴儿出生大约6—10周后,人脸可引发其微笑。这种微笑被称为( )。
   A. 生理性微笑　　　　　　　　　　B. 自然微笑
   C. 社会性微笑　　　　　　　　　　D. 本能微笑

6. 教师在重阳节组织幼儿到敬老院探访老人,反映了幼儿园教育内容选择的( )原则。
   A. 兴趣性　　　B. 时代性　　　C. 生活性　　　D. 发展性

7. 下列说法中属于蒙台梭利教育观点的是( )。
   A. 注重感官教育　　　　　　　　　B. 注重集体教学的作用
   C. 重视恩物的使用　　　　　　　　D. 通过游戏使自由与纪律相协调

8. 教育过程中,教师评价幼儿的适宜做法( )。
   A. 用统一标准评价幼儿　　　　　　B. 据一次测评结果评价幼儿
   C. 用标准化测评工具评价幼儿　　　D. 据日常观察所获得的信息评价幼儿

9. 下列表述中,与大班幼儿实物概念发展水平最接近的是( )。
   A. 理解本质特征　　　　　　　　　B. 理解功能性特征
   C. 理解表面特征　　　　　　　　　D. 理解熟悉特征

10. 小班幼儿观察植物时,下列哪条目标最符合他们的发展水平?( )
    A. 能感知到周围的植物是多种多样的
    B. 会观察记录植物生长的变化和过程
    C. 能察觉到植物外形特征,与生存环境的适应关系
    D. 能发现不同种类植物之间的差异

二、简答题(本大题共2小题,每小题15分,共30分)

11. 请依据皮亚杰的理论,简述2—4岁儿童思维的主要特点。

12. 简述幼儿园美育的意义。

三、论述题(本大题 1 小题,20 分)

13. 什么是幼儿园一日生活常规?(4分)试述培养幼儿一日生活常规的意义和方法。(16分)

四、材料分析题(本大题共 2 小题,每小题 20 分,共 40 分)

阅读材料,并回答问题。

14. **材料:**

    4 岁的石头在班上朋友不多。一次,他看见林琳一个人在玩,就冲上去紧紧地抱住林琳,林琳感到不舒服,一把推开了石头。石头跺脚大喊:"我是想和你做朋友的啊!"

    问题:

    (1)分析石头在班里朋友不多的原因。(10 分)

    (2)教师应如何帮助石头改善朋友不多的状况?(10 分)

15. 材料：

教师在户外投放了一些"拱桥"（见图1），希望幼儿通过走"拱桥"提高平衡能力。但是，有幼儿却将它们翻过来，玩起了"运病人"游戏（见图2），他们有的拖，有的拉，有的抬……玩得不亦乐乎。对此，两位教师反应不同。A教师认为应该立即劝阻，并要求幼儿走"拱桥"；B教师认为不应阻止，应支持幼儿的新玩法。

图1

图2

问题：

（1）你更赞同谁的想法？（2分）为什么？（8分）

（2）材料中，你认为"运病人"的游戏，有什么价值？（10分）

五、活动设计题(本大题 1 小题,30 分)

16. 大班下学期,李老师发现幼儿普遍对小学的学习生活不够了解,一些幼儿对上小学有些担心。于是,教师准备开展"我要上小学"主题活动,希望通过各种形式的活动,增进幼儿对小学生活的了解,帮助幼儿进一步做好进入小学的心理准备。请根据李老师班级的情况,设计"我要上小学"主题活动。

要求:

(1) 写出主题活动的总目标。(8 分)

(2) 围绕主题设计三个子活动,写出其中一个子活动的具体方案,包括活动名称、目标、准备和主要环节。(14 分)

(3) 写出另外两个子活动的名称、目标。(每个活动 4 分,共 8 分)

2018年上半年中小学教师资格考试
保教知识与能力试题(幼儿园)

注意事项：

考试时间为120分钟,满分150分。

一、单项选择题(本大题共10小题,每小题3分,共30分)

1. 关于学前教育任务最准确的表述是( )。
    A. 促进幼儿智力发展
    B. 促进幼儿身心的快速发展
    C. 促进幼儿社会性发展
    D. 促进幼儿身心全面和谐发展

2. 教师在组织中班幼儿歌唱活动时,合理的做法是( )。
    A. 要求幼儿用胸腹式联合呼吸法唱歌
    B. 鼓励幼儿用最响亮的声音唱歌
    C. 鼓励幼儿唱八度以上音域的歌曲
    D. 要求幼儿用自然声音唱歌

3. 下列哪一个选项不是婴儿期出现的基本情绪体验？( )
    A. 羞愧 B. 伤心
    C. 害怕 D. 生气

4. 在角色游戏中,教师观察幼儿能否主动协商处理玩伴关系,主要考察的是( )。
    A. 幼儿的情绪表达能力
    B. 幼儿的社会交往能力
    C. 幼儿的规则意识
    D. 幼儿的思维发展水平

5. 根据埃里克森的心理社会发展理论,1—3岁儿童形成的人格品质是( )。
    A. 信任感
    B. 主动性
    C. 自主性
    D. 自我同一性

6. 教师在区角中投放了多种发声玩具,小班幼儿在摆弄这些玩具时( )。
    A. 能概括不同声音产生的条件
    B. 对声音产生兴趣,感受不同的声音
    C. 能描述出玩具是怎么发声的
    D. 能描述出不同玩具的发声特点

7. 在引导幼儿感知和理解事物"量"的特征时,恰当的做法是( )。
    A. 引导幼儿感知常见事物的大小、高矮、粗细等
    B. 引导幼儿识别常见事物的形状
    C. 和幼儿一起手口一致点数物体,说出总数

D. 为幼儿提供"按数取物"的机会

8. 幼儿园艺术教育的主要目标是（　　）。
   A. 发展幼儿的艺术技能
   B. 培养幼儿的艺术感受和表达能力
   C. 丰富幼儿的艺术知识
   D. 拓展幼儿的逻辑思维能力

9. 陶行知创立的培养幼教师资的方法是（　　）。
   A. 讲授制
   B. 五指活动
   C. 感官教育
   D. 艺友制

10. 皮亚杰的"三山实验"考察的是（　　）。
    A. 儿童的深度知觉
    B. 儿童的计数能力
    C. 儿童的自我中心性
    D. 儿童的守恒能力

二、简答题（本大题共 2 小题，每小题 15 分，共 30 分）

11. 婴幼儿调节负面情绪的主要策略有哪些？

12. 简述幼儿园教师的工作职责。

三、论述题(本大题 1 小题,20 分)

13. 为什么要让幼儿通过直观感知、实际操作和亲身体验的方式进行学习?(4 分)请结合实例分别说明。(16 分)

四、材料分析题(本大题共 2 小题,每小题 20 分,共 40 分)

阅读材料,并回答问题。

14. 材料:

李老师第一次带中班,她发现中班幼儿比小班幼儿更喜欢告状。在教研活动时,大班教师告诉她说中班幼儿确实更喜欢告状,但到了大班,告状行为就会明显减少。

问题:

(1)请分析中班幼儿喜欢告状的可能原因。(10 分)

(2)请分析大班幼儿告状行为减少的可能原因。(10 分)

15. 材料:

主题活动中,中班幼儿对画汽车产生了兴趣,为了提升幼儿的绘画能力,郭老师提供了"面包车"的绘画步骤图,鼓励每个幼儿根据步骤图画出汽车。

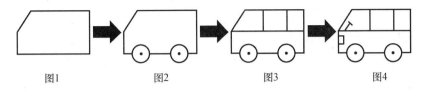

图1　　　图2　　　图3　　　图4

问题:

(1)郭老师是否应该投放"绘画步骤图"?(2分)为什么?(8分)

(2)如果你是郭老师,你会怎么做?(10分)

五、活动设计题(本大题 1 小题,30 分)

16. 请围绕"春天",为大班幼儿设计主题活动,应包括 3 个子活动。

要求:

(1)写出主题活动的总目标。(8 分)

(2)根据诗歌《春风》(见下面所附诗歌)设计一个具体的语言活动方案,包括活动的名称、目标、准备和主要环节。(14 分)

(3)写出另外两个子活动的概要,包括名称、目标。(每个活动 4 分,共 8 分)

附:诗歌

春风

春风一吹,芽儿萌发。

吹绿了柳树,吹红了山茶,

吹来了燕子,吹醒了青蛙。

吹得小雨轻轻地下。

2017年下半年中小学教师资格考试
保教知识与能力试题(幼儿园)

注意事项：

考试时间为 120 分钟，满分 150 分。

一、单项选择题(本大题共 10 小题，每小题 3 分，共 30 分)

1. 如果母亲能一贯具有敏感、接纳、合作、易接近等特征，其婴儿容易形成的依恋类型是(　　)。
   A. 回避型依恋
   B. 安全型依恋
   C. 反抗型依恋
   D. 紊乱型依恋

2. 教师对幼儿说"不准乱跑、不准插嘴、不准争吵"这样的话语，所违背的教育原则是(　　)。
   A. 正面教育
   B. 保教结合
   C. 因材施教
   D. 动静交替

3. 下面几种新生儿的感觉中，发展相对最不成熟的是(　　)。
   A. 视觉
   B. 听觉
   C. 嗅觉
   D. 味觉

4. 当教师以"病人"的身份进入小班"医院"时，有 6 位"小医生"同时上来询问病情，每个孩子都积极地为教师看病、打针，忙得不亦乐乎，结果，教师一共被打了 6 针。对小班幼儿这种游戏行为最恰当的理解是(　　)。
   A. 过于重视教师身份
   B. 角色游戏呈现合作游戏特点
   C. 在游戏角色定位上出现混乱
   D. 角色游戏呈现平行游戏的特点

5. 下列不属于幼儿园教师工作职责的是(　　)。
   A. 观察了解幼儿，制订教育工作计划
   B. 指导调配幼儿膳食，检查食品卫生
   C. 创设好的教育环境，合理组织教育内容
   D. 经常与家长保持联系，共同完成教育任务

6. 研究儿童自我控制能力和行为的实验是(　　)。
   A. 陌生情境实验
   B. 点红实验
   C. 延迟满足实验
   D. 三山实验

7. 小彤画了一个长了翅膀的妈妈,教师合理的应对方式是(　　)。
   A. 让小彤重新画,以便其作品更符合实际
   B. 画一个妈妈的形象,让小彤照着画
   C. 询问小彤画长翅膀的妈妈的原因,并接纳她的想法
   D. 对小彤的作品不予评论

8. 对幼儿如厕,教师最合理的做法是(　　)。
   A. 允许幼儿按需自由如厕
   B. 要求排队如厕
   C. 控制幼儿如厕的次数
   D. 控制幼儿如厕的间隔时间

9. 一般情况下,哪个年龄段的幼儿能结合情境理解一些表示因果、假设等关系的相对复杂的句子?(　　)
   A. 托班　　　　　　　　　　B. 小班
   C. 中班　　　　　　　　　　D. 大班

10. 皮疹呈向心性分布(即躯干最多,面部、四肢较少,手掌、脚掌更少)的疾病是(　　)。
    A. 麻疹　　　　　　　　　　B. 水痘
    C. 手足口病　　　　　　　　D. 猩红热

二、简答题(本大题共2小题,每小题15分,共30分)

11. 简述移情对儿童亲社会行为发展的影响。

12. 为什么幼儿园教育内容要贴近幼儿的生活？

三、论述题(本大题1小题,20分)

13. 什么是幼儿园环境?(4分)为什么幼儿园教育中要强调创设良好的幼儿园环境?请联系实际说明。(16分)

四、材料分析题(本大题共 2 小题,每小题 20 分,共 40 分)

阅读材料,并回答问题。

14. 材料:

开学不久,小班的王老师发现,李虎小朋友经常说脏话。虽然老师多次批评,但他还是经常说,甚至影响到其他幼儿也说脏话。

问题:

(1) 请分析李虎及其他幼儿说脏话的可能原因。(8分)

(2) 王老师可以采取哪些有效的干预措施?(12分)

15. 材料：

操场上新安装了一个投篮架(如图1)，幼儿经常在这里玩投篮游戏。一天，几个幼儿带着笔刷和小水桶来到了这里(如图2)。他们先快乐地粉刷投篮架，之后开始往篮筐里灌水，有的从上面灌，有的在下面接，再灌、再接……相互配合，反反复复，忙得不亦乐乎。

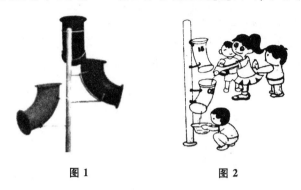

图1　　　　图2

问题：

教师是否应支持这些幼儿的行为？(2分)请说明理由。(18分)

五、活动设计题(本大题 1 小题,30 分)

16. 请围绕"有用的工具"为大班幼儿设计主题活动,应包含 3 个子活动。

要求:

(1) 写出主题活动的总目标。(8 分)

(2) 写出一个子活动的具体活动方案,包括活动的名称、目标、准备以及主要环节。(14 分)

(3) 写出另外两个子活动的名称、目标。(每个活动 4 分,共 8 分)

2017年上半年中小学教师资格考试
保教知识与能力试题(幼儿园)

注意事项：

考试时间为 120 分钟，满分 150 分。

一、单项选择题（本大题共 10 小题，每小题 3 分，共 30 分）

1. 下列哪一种活动重点不是发展幼儿的精细动作能力？（　　）
   A. 扣纽扣　　　　　　　　　　B. 使用剪刀
   C. 双手接球　　　　　　　　　D. 系鞋带

2. 生活在不同环境中的同卵双胞胎的智商测试分数很接近，这说明（　　）。
   A. 遗传和后天环境对儿童的影响是平行的
   B. 后天环境对智商的影响较大
   C. 遗传对智商的影响较大
   D. 遗传和后天环境对智商的影响相当

3. 午餐时餐盘不小心掉到地上，看到这一幕的亮亮对老师说："盘子受伤了，它难过地哭了。"这说明亮亮的思维特点是（　　）。
   A. 自我中心　　　　　　　　　B. 泛灵论
   C. 不可逆　　　　　　　　　　D. 不守恒

4. 初入园的幼儿常常有哭闹、不安等不愉快的情绪，说明这些幼儿表现出了（　　）。
   A. 回避型依恋
   B. 抗拒性格
   C. 分离焦虑
   D. 黏液质气质

5. 桌面上一边摆了 3 块积木，另一边摆了 4 块积木。教师问："一共几块积木？"从幼儿的下列表现来看，数学能力发展水平最高的是（　　）。
   A. 把 3 块积木和 4 块积木放在一起，然后一个一个点数
   B. 看了一眼 3 块积木，说出"3"，暂停一下，接着数"4、5、6、7"
   C. 左手伸出 3 根手指，右手伸出 4 根手指，然后掰手指数出总数
   D. 幼儿先看了 3 块积木，后看了 4 块积木，暂停一下，说 7 块

6. 对幼儿学习品质的正确理解是（　　）。
   A. 活动过程中的态度和行为倾向
   B. 活动过程中的学习速度
   C. 活动过程中的知识积累
   D. 活动过程中的道德品质

7. 幼儿园环境创设中，使用易于识别的生活行为规则标识图，其最主要的目的是（　　）。
   A. 美化环境
   B. 便于幼儿看图说话
   C. 便于幼儿认识各种符号
   D. 便于幼儿习得生活技能和行为准则

8. 教师引导幼儿擤鼻涕的正确方法是( )。
   A. 把鼻涕吸进鼻腔
   B. 先擤一侧鼻孔,然后再轻擤另一侧
   C. 同时捏住鼻翼两侧擤
   D. 用手背擦鼻涕

9. 下列最能体现幼儿平衡能力发展的活动是( )。
   A. 跳远
   B. 跑步
   C. 投掷
   D. 踩高跷

10. 对杜威"教育即生长"的正确理解是( )。
    A. 教育以儿童的本能和能力为依据
    B. 儿童的生长以教育目标为依据
    C. 教育以促进教师的专业成长为基础
    D. 教育应促进儿童的身体发育

二、简答题(本大题共2小题,每小题15分,共30分)

11. 简述教师观察幼儿行为的意义。

12. 作为幼儿教师,如何在保教活动中营造良好的心理氛围?

三、论述题(本大题1小题,20分)

13. 如何在一日生活中实现社会领域的教育目标。(20分)

四、材料分析题(本大题共 2 小题,每小题 20 分,共 40 分)

阅读材料,并回答问题。

14. 材料:

莉莉和小娟玩游戏,她们想让 5 个娃娃睡觉,但是没有小床,于是她们找到了 3 个盒子做小床,莉莉说:"床不够。"小娟挑出两个留着长头发的娃娃说:"她们大了,不需要睡午觉了。"莉莉说:"好的。"然后,她们将 3 个需要睡觉的娃娃中最大的一个放在了最大的盒子里。小娟试图把中等大小的娃娃放在最小的盒子里,但放不进去,于是莉莉说:"换一换。"然后小娟将最小的娃娃放在了最小的盒子里,中等大小的娃娃放在中等大小的盒子里,小娟说:"娃娃们,好好睡觉吧!"

问题:

(1) 从学习与发展的角度分析上述案例中莉莉和小娟的行为。(10 分)

(2) 这次游戏后,教师应当如何支持莉莉和小娟的学习与发展?(10 分)

15. 材料：

教师为了帮助大班幼儿了解春天的季节特征，同时在其中渗透数学教育，专门制作了一套"春天"的拼图（如图1）。拼成底板是若干道10以内的计算题，每一小块图形的正面是春天景色的一部分，背面是计算题的得数（如图2），教师希望幼儿根据计算题与得数的匹配找到拼图的相应位置。然而，材料投放后，教师发现许多幼儿不用做计算题就能轻松完成拼图，也未对图片中的季节特征产生观察与探究的兴趣。

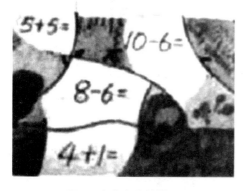

图1 尚未完成的拼图

图2 其中一小块图形的正面与背面

问题：

（1）请从幼儿获得科学经验的角度，分析这一拼图材料的投放对达成教学目标是否适宜？（2分）为什么？（4分）

（2）该材料在设计上存在什么问题？（10分）请提出改进建议。（4分）

五、活动设计题(本大题 1 小题,30 分)

16. 请根据下列素材,设计一个大班的能涉及多个领域的系列活动,要求写出 3 个活动的名称、目标、准备以及主要的活动环节。

大班教室里收集了纸板箱、鞋盒、牙膏盒、药品盒等数量众多的盒子,这些大大小小的盒子吸引了幼儿,教师发现很多幼儿利用盒子自发产生了很多活动,涉及各个领域。于是,教师决定围绕纸箱、纸盒设计出系列活动来满足、推动幼儿的发展。

2016年下半年中小学教师资格考试
保教知识与能力试题(幼儿园)

注意事项：

考试时间为 120 分钟,满分 150 分。

一、单项选择题(本大题共 10 小题,每小题 3 分,共 30 分)

1. 下列玩具,不是从功能角度进行分类的是( )。
   A. 运动性玩具　　　　　　　　B. 建构性玩具
   C. 益智玩具　　　　　　　　　D. 传统玩具

2. 婴幼儿的"认生"通常出现在( )。
   A. 3—6 个月　　　　　　　　　B. 6—12 个月
   C. 1—2 岁　　　　　　　　　　D. 2—3 岁

3. 2—6 岁儿童掌握的词汇数量迅速增加,词类范围不断扩大,该时期儿童掌握词汇的顺序通常是( )。
   A. 动词、名词、形容词　　　　B. 动词、形容词、名词
   C. 名词、动词、形容词　　　　D. 形容词、动词、名词

4. 风疹病毒的传播途径是( )。
   A. 肢体接触　　　　　　　　　B. 空气飞沫
   C. 虫媒传播　　　　　　　　　D. 食物传播

5. 青青的妈妈说："那孩子小嘴真甜!"青青问："妈妈,您舔过她的嘴吗?"这主要反映青青( )。
   A. 思维的片面性　　　　　　　B. 思维的拟人性
   C. 思维的生动性　　　　　　　D. 思维的表面性

6. 在科学活动中,教师观察到某幼儿能用数字、图表来记录和整理自己观察到的现象。该幼儿最可能的年龄是( )。
   A. 6 岁左右　　　　　　　　　 B. 5 岁左右
   C. 4 岁左右　　　　　　　　　 D. 3 岁左右

7. 最早提出"以儿童的最大利益为首要考虑"这一原则的文件是( )。
   A.《适合儿童生长的世界》　　 B.《3—6 岁儿童学习与发展指南》
   C.《未成年人保护法》　　　　　D.《儿童权利公约》

8. 《幼儿园教师专业标准(试行)》规定,我国幼儿园教师专业标准的基本理念是( )。
   A. 师德为先、幼儿为本、能力为重、知识为主
   B. 幼儿为本、能力为重、知识为主、终身学习
   C. 幼儿为本、师德为先、能力为重、终身学习
   D. 师德为先、幼儿为本、知识为主、终身学习

9. 活动区活动该结束了,可是晨晨的游乐园还没有搭完,他跑到老师面前："老师,我还差一点就完成了,再给我 5 分钟,行吗?"老师说："行,我等你。"一边说,老师一边指导其他幼儿收拾、整理……该教师的做法体现了幼儿园一日活动安排应该( )。
   A. 与幼儿积极互动
   B. 根据幼儿活动的需要灵活调整

C. 按作息时间表按部就班地进行
D. 随时关注幼儿的活动

10. 教师要依据幼儿的个体差异进行教育,在下列现象中,不属于幼儿个体差异表现的是( )。
    A. 某幼儿往常吃饭很慢,今天为了得到老师的表扬,吃得很快
    B. 有的幼儿吃饭快,有的幼儿吃饭慢
    C. 某幼儿的动手能力很强,但语言能力弱于同龄幼儿
    D. 通常男孩比女孩表现出更多的身体攻击性行为

二、简答题(本大题共 2 小题,每小题 15 分,共 30 分)

11. 简述幼儿社会学习的指导要点。

12. 父母陪伴对幼儿健康成长有何意义?

三、论述题(本大题 1 小题,20 分)

13. 论述如何做好幼小衔接工作。(20分)

四、材料分析题(本大题共2小题,每小题20分,共40分)

阅读材料,并回答问题。

14. 材料:

在一项行为实验中,教师把一个大盒子放到幼儿面前,对幼儿说:"这里面有一个很好的玩具,一会儿我们一起玩,现在我要出去一下,你等我回来,我回来前,你不能打开盒子看,好吗?"幼儿回答:"好的!"教师把幼儿单独留在房间里,下面是两名幼儿在接下来两分钟独处时的不同表现:

幼儿一:眼睛一会儿看墙角,一会看地上,尽量让自己不看面前的盒子。小手也一直放在自己的腿上。教师再次进来问:"你有没有打开盒子?"幼儿说:"没有。"

幼儿二:忍了一会儿,禁不住打开盒子偷偷看了一眼。教师再次进来问:"你有没有打开盒子看?"幼儿说:"没有,这个玩具不好玩。"

问题:

请分析上述材料中两名幼儿各自表现出的行为特点。(20分)

15. 材料：

图 1 打针　　　　　　　图 2 聚餐　　　　　　　图 3 吃饭

问题：
(1) 上述 3 幅画各反映出幼儿绘画的哪种表现形式？(6 分)
(2) 怎样理解幼儿的绘画？(4 分)
(3) 评价幼儿画时应注意什么问题。(10 分)

五、活动设计题(本大题 1 小题,30 分)

16. 请根据下面素材,设计大班主题活动方案,要求写出主题活动的名称、总目标、两个子活动。每个子活动包括活动名称、活动目标、活动准备和活动的主要环节。

周一早晨户外活动,幼儿被园子里五颜六色的花吸引了,有的在指认花的颜色,红的、黄的、白的、紫的;有的在数花瓣,三瓣的、五瓣的、六瓣的;有的在争论花的名称。他们发现有的花朵长得一样,但是颜色不一样;有的花朵有香味,有的花朵没有香味……户外活动的时间结束了,幼儿还一直很兴奋地谈论着……

2016年上半年中小学教师资格考试
保教知识与能力试题(幼儿园)

注意事项:

考试时间为120分钟,满分150分。

一、单项选择题(本大题共10小题,每小题3分,共30分)

1. 一名幼儿画小朋友放风筝,将小朋友的手画得很长,几乎比身体长了3倍。这说明幼儿绘画特点具有( )。
   A. 形象性   B. 抽象性
   C. 象征性   D. 夸张性

2. 1岁半的儿童想给妈妈吃饼干时,会说"妈妈""饼""吃",并把饼干递过去。这表明该阶段儿童语言发展的一个主要特点是( )。
   A. 电报句   B. 完整句
   C. 单词句   D. 简单句

3. 一名4岁幼儿听到老师说"一滴水,不起眼",结果他理解成了"一滴水,肚脐眼"。这一现象主要说明幼儿( )。
   A. 听觉辨别力较弱
   B. 想象力非常丰富
   C. 语言理解凭借自己的具体经验
   D. 理解语言具有随意性

4. 在商场,4—5岁幼儿看到自己喜爱的玩具时,已不像2—3岁时那样吵着要买,他能听从成人的要求并用语言安慰自己:"家里有许多玩具了,我不买了。"对这一现象最合理的解释是( )。
   A. 4—5岁的幼儿形成了节约的概念
   B. 4—5岁幼儿的情绪控制能力进一步发展
   C. 4—5岁幼儿能够理解玩其他玩具同样快乐
   D. 4—5岁幼儿自我安慰的手段有了进一步发展

5. 下雨天走在被车轮碾过的泥泞路上,晓雪问:"爸爸,地上一道一道的是什么呀?"爸爸说:"是车轮压过的泥地儿,叫车道沟。"晓雪说:"爸爸脑门儿上也有车道沟(指皱纹)。"晓雪的说法体现的幼儿思维特点是( )。
   A. 转导推理
   B. 演绎推理
   C. 类比推理
   D. 归纳推理

6. 幼儿突然出现剧烈呛咳,伴有呼吸困难、面色青紫。这种情况最可能是( )。
   A. 急性胃肠炎
   B. 异物落入气管
   C. 急性喉炎
   D. 支气管哮喘

7. 教师拟定教育活动目标时,以幼儿现有发展水平与可以达到水平之间的距离为依据,这种做法体现的是( )。
   A. 维果茨基的最近发展区理论
   B. 班杜拉的观察学习理论
   C. 皮亚杰的认知发展阶段论
   D. 布鲁纳的发现教学法

8. 教师在幼儿书写准备的指导中,不恰当的做法是( )。
   A. 用图画和符号表达自己的愿望和想法
   B. 书写自己的名字
   C. 养成正确的写画姿势
   D. 学习书写常见汉字

9. 为了让幼儿在户外活动中能一物多玩,最适宜的方法是( )。
   A. 教师集体示范
   B. 幼儿自主探索
   C. 教师分组讲解
   D. 教师逐一训练

10. 在"秋天的树"美术活动中,教师不适宜的做法是( )。
    A. 让幼儿按照教师的范画绘画
    B. 组织幼儿观察幼儿园的树
    C. 提供各种树的照片组织幼儿讨论
    D. 引导幼儿观察有关树的名画

二、简答题(本大题共2小题,每小题15分,共30分)

11. 影响在园幼儿同伴交往的因素有哪些?

12. 从儿童发展角度,简述幼儿户外运动的价值。

三、论述题(本大题 1 小题,20 分)

13. 论述教师尊重幼儿个体差异的意义与举措。(20 分)

四、材料分析题(本大题共 2 小题,每小题 20 分,共 40 分)

阅读材料,并回答问题。

14. **材料:**

3岁的阳阳,从小跟奶奶生活在一起。刚上幼儿园时,奶奶每次送他到幼儿园准备离开时,阳阳总是又哭又闹。当奶奶的身影消失后,阳阳很快就平静下来,并能与小朋友们高兴地玩。由于担心,奶奶每次走后又折返回来,阳阳再次看到奶奶时,又立刻抓住奶奶的手,哭泣起来……

问题:

针对上述现象,请结合材料进行分析:

(1)阳阳的行为反映了幼儿情绪的哪些特点?(10分)

(2)阳阳奶奶的担心是否必要?(2分)教师该如何引导?(8分)

15. 材料：
角色游戏中，大二班在教室里开展理发店主题游戏，教师为了提升幼儿的游戏水平，主动为幼儿制作了理发店的价目表（见图1）。

```
          理发店价目表
    美发区              美容区
  洗发   10元       牛奶洗脸   10元
  剪发   10元       美白面膜   15元
  烫发   30元       造型设计   20元
  染发   30元       身体按摩   20元
```

图1

问题：
请结合你对角色游戏的理解，分析教师提供价目表这一做法是否适宜，并提出建议。（20分）

五、活动设计题(本大题 1 小题,30 分)

16. 请根据下列素材设计一个大班科学活动,要求写出活动名称、活动目标、活动准备、活动过程。

大班的胡老师为幼儿提供了各种吹泡泡的工具,有吸管、铁丝绕成的圈、塑料吹泡泡棒等(如图 2),让幼儿在户外活动时自己吹泡泡玩。幼儿在吹泡泡的时候,有的能吹出很大的泡泡,有的只能吹出小泡泡,有的能一次吹出好多个泡泡,有的一次只能吹出一个泡泡……结果有的幼儿得意,有的幼儿沮丧。针对上述现象,胡老师打算组织一个科学的教育活动,以引发幼儿深入探究的兴趣,并使幼儿了解不同吹泡泡工具与吹出的泡泡之间的关系。

图 2

2015年下半年中小学教师资格考试
保教知识与能力试题(幼儿园)

注意事项:

考试时间为120分钟,满分150分。

一、单项选择题(本大题共 10 小题,每小题 3 分,共 30 分)

1. 下列哪一种不属于《3—6 岁儿童学习与发展指南》倡导的幼儿学习方式?( )
   A. 强化练习　　　　　　　　B. 直接感知
   C. 实际操作　　　　　　　　D. 亲身体验

2. 小班幼儿玩橡皮泥时,往往没有计划性。把橡皮泥搓成团就说是包子,搓成条就说是面条,长条橡皮泥卷起来就说是麻花。这反映了小班幼儿( )。
   A. 具体形象思维特点
   B. 直觉行动思维特点
   C. 象征性思维特点
   D. 抽象逻辑思维特点

3. 教师根据幼儿的图画来评价幼儿发展的方法属于( )。
   A. 观察法
   B. 作品分析法
   C. 档案袋评价法
   D. 实验法

4. 一名从未见过飞机的幼儿,看到蓝天上飞过的一架飞机说:"看,一只很大的鸟!"从幼儿语言发展的角度来看,这一现象反映的特点是( )。
   A. 过度规范化
   B. 扩展不足
   C. 过度泛化
   D. 电报式言语

5. 班杜拉的社会认知理论认为( )。
   A. 儿童通过观察和模仿身边的人的行为学会分享
   B. 操作性条件反射是儿童学会分享最重要的学习形式
   C. 儿童能够学会分享是因为儿童天性本善
   D. 儿童学会分享是因为成人采取了有效的奖惩措施

6. 评价幼儿生长发育最重要的指标是( )。
   A. 体重和头围
   B. 头围和胸围
   C. 身高和胸围
   D. 身高和体重

7. 《幼儿园教育指导纲要(试行)》中的教育目标较多使用"体验""感受""喜欢""乐意"等词汇,这表明幼儿园教育强调( )。
   A. 知识取向
   B. 情感、态度取向

C. 能力取向

D. 技能取向

8. 幼儿在户外运动中扭伤,出现充血、肿胀和疼痛,教师应对幼儿采取的措施是(　　)。

　A. 停止活动,冷敷扭伤处

　B. 停止活动,热敷扭伤处

　C. 按摩扭伤处,继续活动

　D. 清洁扭伤处,继续活动

9. 陶行知提出的"六大解放"指向的是(　　)。

　A. 解放儿童的观察力

　B. 解放儿童的体力

　C. 解放儿童的智力

　D. 解放儿童的创造力

10. 幼儿以积木、沙、雪等材料为道具来模仿周围现实生活的游戏是(　　)。

　A. 表演游戏

　B. 结构游戏

　C. 角色游戏

　D. 规则游戏

二、简答题(本大题共2小题,每小题15分,共30分)

11. 为什么不能把《3—6岁儿童学习与发展指南》作为一把"尺子"去衡量所有的幼儿?请说明理由。

12. 举例说明如何在幼儿园一日活动中实施"动静交替"的原则。

三、论述题(本大题1小题,20分)

13. 论述积极师幼关系的意义,并联系实际谈谈教师应如何建立积极师幼关系。(20分)

四、材料分析题(本大题共 2 小题,每小题 20 分,共 40 分)

阅读材料,并回答问题。

14. 材料:

为了解中班幼儿分类能力的发展,教师选择了"狗、人、船、鸟"四张图片,要求幼儿从中挑出一张不同的。很多幼儿拿出了"船",他们的理由分别是:狗、人和鸟常常是在一起出现的,船不是;狗、人、鸟都有头、脚和身体,而船没有;狗、人、鸟是会长大的,而船是不会长大的。

问题:

(1)请结合上述材料分析中班幼儿分类能力的发展特点。(10 分)

(2)基于上述材料中幼儿的发展特点,分析教师应如何实施教育。(10 分)

15. 材料：

小班入园第二周，王老师发现小雅在餐点与运动后，仍会哭着要妈妈。老师抱她，感觉她身体绷得紧，问她要不要去小便，她摇头。老师又问："要不要去大便？"她点头。老师牵她到卫生间，她只拉一点就离开了。过一会儿，她又哭了。老师给她新玩具，和她玩游戏，但她的情绪还是不好。离园时，老师与她妈妈约谈，了解到小雅在幼儿园拉不出大便。

第二天早操后，小雅又哭了，老师蹲下轻声问："小雅是想上厕所了吗？"她点头。老师带她上厕所，她又只拉一点就站起。"老师陪你多蹲一会儿，把大便都拉出来，好吗？"小雅又蹲下，但频频回头。这时，自动冲厕水箱的水"哗"的一声冲出，小雅"哇哇"大哭，扑到老师身上。老师紧紧地抱住她，轻柔地说："老师抱着你拉，好吗？"老师将水箱龙头关小，把小雅抱到离冲水口远一点的位置蹲下，小雅顺利拉完大便。连续一段时间，老师们轮流陪小雅上厕所，并指导她观察、了解水箱装满水会自动冲水清洁厕所。小雅渐渐适应了幼儿园的厕所，笑容回到了脸上。

问题：

请分析上述材料中教师的适宜行为。（20分）

五、活动设计题(本大题1小题,30分)

16. 大一班自由活动时间,个别幼儿用泡沫拼板(30cm×30cm)当滑板玩,许多孩子也想玩,但有的幼儿滑不起来,有的只能滑一点点。请根据幼儿利用泡沫拼板滑行的兴趣,为大班幼儿设计一个体育活动。要求写出活动名称、活动目标、活动准备、活动过程和活动延伸。

图1　儿童双脚各踩一块拼板滑行

图2　儿童坐在一块拼板上滑行

2015年上半年中小学教师资格考试
保教知识与能力试题（幼儿园）

注意事项：
考试时间为 120 分钟，满分 150 分。

一、单项选择题（本大题共 10 小题，每小题 3 分，共 30 分）

1. 在儿童的日常生活、游戏等活动中，创设或改变某种条件，以引起儿童心理的变化，这种研究方法是（　　）。
   A. 观察法　　　　　　　　　　　B. 自然实验法
   C. 测验法　　　　　　　　　　　D. 实验室实验法

2. 幼儿看见同伴欺负别人会生气，看见同伴帮助别人会赞同，这种体验是（　　）。
   A. 理智感　　　　　　　　　　　B. 道德感
   C. 美感　　　　　　　　　　　　D. 自主感

3. 幼儿如果能够认识到他们的性别不会随着年龄的增长而发生改变，说明他已经具有（　　）。
   A. 性别倾向性　　　　　　　　　B. 性别差异性
   C. 性别独特性　　　　　　　　　D. 性别恒常性

4. 让脸上抹有红点的婴儿站在镜子前，观察其行为表现，这个实验测试的是婴儿哪方面的发展？（　　）
   A. 自我意识　　　　　　　　　　B. 防御意识
   C. 性别意识　　　　　　　　　　D. 道德意识

5. 个体认识到他人的心理状态，并由此对其相应行为做出因果性推测和解释的能力称为（　　）。
   A. 元认知　　　　　　　　　　　B. 道德认知
   C. 心理理论　　　　　　　　　　D. 认知理论

6. 儿童最早玩的游戏类型是（　　）。
   A. 练习性游戏　　　　　　　　　B. 规则游戏
   C. 象征性游戏　　　　　　　　　D. 建构游戏

7. 实施幼儿园德育最基本的途径是（　　）。
   A. 教学活动　　　　　　　　　　B. 亲子活动
   C. 阅读活动　　　　　　　　　　D. 日常生活

8. 《托儿所幼儿园卫生保健工作规范》规定托幼园所工作人员接受健康检查的频率是（　　）。
   A. 每月一次　　　　　　　　　　B. 半年一次
   C. 每年一次　　　　　　　　　　D. 三年一次

9. 从学科知识取向转向儿童经验取向的代表性教育著作是（　　）。
   A.《理想国》　　　　　　　　　　B.《爱弥儿》
   C.《大教学论》　　　　　　　　　D.《林哈德与葛笃德》

10. 被黄蜂蜇伤后，正确的处理方法是（　　）。
    A. 涂肥皂水　　　　　　　　　　B. 用温水冲洗
    C. 涂食用醋　　　　　　　　　　D. 冷敷

二、简答题(本大题共 2 小题,每小题 15 分,共 30 分)

11. 简述班杜拉社会学习理论的主要观点。

12. 简述角色游戏活动中教师的观察要点及其目的。

三、论述题(本大题 1 小题,20 分)

13. 幼儿园为什么要为幼儿入小学做准备?(9分)应做哪些准备?(11分)

四、材料分析题(本大题共2小题,每小题20分,共40分)

阅读材料,并回答问题。

14. 材料:

情境一:

一天晚上,莉莉和妈妈散步时,有下列对话:

妈妈:月亮在动还是不动?

莉莉:我们动它就动。

妈妈:是什么使它动起来的呢?

莉莉:是我们。

妈妈:我们怎么使它动起来的呢?

莉莉:我们走路的时候它自己就走了。

情境二:

在幼儿园教学区活动中,老师给莉莉出示两排一样多的纽扣,莉莉认为一一对应排列的两排一样多。当老师把下面一排聚拢时,她就认为两排不一样多了……

问题:

(1)莉莉的行为表明她处于思维发展的什么阶段?(2分)举例说明这个阶段思维的主要特征及表现。(12分)

(2)幼儿这种思维特征对幼儿园教师的保教活动有什么启示?(6分)

15. 材料：

大班幼儿在玩积木时，出现了自发探究行为，其探究过程与结果如下图所示。

图1

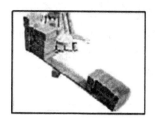

图2

问题：

（1）图中的幼儿在搭建中可能会遇到什么问题？（4分）

（2）在解决问题的过程中幼儿能获得哪些学习经验？（10分）

（3）该游戏中的材料有什么特点？（3分）这些特点对幼儿的学习活动有什么影响？（3分）

五、活动设计题(本大题 1 小题,30 分)

16. 某幼儿园的院子里有几种高大的树,也有一些比较低矮的灌木。请你结合院子里的这些资源,设计一个题为"幼儿园的树木"的中班主题活动方案(含 3 个子活动),要求写出总目标,每个子活动的名称、目的和主要环节。

2014年下半年中小学教师资格考试
保教知识与能力试题(幼儿园)

注意事项：

考试时间为120分钟，满分150分。

一、单项选择题(本大题共10小题,每小题3分,共30分)

1. 1.5—2岁的儿童使用的句子主要是(　　)。
   A. 单词句　　　　　　　　　　B. 电报句
   C. 完整句　　　　　　　　　　D. 复合句

2. 按照皮亚杰的观点,2—7岁儿童的思维处于(　　)。
   A. 具体运算阶段　　　　　　　B. 形式运算阶段
   C. 感知运算阶段　　　　　　　D. 前运算阶段

3. 在陌生情境实验中,妈妈在婴儿身边时,婴儿一般就能安心地玩玩具,对陌生人的反应也比较积极,婴儿对妈妈的这种依恋类型属于(　　)。
   A. 回避型　　　　　　　　　　B. 无依恋型
   C. 安全型　　　　　　　　　　D. 反抗型

4. 婴儿手眼协调动作发生的时间是(　　)。
   A. 2—3个月　　　　　　　　　B. 4—5个月
   C. 7—8个月　　　　　　　　　D. 9—10个月

5. 按顺序呈现"护士、兔子、月亮、救护车、胡萝卜、太阳"的图片让幼儿记忆,有些幼儿回忆时说："刚才看到了救护车和护士、兔子和胡萝卜,还有太阳和月亮。"这些幼儿运用的记忆策略是(　　)。
   A. 复述　　　　　　　　　　　B. 精细加工
   C. 组织　　　　　　　　　　　D. 习惯性

6. 杜威认为,学校生活的组织中心是(　　)。
   A. 教材　　B. 家长　　C. 教师　　D. 儿童

7. 幼儿学习的基础是(　　)。
   A. 直接经验　　　　　　　　　B. 课堂学习
   C. 间接经验　　　　　　　　　D. 理解记忆

8. 幼儿拿一根竹竿当马骑,竹竿在这个游戏中属于(　　)。
   A. 表演性符号　　　　　　　　B. 工具性符号
   C. 象征性符号　　　　　　　　D. 规则性符号

9. 评估幼儿发展的最佳方式是(　　)。
   A. 平时观察　　　　　　　　　B. 期末测查
   C. 问卷调查　　　　　　　　　D. 家长访谈

10. 幼儿鼻中隔是易出血区,该处出血后,正确的处理方法是(　　)。
    A. 鼻根部涂抹紫药水,然后安静休息
    B. 让幼儿头略低,冷敷前额、鼻部
    C. 止血后,半小时不做剧烈运动
    D. 让幼儿仰卧休息

二、简答题(本大题共 2 小题,每小题 15 分,共 30 分)

11. 教师在户外体育活动中如何保障幼儿的安全?

12. 简述加德纳的多元智能理论的主要观点、智能种类及教育启示。

三、论述题（本大题 1 小题，20 分）

13. 在幼儿园领域教育活动中，为什么要关注幼儿学习与发展的整体性？请结合实例说明。（20 分）

四、材料分析题(本大题共 2 小题,每小题 20 分,共 40 分)

阅读材料,并回答问题。

14. 材料:

小虎精力旺盛,爱打抱不平,做事急躁、马虎,喜欢指挥别人,稍不如意,便大发脾气,甚至动手打人,事后虽也后悔,但遇事总是难以克制……

问题:

根据小虎的上述行为表现,回答下列问题。

(1)你认为小虎的气质属于什么气质类型?(2分)为什么?(12分)

(2)如果你是小虎的老师,你准备如何根据他气质类型的特征实施教育?(6分)

15. 材料：

幼儿园只有一架秋千，幼儿都很喜欢玩。大二班在户外活动时，胆小的诺诺走到正在荡秋千的小莉面前，请小莉把秋千让给他玩。小莉没理会他，诺诺就跑过来向老师求助："老师，小莉不让我荡秋千……"

对此，不同的教师可能会采取下面不同的回应方式：

教师A：牵着诺诺的手走到小莉面前，说："你们的事情我知道了，我现在想看小莉是不是个懂得谦让的孩子。小莉你已经玩了一会儿了，现在能不能让诺诺玩一会儿呢？"小莉听了后，把秋千让给了诺诺。

教师B："你对小莉怎么说的呢？"诺诺："我说我想玩一会儿。"想到诺诺平时说话总是低声细气的，教师就说："是不是你说话声音太小了，她没有听清楚呢？现在去试试大声地对她说'我真的想荡秋千，我已经等了很久了！'如果这样说还没给你，你就回来，我们再想别的方法……"

问题：

请分析上述两位教师回应方式的利弊，并说明理由。(20分)

五、活动设计题(本大题1小题,30分)

16. 以下面这组图片为内容,设计一个大班安全防火教育活动,要求写出活动名称、活动目标、活动准备、活动过程及活动延伸。

2014年上半年中小学教师资格考试
保教知识与能力试题(幼儿园)

注意事项：

考试时间为120分钟,满分150分。

一、单项选择题(本大题共10小题,每小题3分,共30分)

1. 小班集体教学活动一般都安排15分钟左右,是因为幼儿有意注意时间一般是( )。
   A. 20—25分钟 B. 3—5分钟
   C. 15—18分钟 D. 10—12分钟

2. 幼儿教师选择教育教学内容最主要的依据是( )。
   A. 幼儿发展 B. 社会需求
   C. 学科知识 D. 教师特长

3. 幼儿园促进幼儿社会性发展的主要途径是( )。
   A. 人际交往 B. 操作练习
   C. 教师讲解 D. 集体教学

4. 照料者对婴儿的需求应给予及时回应是因为:根据埃里克森的观点,在生命中第一年的婴儿面临的基本冲突是( )。
   A. 主动性对内疚 B. 基本信任对不信任
   C. 自我统一性对角色混乱 D. 自主性对害羞

5. 在婴儿表现出明显的分离焦虑对象时,表明婴儿已获得( )。
   A. 条件反射观念 B. 母亲观念
   C. 积极情绪观念 D. 客体永久性观念

6. 陶行知的生活教育理论注重"教学做合一",强调( )。
   A. "做"是中心 B. "学"是中心
   C. "教"与"学"是中心 D. "教"是中心

7. 幼儿反复敲打桌子,在房间里跑来跑去,在椅子上摇来摇去,这类游戏属于( )。
   A. 结构游戏 B. 象征性游戏
   C. 规则游戏 D. 机能性游戏

8. 《幼儿园工作规程》指出,幼儿园应制订合理的幼儿一日生活作息制度,两餐间隔时间不少于( )。
   A. 2.5小时 B. 3时
   C. 2小时 D. 3.5小时

9. 婴幼儿应多吃蛋、奶等食物,保证维生素D的摄入,以防止因维生素D缺乏而引起( )。
   A. 呆小症 B. 异嗜癖
   C. 佝偻病 D. 坏血病

10. 幼儿难以理解反话的含义,是因为幼儿理解事物具有( )。
    A. 双关性 B. 表面性
    C. 形象性 D. 绝对性

二、简答题(本大题共 2 小题,每小题 15 分,共 30 分)

11. 简述幼儿集体教学的利与弊。

12. 茵茵已经上了中班,她知道把两个苹果和三个苹果加起来,就有五个苹果。但是问她 2 加 3 等于几?她直摇头。请结合案例简述中班幼儿数学学习的思维特点及对教育的启示。

三、论述题(本大题1小题,20分)

13. 教师如何为幼儿的主动学习提供支持。(20分)

四、材料分析题(本大题共 2 小题,每小题 20 分,共 40 分)

阅读材料,并回答问题。

14. 材料:

大一班开展了识字比赛,教师为此创设了班级墙面环境,如下图:

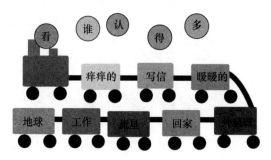

问题:

请根据环境创设的基本原则,对案例中为识字比赛创设的墙面环境进行评析。(20 分)

15. **材料：**

星期一，小班的松松午睡时一直在哭泣，嘴里还不停地念叨："我要打电话叫爸爸来接我。我要回家。"教师多次安慰，他还一直哭。教师生气地说："你再哭，爸爸就不来接你了。"松松听后情绪更加激动，哭得更加厉害了。

问题：

请简述上述教师的行为(5分)，并提出三种帮助幼儿控制情绪的有效方法(15分)。

五、活动设计题(本大题 1 小题,30 分)

16. 请根据下列案例,设计一份亲子运动会方案。要求写出亲子运动会的设计意图,两个运动项目(须写出运动项目的名称,材料和玩法),家长工作要点以及实施注意事项。

在与本班家长的沟通中,大三班教师发现:不少家长平时很少和孩子一起运动,因为不知道可以和孩子玩什么。为此,教师准备举行一场亲子运动会,让家长体验到:生活中随手可得的一些废旧材料,可以用来开展有趣的运动游戏,从而促进幼儿发展。

历年中小学教师资格考试
综合素质试题(幼儿园)参考答案及解析

2019年上半年中小学教师资格考试
综合素质试题(幼儿园)参考答案及解析

一、单项选择题(本大题共29小题,每小题2分,共58分)

1.【答案】A。解析:儿童心理时刻都在发生量的变化,随着量的积累,到了一定程度,就会发生质变,从而使儿童的心理发展呈现出阶段性特点。幼儿不同的年龄阶段,相应的认知发展水平是不同的,题干中体现的是儿童发展阶段性。故本题选A。

2.【答案】D。解析:幼儿园教学要促进幼儿德、智、体、美全面发展,70%的课程为美术和音乐等,不利于幼儿其他方面的发展。故本题选D。

3.【答案】A。解析:小班幼儿精细动作的发展相对缓慢,而李老师没有注意到小班幼儿动作的发展规律,就去批评幼儿画画不认真、总是画错,所以李老师的做法是错误的。故本题选A。

4.【答案】D。解析:《中小学教师职业道德规范》中"关爱学生"要求幼儿园教师要关爱幼儿,保护幼儿安全,关心幼儿健康,维护幼儿权益。题干中教师应对幼儿关心、爱护,并且语言要规范、得体,面对幼儿的危险举动,教师应当耐心引导和教育。故本题选D。

5.【答案】D。解析:《中华人民共和国宪法》第七条规定:"国有经济,即社会主义全民所有制经济,是国民经济中的主导力量。国家保障国有经济的巩固和发展。"因此,我国国有经济是国民经济的主导力量。故本题选D。

6.【答案】D。解析:幼儿享有生命权与健康权,教师应尊重幼儿的生命健康权。题干中幼儿教师在教育过程中,经常敲打、拖拽幼儿,造成其身体伤害,这危害了幼儿的生命,也不利于幼儿身心健康的发展。选项B中的人格尊严权易选错,人格尊严指的是幼儿的意愿、想法、需要等方面的,题干中并未体现。故本题选D。

7.【答案】C。解析:《中华人民共和国教育法》(2015年12月27日修正)第三十六条规定:"学校及其他教育机构中的管理人员,实行教育职员制度。学校及其他教育机构中的教学辅助人员和其他专业技术人员,实行专业技术职务聘任制度。"故本题选C。

8.【答案】A。解析:《中华人民共和国教师法》第三十九条规定:"教师认为当地人民政府有关行政部门侵犯本法规定享有的权利的,可以向同级人民政府或者上一级人民政府有关部门提出申诉,同级人民政府或者上一级人民政府有关部门应当作出处理。"故本题选A。

9.【答案】B。解析:《中华人民共和国未成年人保护法》第六十六条规定:"在中小学校园周边设置营业性歌舞娱乐场所、互联网上网服务营业场所等不适宜未成年人活动的场所的,由主管部门予以关闭,依法给予行政处罚。营业性歌舞娱乐场所、互联网上网服务营业场所等不适宜未成年人活动的场所允许未成年人进入,或者没有在显著位置设置未成年人禁入标志的,由主管部门责令改正,依法给予行政处罚。"题干中文化执法部巡查网吧时发现有未成年人正在上网,应对网吧采取的措施是责令改正,依法给予行政处罚。故本题选B。

10.【答案】B。解析:《幼儿园工作规程》第十五条规定:"幼儿园应当把安全教育融入一日生活,并定期组织开展多种形式的安全教育和事故预防演练。幼儿园应当结合幼儿年龄特点和接受能力开展反家庭暴力教育。发现幼儿遭受或者疑似遭受家庭暴力的,应当依法及时向公安机关报案。"因此,题干中的陈老师应当向当地公安机关报案。故本题选B。

11.【答案】C。解析:《幼儿园工作规程》第二十条规定:"幼儿园应当建立患病幼儿用药的委托交接制度,未经监护人委托或者同意,幼儿园不得给幼儿用药。幼儿园应当妥善管理药品,保证用药安全。"因此,幼儿在幼儿园用药应先征得监护人同意。故本题选C。

12.【答案】C。解析:《中华人民共和国义务教育法》第十三条规定:"县级人民政府教育行政部门和乡镇人民政府组织和督促适龄儿童、少年入学,帮助解决适龄儿童、少年接受义务教育的困难,采取措施防止适龄儿童、少年辍学。居民委员会和村民委员会协助政府做好工作,督促适龄儿童、少年入学。"因此,当地居民委员会应做好协助工作,督促家长送雯雯接受义务教育。故本题选C。

13.【答案】B。解析：《中小学教师职业道德规范》中"为人师表"要求教师要"尊重家长"。题干中面对家长的质问，教师不能直接反驳，要在尊重家长的基础上根据幼儿园的教育目标及幼儿的发展特点听取家长意见，并耐心向家长分析不教的原因。故本题选B。

14.【答案】B。解析：《中小学教师职业道德规范》中"关爱学生"要求教师"平等公正对待学生"，赵老师对待幼儿应一视同仁，对全体幼儿平等。赵老师只是对省政府工作人员的孩子特别关照，没有做到一视同仁。故本题选B。

15.【答案】C。解析：幼儿教师应当是幼儿全面发展的培养者和研究者，幼儿健康心理的培育者，幼儿一日生活的支持者、引导者和组织者。因此，教师应当承担教育幼儿的职责，面对违反纪律的幼儿应当进行说服教育和帮助，而让家长将吵闹的孩子带回家安抚是不正确的。故本题选C。

16.【答案】A。解析：《中小学教师职业道德规范》中"关爱学生"要求教师"关心爱护全体学生，尊重学生人格，平等公正对待学生。对学生严慈相济，做学生良师益友。保护学生安全，关心学生健康，维护学生权益。不讽刺、挖苦、歧视学生，不体罚或变相体罚学生"。因此，题干中教师面对幼儿尿裤子的现象进行了恰当的处理，保护了幼儿的自尊心。故本题选A。

17.【答案】D。解析：帕特农神庙是雅典卫城中最重要的主体建筑，帕特农神庙之名出于雅典娜的别名，是为雅典城的守护神雅典娜而建的祭殿。故本题选D。

18.【答案】C。解析：小行星带是太阳系内介于火星和木星轨道之间的小行星密集区域。故本题选C。

19.【答案】A。解析：法国化学家拉瓦锡提出并阐明了燃烧作用的氧化学说。故本题选A。

20.【答案】A。解析：开普勒第一定律提出：所有行星都沿各自的椭圆轨道环绕太阳，而太阳则处在椭圆的一个焦点中。这由开普勒提出。故本题选A。

21.【答案】D。解析：《英雄儿女》讲述抗美援朝时期，志愿军们在坚守无名高地的战斗中勇敢作战的英雄事迹。故本题选D。

22.【答案】D。解析：《胡桃夹子》是柴可夫斯基编写的一个芭蕾舞剧，根据霍夫曼的一部叫作《胡桃夹子与老鼠王》的童话故事改编。舞剧的音乐充满了单纯而神秘的神话色彩，具有强烈的儿童音乐特色。故本题选D。

23.【答案】A。解析：楚汉争霸出现在秦末汉初，交战双方是西楚霸王项羽和汉王刘邦。故本题选A。

24.【答案】D。解析：《贵妃醉酒》由洪昇的《长生殿》改编。故本题选D。

25.【答案】A。解析：图3应是葫芦娃，出自《葫芦兄弟》，《葫芦兄弟》是上海美术电影制片厂于1986年原创出品的13集系列剪纸动画片，是中国动画第二个繁荣时期的代表作品之一，现已成为中国动画经典。故本题选A。

26.【答案】B。解析：B选项认为"多个文档编辑工作结束，只能全部存盘后才可关闭文档窗口"，这个表述是错误的，多个文档编辑工作结束并非只能全部存盘后才可以关闭，可以单个直接关闭。故本题选B。

27.【答案】C。解析：PowerPoint中，图表可以设置自定义动画效果。故本题选C。

28.【答案】B。解析：车票—票据属于类属关系，车票是票据的一种，选项B中戏票是入场券的一种，是类属关系。故本题选B。

29.【答案】C。解析：规律是(1+2)×3＝9，(2+9)×3＝33，(9+33)×3＝126。故本题选C。

二、材料分析题(本大题共3小题,每小题14分,共42分)

30.【参考答案】

材料中李老师的做法体现了新型教师观的要求，表现在：

(1)教师是幼儿学习的引导者和幼儿发展的促进者。材料中的李老师在幼儿提出与蜗牛相关的问题后，没有直接告诉幼儿答案，而是引导幼儿积极思考，并引导幼儿寻找解决问题的方法，与幼儿一起探讨。

(2)教师是课程的建设者和开发者。材料中的李老师没有因循守旧按照既定的课程实施教学，而是根据幼儿的问题进行针对性的教学，找到合适的教学方法。

(3)教师是教育教学的研究者和实践者。李老师针对幼儿关于蜗牛的问题，拓展各种途径进行教学，包括观察、记录、观看科普视频、和幼儿一起查阅资料等。

(4)教师是民主师生关系的建立者。李老师能够和幼儿平等地对蜗牛进行研究和探究，鼓励幼儿发表观点和看法，创造了民主和谐的学习氛围。

总之，材料中李老师的做法是正确的，值得我们学习。

31. 【参考答案】
材料中周老师的行为体现了爱岗敬业、关爱学生、教书育人、为人师表、终身学习等教师职业道德规范。具体表现在：

(1) 爱岗敬业，要求教师志存高远，勤恳敬业，乐于奉献；对工作高度负责，认真备课上课，认真辅导学生。材料中周老师负责任地教妮妮洗手，教育她讲卫生，给她讲故事、念儿歌等，都体现了周老师的爱岗敬业。

(2) 关爱学生，要求教师关心爱护全体学生，尊重学生人格，平等公正对待学生；对学生严慈相济，做学生良师益友；保护学生安全，关心学生健康，维护学生权益；不讽刺、挖苦、歧视学生，不体罚或变相体罚学生。材料中的周老师通过游戏当孩子的"妈妈"，通过对妮妮各方面的关心、教育帮助妮妮成长进步，都体现了这一点。

(3) 教书育人，要求教师遵循教育规律，实施素质教育；循循善诱，诲人不倦，因材施教；培养学生良好品行，激发学生创新精神，促进学生全面发展。材料中的周老师针对本班幼儿大部分是留守儿童的现实情况和幼儿成长的独特心理，通过"娃娃家"的游戏，给幼儿心理上更多的关心和照顾，让幼儿体会到老师给予他们的爱；自己陪妮妮阅读，和妮妮家长沟通、交流，取得家长配合，并告诉家长要多和妮妮进行电话交流、沟通，体现了周老师在对幼儿进行教育的时候遵循了幼儿成长的规律和教育的规律。

(4) 为人师表，要求教师严于律己，以身作则，衣着得体，语言规范，举止文明，尊重家长。材料中的周老师，能够在教育引导幼儿的时候用激励的语言，引导幼儿改正不足，能够充分地尊重家长，都体现了这一点。

(5) 终身学习，要求教师崇尚科学精神，树立终身学习理念，拓宽知识视野，更新知识结构；潜心钻研业务，勇于探索创新，不断提高专业素养和教育教学水平。材料中的周老师能够针对自己的不足，积极地参加培训学习去提高，体现了这一点。

总之，材料中周老师的做法是正确的，值得表扬的。

32. 【参考答案】
(1) 因为中国的动画是用中国传统美术如绘画、民间工艺等造型观念、空间概念、绘画技法创作的动画影片。"美术片"准确地反映了中国动画特殊的创作观念。

(2) ① 说"中国风格"过时了的人，并不真正了解"中国风格"，也不知道国外的动画无一例外地都在宣扬他们自己国家和民族的文化。② 中国动画从中国传统美术和中国传统戏曲表演里获得创作灵感，不仅传承了中国文化，也逐步形成了自己独特的风格。万氏兄弟正由于做到了这一点，所以才成为时代的标杆。③ 中国动画要体现"中国风格"，不仅要传承坚守，更要创新发展；既要研究前辈动画艺术家的理念与精神追求，又要符合时代要求，抓住时代机遇，创作动画精品，推动中国动漫产业发展的高峰的到来。

三、写作题(本大题1小题,50分)

33. 略。

2018年下半年中小学教师资格考试
综合素质试题（幼儿园）参考答案及解析

一、单项选择题(本大题共29小题,每小题2分,共58分)

1. 【答案】D。解析：题干中吴老师能够实事求是地对待幼儿提出的问题，并引导幼儿进行探索，培养探索兴趣。故本题选D。

2. 【答案】C。解析：题干中蒋老师不急于出手帮助幼儿打开水龙头，而是引导幼儿自己去尝试，进行亲身体验，这体现了蒋老师注重幼儿的亲身体验。故本题选C。

3. 【答案】B。解析：对于班级中出现吵吵嚷嚷的情况，杨老师应该先让孩子们安静下来，再解决问题。故本题选B。

4. 【答案】A。解析：题干中沈老师所说的"幼儿身心发展规律、年龄特点"属于幼儿发展方面的知识。故本题选A。

5.【答案】D。解析：教育既是公民的权利也是公民的义务,义务教育具有强制性。故本题选D。
6.【答案】A。解析：根据《儿童权利公约》第一条规定："儿童系指18岁以下的任何人。"故本题选A。
7.【答案】C。解析：根据《中华人民共和国教育法》第三十一条规定："学校及其他教育机构的举办者按照国家有关规定,确定其所举办的学校或者其他教育机构的管理体制。"故本题选C。
8.【答案】C。解析：《中华人民共和国教师法》第七条规定教师享有"按时获取工资报酬"的权利。故本题选C。
9.【答案】B。解析：强制搜身侵犯的是人身自由权。故本题选B。
10.【答案】D。解析：根据《幼儿园工作规程》第三十三条规定："幼儿园不得提前教授小学教育内容,不得开展任何违背幼儿身心发展规律的活动。"将小学的内容放到幼儿园学习,不利于幼儿的身心健康发展,违背了幼儿身心发展规律。故本题选D。
11.【答案】A。解析：根据《幼儿园工作规程》第十条规定："幼儿入园前,应当按照卫生部门制定的卫生保健制度进行健康检查,合格者方可入园。"因此,幼儿入园要进行健康检查。故本题选A。
12.【答案】D。解析：根据《中华人民共和国义务教育法》第十二条规定："县级人民政府教育行政部门对本行政区域内的军人子女接受义务教育予以保障。"故本题选D。
13.【答案】C。解析：王老师要求幼儿排队接水喝,但是自己却插队接水,未能做到以身作则。故本题选C。
14.【答案】D。解析：题干中陈老师的做法打击了方方的参与积极性。故本题选D。
15.【答案】B。解析：张老师回答选项B的语言能够起到很好的引导幼儿的作用,选项A和选项D会伤害幼儿的自尊心,选项C让其他幼儿等待不恰当。故本题选B。
16.【答案】A。解析：幼儿园对幼儿的教育应采取家园合作的方式,题干中金老师埋怨家长没有好好教小齐,把责任完全推卸到家长身上,沟通的方式不恰当,金老师应注意与家长沟通的方式。故本题选A。
17.【答案】D。解析：细小的能降落到地面的水滴是毛毛雨,不是雾。故本题选D。
18.【答案】A。解析：人类最早使用的工具是石器。故本题选A。
19.【答案】C。解析：图1中的人物形象是蜘蛛侠。故本题选C。
20.【答案】B。解析：陈伯吹是中国著名的儿童文学作家、翻译家、出版家、教育家,把毕生精力奉献给了儿童文学事业,是中国儿童文学的一代宗师,对中国儿童文学事业做出了杰出的贡献。为鼓励国内作家参与儿童文学创作,1981年设立"儿童文学园丁奖",1988年此奖改名为"陈伯吹儿童文学奖"。严文井为现代作家、散文家、著名儿童文学家;张天翼为中国当代作家,他的童话在儿童文学史上占有重要位置;叶圣陶为现代作家、教育家、文学出版家和社会活动家,有"优秀的语言艺术家"之称。这三位作家均没有以名字命名的儿童文学奖。故本题选B。
21.【答案】D。解析：中国蒙学教材包括《千字文》《百家姓》《急就章》《三字经》等,不包括《山海经》。《山海经》是我国一部记述古代志怪的古籍,约为战国中后期到汉代初中期的楚国或巴蜀人所作,是一部荒诞不经的奇书。故本题选D。
22.【答案】D。解析：光年是长度单位,指光在真空中一年内走过的路程;甲子是时间单位,一甲子为60年。故本题选D。
23.【答案】C。解析：流星是指运行在星际空间的流星体(通常包括宇宙尘粒和固体块等空间物质)在接近地球时由于受到地球引力而被地球吸引,从而进入地球大气层,并与大气摩擦燃烧所产生的光迹,如果太阳不发光,地球上的人们仍然能够看到流星。彗星、金星和月亮均是反射太阳光而能被地球上的人们看到。故本题选C。
24.【答案】D。解析：厄尔尼诺现象主要指太平洋东部和中部的热带海洋的海水温度异常地持续变暖,使整个世界气候模式发生变化,造成一些地区干旱而另一些地区又降雨量过多的情况,不属于大气作用。故本题选D。
25.【答案】A。解析：图2中为傣族竹楼。故本题选A。
26.【答案】D。解析：在Word中不能直接插入配色图案,其他三个功能均能实现。故本题选D。
27.【答案】C。解析：在PowerPoint中,鼠标和时间都能控制动画。故本题选C。
28.【答案】D。解析：大衣柜属于家具的一种,两者为种属关系;煤气灶属于炊具的一种,两者也为种属关系。故本题选D。
29.【答案】A。解析：后一项减去前一项所得的差值形成等比数列,90－50＝40,170－90＝80,(330)－

170＝160,650－(330)＝320。故本题选 A。

二、材料分析题(本大题共 3 小题,每小题 14 分,共 42 分)

30.【参考答案】
韩老师的行为是正确的,符合"育人为本"儿童观的具体要求,具体包括以下方面。
(1)发展:儿童是发展中的人,内容包括:儿童的身心发展是有规律的,儿童具有巨大的发展潜能,儿童是处于发展过程中的人,儿童的发展应是全面的发展。材料中韩老师针对儿童在洗手方面存在的问题,通过分组后让儿童摸柚子皮内层的活动设计,一步一步引导启发儿童,让其明白认真洗手的重要性,最终使儿童养成自觉洗手的好习惯,促进儿童的全面发展。
(2)独特:儿童是独特的人,内容包括儿童是完整的人,每个儿童都有自身的独特性,儿童个体之间存在差异性,儿童和成人之间有巨大的差异。材料中韩老师能从儿童的角度来看待儿童自身的问题,并设置恰当的教学活动以帮助儿童改正生活习惯上的不足;针对儿童在洗手方面的不同情况,韩老师能够采取有针对性的方法去引导儿童,尊重了儿童之间的差异性。
(3)独立:儿童是具有独立意义的人,内容包括每个儿童都是独立存在的,不以教师的意志为转移,儿童是学习的主体,是具有能动性的教育对象。材料中韩老师在对儿童进行教育的过程中,能充分调动儿童的积极性和主动性,注重让儿童去直接感知、主动观察、独立思考,通过引导儿童讨论,让儿童自己探索,进而得出结论,发挥了儿童的主观能动性。

31.【参考答案】
余老师的行为是正确的,符合教师职业道德规范的具体要求,具体体现为以下几个方面。
(1)关爱学生。关爱学生是师德的灵魂,教师要关心爱护全体幼儿、尊重幼儿人格,严慈相济,做幼儿的良师益友,平等公正地对待每一位幼儿;不讽刺、挖苦、歧视或者变相体罚幼儿。材料中陈一航日常生活无一不让老师费心,余老师能公正平等地对待他、尊重他,并利用这次放回图书的机会,趁机引导教育,帮助他改正不足,做到了关心爱护全体幼儿。
(2)教书育人。教书育人是教师的天职,教师要遵循教育规律,实施素质教育,循循善诱,诲人不倦,因材施教,培养幼儿的良好品行,促进幼儿全面发展;不以分数作为评价幼儿的唯一标准。材料中余老师在教育引导陈一航时,通过肯定的语言一步步地鼓励他,并利用做"图书管理员"这个方式培养陈一航形成良好的习惯,有利于促进他的全面发展。
(3)为人师表。为人师表是教师职业道德规范的内在要求,教师要做到严于律己、以身作则、语言规范、举止文明、关心集体、团结协作、尊重他人、作风正派、廉洁奉公,不利用职务之便谋取私利。材料中余老师在与陈一航进行交流时,注意用规范的语言、文明的举止对他,让陈一航有良好的心理体验;余老师亲切的态度、鼓励的语言对陈一航行为习惯的培养有很大的促进作用。

32.【参考答案】
(1)原因:① 事物矛盾双方之间的辩证运动是在时间中展开的,时间是参与事件的重要因素。② 此一时的事物矛盾运动和彼一时的事物矛盾运动是不同的,我们需要根据事物不同时间的矛盾运动,采取不同的措施以解决问题。
(2)"时中"对个体而言有很大的价值和作用,体现在两个方面:
① 个体做事情要"合乎时宜",在合适的时间做一件事,效果很好;在不合适的时间做同一件事,往往会很糟糕。材料中的韩昭侯违背了这一做事的原则,在错误的时机修建了高门,应验了谋士屈宜臼的预言。这强调做任何事情都要相时而动。
② 个体做事情要"随时变通","时中"并非骑墙、折中,更不是简单、僵化的"中间地带",它会随时变化。"时中"让个体有一种危机感,这种危机感让个体在行为中谨小慎微、如履薄冰,相时顺势、减少犯错。这强调做任何事情都不能照本宣科、一劳永逸,要根据实际发生的新变化顺势而行,遵循事物发展的规律,灵活变通,相机行事。

三、写作题(本大题 1 小题,50 分)

33. 略。

2018年上半年中小学教师资格考试
综合素质试题（幼儿园）参考答案及解析

一、单项选择题(本大题共29小题,每小题2分,共58分)

1.【答案】B。解析：题干中,王老师每次都让浩浩在表演游戏中扮演主角,忽视了其他的学生,没有做到促进全体学生的发展。故本题选B。

2.【答案】D。解析：让幼儿站到墙角是体罚学生的行为,因此是不合适的做法。故本题选D。

3.【答案】B。解析：针对题干这种行为,老师肯定要予以教育,所以C、D排除。但是要注意方式方法,A选项没有做到尊重学生的人格尊严。故本题选B。

4.【答案】D。解析：题干中的油漆小脚印是之前没有的,是黎老师创造出来的。故本题选D。

5.【答案】A。解析：《中华人民共和国教师法》第十四条规定："受到剥夺政治权利或者故意犯罪受到有期徒刑以上刑事处罚的,不能取得教师资格；已经取得教师资格的,丧失教师资格。"因此,李某将终身不能从事教师职业。故本题选A。

6.【答案】C。解析：《中华人民共和国侵权责任法》第三十二条规定："无民事行为能力人、限制民事行为能力人造成他人损害的,由监护人承担侵权责任。监护人尽到监护责任的,可以减轻其侵权责任。"因此应由小刚的父母承担赔偿责任。故本题选C。

7.【答案】A。解析：《国家中长期教育改革与发展规划纲要(2010—2020年)》第(六)条规定："明确政府职责。""制定学前教育办园标准,建立幼儿园准入制度。完善幼儿园收费管理办法。"故本题选A。

8.【答案】B。解析：《儿童权利公约》第18条规定："缔约国应尽其最大努力,确保父母双方对儿童的养育和发展负有共同责任的原则得到确认。父母或视具体情况而定的法定监护人对儿童的养育和发展负有首要责任。儿童的最大利益将是他们主要关心的事。"故本题选B。

9.【答案】D。解析：个体身心发展的阶段性规律要求教育须根据不同年龄阶段的特点分阶段进行。不顾幼儿的年龄特征和接受能力,搞一刀切的行为违背了儿童身心发展的阶段性。本题中组织幼儿进行军训的行为违背了儿童身心发展的阶段性。故本题选D。

10.【答案】A。解析：《中华人民共和国未成年人保护法》第三十七条规定："禁止向未成年人出售烟酒,经营者应当在显著位置设置不向未成年人出售烟酒的标志；对难以判明是否已成年的,应当要求其出示身份证件。任何人不得在中小学校、幼儿园、托儿所的教室、寝室、活动室和其他未成年人集中活动的场所吸烟、饮酒。"第六十七条规定："向未成年人出售烟酒,或者没有在显著位置设置不向未成年人出售烟酒标志的,由主管部门责令改正,依法给予行政处罚。"题干中王校长没有权力对商贩进行罚款,故本题选A。

11.【答案】A。解析：题干中老师的行为是侵犯了幼儿的人身权利和人格尊严。故本题选A。

12.【答案】C。解析：题干中秦老师按照行为表现对班里的幼儿进行分类的行为没有做到平等公正对待幼儿,是错误的行为,应采取多种评价方式对幼儿进行评价。故本题选C。

13.【答案】D。解析：作为幼儿园教师应能够很好地调控自己的情绪,不可以把情绪撒在幼儿身上。故本题选D。

14.【答案】C。解析：素质教育观强调要面向全体学生。题干中刘老师的做法不符合这一要求,所以是错误的。刘老师应引导全体幼儿参与到集体活动。故本题选C。

15.【答案】B。解析：默许其他小朋友的行为不利于强强的健康成长和发展,且违反师德中关爱学生这点,所以B选项错误。

16.【答案】C。解析：幼儿园教师与其他教师是合作伙伴关系,幼儿园教师的专业活动和专业成长离不开与其他教师、幼儿园管理人员、保育人员、后勤人员以及家长的合作交流,必须成为其他教师的合作伙伴,才能充分发挥保教工作的作用。因此夏老师应积极主动地与全园老师分享。故本题选C。

17.【答案】D。解析：应是齐国—管仲变法。故本题选D。

18.【答案】A。解析：夏历是古代汉族历法之一,与黄帝历、颛顼历、殷历、周历、鲁历合称古六历。传说是夏代创立的历法,原历法规则已遗失,现只能从一些古籍上了解一些内容:采用冬至之月为子月,作为一岁开始,历法年则采用以建寅月开始,即寅正(后来叫作夏正),其大致是采用整数366天为一岁,用减差法和正闰余来调整时差。夏朝的历法是我国最早的历法。故本题选A。

19.【答案】C。解析:《齐民要术》是北魏贾思勰所著的一部综合性农书,《农政全书》是明末徐光启所著,这两部都是关于农业生产的书籍;《梦溪笔谈》是北宋沈括所著的一部涉及古代中国自然科学、工艺技术及社会历史现象的综合性笔记体著作。《天工开物》是明代宋应星所著的一部有关农业和手工业著作,外国学者称它为"中国17世纪的工艺百科全书"。故本题选C。

20.【答案】B。解析:塔里木盆地,是中国面积最大的内陆盆地,海拔高度在800—1300米;柴达木盆地,中国三大内陆盆地之一,属封闭性的巨大山间断陷盆地,海拔2600—3000米;四川盆地,中国著名红层盆地,中国各大盆地中形态最典型、纬度最南的盆地,海拔250—750米;吐鲁番盆地是一个典型的地堑式盆地,也是中国地势最低(-154.31米)和夏季气温最高的地方,大部分地面在海拔500米以下。故本题选B。

21.【答案】D。解析:向阳红一号船是国家海洋局建造的第一艘水文气象船,也是我国第一艘吨位比较大的气象船。故本题选D。

22.【答案】C。解析:中国古代陆路对外交通咽喉之地,是丝绸之路南路必经的关隘。阳关道故址在今甘肃敦煌西南古董滩附近。西汉置关,因在玉门关之南故名,和玉门关为当时对西域交通的门户:出玉门关者为北道,出阳关者为南道。故本题选C。

23.【答案】B。解析:罗马数字是欧洲在阿拉伯数字(实际上是印度数字)传入之前使用的一种数码。最常见的罗马数字就是钟表的表盘符号:Ⅰ、Ⅱ、Ⅲ、Ⅳ、Ⅴ、Ⅵ、Ⅶ、Ⅷ、Ⅸ、Ⅹ、Ⅺ、Ⅻ等。故本题选B。

24.【答案】C。解析:《金银岛》是英国小说家罗伯特·路易斯·史蒂文森创作的一部长篇小说。《水孩子》为英国19世纪作家查尔斯·金斯莱所著的一部著名童话作品。《彼得·潘》是苏格兰小说家及剧作家詹姆斯·马修·巴利创作的长篇小说。《小王子》是法国作家安托万·德·圣·埃克苏佩里于1942年写成的著名儿童文学短篇小说。本书的主人公是来自外星球的小王子。书中以一位飞行员作为故事叙述者,讲述了小王子从自己星球出发前往地球的过程中,所经历的各种历险。故本题选C。

25.【答案】A。解析:A是"禁止直行";B是"禁止车辆临时或长期停放";C是"禁止驶入";D是"禁止行人进入"。故本题选A。

26.【答案】B。解析:分散对齐,就是分开来对齐,它的参照对象是每行。如果文档中的每一行的文字都不足一行,在这种情况下,使用了分散对齐,那么,当前行的文字分开来对齐,即增加字符之间的距离时,字符就占用了一行的位置。故本题选B。

27.【答案】D。解析:自定义动画是根据自己需要,给每个页面或页面内的元素定义不同或相同的动画。故本题选D。

28.【答案】A。解析:"钢笔"与"文具"及"电磁炉"和"家用电器"都是前者属于后者的关系。故本题选A。

29.【答案】D。解析:遵循菱形内的小菱形分别在左、右、上、下的顺序。故本题选D。

二、材料分析题(本大题共3小题,每小题14分,共42分)

30.【参考答案】

材料中樊老师的教育行为践行了素质教育观的具体要求,具体表现如下:

(1)素质教育要求教育要面向全体幼儿,促进学生的全面发展。该材料中的教师针对全班幼儿设置了此活动,以幼儿感兴趣的游戏活动为主线,在调动了幼儿积极性的同时,也满足了他们的共性需求。

(2)素质教育是以培养幼儿的创新精神和实践能力为重点的教育。材料中的教师在提问幼儿关于西安的建筑后,给予幼儿充分的时间和机会去创新"大雁塔"的搭建方法,在这个过程中充分尊重幼儿的创新精神和操作的能力。

(3)素质教育强调要尊重幼儿的主体性和主动精神。该教师从传统的"以教育者为中心"转向"以学习者为中心",给幼儿提供了自我感知和自主操作的机会,充分尊重幼儿的主体地位,调动了幼儿的主动性;并改善幼儿的学习方式,题干中的教师变"要我学"为"我要学"的方式,鼓励幼儿自己动手操作,从理论的学习转变为"从做中学"。

(4)素质教育促进了幼儿个性的发展。材料中不同的幼儿说出了各自不同的想法,教师并没有制止,而是为他们创设了一个宽松的环境支持幼儿的探究行为,材料中教师在幼儿表达各自的观点后,并没有给出具体的意见或建议,而是将幼儿的表现"尽收眼底",并提出了启发性的探究问题"城墙的砖块是怎样摆放的呢",使得每个幼儿既说出了自己的想法,又借助材料进行了表现。

(5)素质教育注重幼儿的探究过程而非结果。从教会幼儿知识转向教会幼儿如何学习,在这个过程中更多地重视游戏的搭建过程,给予幼儿时间和空间进行探索和交流,从重视结果转向更加重视过程,从关注建构游戏的学习到关注游戏中的人即幼儿的发展。

总之,材料中的樊教师做法是值得学习和提倡的,在活动中践行了素质教育的内涵和正确的实施方式。

31.【参考答案】

(1)李老师的做法违背了"关爱学生"的师德要求。"关爱学生"要求教师应关心和爱护全体幼儿,尊重他们的人格,平等公正地对待幼儿,对幼儿要严慈相济,做幼儿的良师益友。材料中,当睿睿在音乐活动中把"两只老虎"改编为"两只花猫"时,李老师没有意识到睿睿的创编能力,而是即刻去制止,甚至对睿睿大吼"你给我出去",把睿睿撵出教室,导致睿睿在门口哭个不停,李老师没有尊重幼儿的人格尊严和合法权益;李老师的恐吓让睿睿学习的高涨情绪变得很失落,没有体现教师对幼儿的爱与尊重,没有真正做到关心爱护幼儿。因此,李老师的行为违背了教师职业道德中"关爱学生"的要求。

(2)李老师的做法违背了"教书育人"的师德要求。"教书育人"是教师的天职,教师在工作中应遵循教育规律,实施素质教育,循循善诱,诲人不倦,因材施教,培养幼儿良好品行,促进幼儿全面发展。材料中,李老师对于睿睿改歌词的行为不但没有进行引导,反而简单粗暴地加以制止,甚至撵出教室,同时第二天在奶奶来找李老师理论时,李老师说:"就是你们这些家长太溺爱孩子,孩子才那么任性!我们对他进行教育,难道不对吗?"将教育幼儿的责任推给了家庭,而忽视了自身作为教师所应肩负的"教书育人"的职责。因此,李老师的言行违背了教师职业道德中的"教书育人"的要求。

(3)李老师的做法违背了"为人师表"的师德要求。"为人师表"要求教师严于律己,语言规范,举止文明,关心集体,团结协作,尊重同事,尊重家长。材料中睿睿的家长来幼儿园找李老师理论,李老师却一味地责怪家长,把幼儿任性的原因全部怪到家长溺爱孩子上,没有尊重家长,违背了"为人师表"的要求。

综上所述,教师应该遵守教师职业道德规范,在教学过程中做到以幼儿为本,关心热爱幼儿,了解幼儿的需要,针对幼儿的表现要做出合理的应答和引导。

32.【参考答案】

(1)① 中华传统经典是中华民族的人文理性、人文价值、人文信仰最集中的体现。

② 中华文明的每一次重要发展,都跟重新回归经典有关系。

(2)① 要重建新的经典体系。从历史传下来的典籍中间挑选、整理出新的经典体系。

② 根据这个时代的需求而重建经典体系。我们要建立合乎当代中华文明复兴的经典体系,不应该局限于历史上的经典。

③ 重建中华经典体系要超越时代,只要是既能够体现中华民族文化内涵又具有普遍性永恒性价值和意义的文献,都可以进入中华经典体系。

④ 要超越学派。儒家典籍仍然是中华新经典体系的主体。但与此同时,我们应该超越学派,从中华民族无限丰富的典籍里,为现代中国人构筑精神家园、为中华文明复兴、为人类文明的发展来建立新的经典体系。

⑤ 根据时代的发展做出合乎我们现代人所需要的创造性诠释。我们要在当代学人、当代中国人和千古圣贤打破时空关系的一种心灵对话中完成回归经典、重建经学的使命。

三、写作题(本大题1小题,50分)

33. 略。

2017年下半年中小学教师资格考试
综合素质试题(幼儿园)参考答案及解析

一、单项选择题(本大题共29小题,每小题2分,共58分)

1.【答案】B。解析:幼儿对自己的评价主要依赖于成人,即将成人的评价作为自我评价的依据。题干中老师对幼儿的作品没有给予恰当的评价,对幼儿的作品不屑一顾,甚至用"难看死了"来形容,挫伤了幼儿创造的热情。显然老师的做法是错误的。故本题选B。

2.【答案】D。解析:幼儿期是儿童自我意识开始发展的时期,在这个时期他们有表现自己的欲望,愿意去做一些力所能及的事情,做事的过程也是他们学习的过程,老师不应该因为小樱平时表现不好就不让小樱有表现自己的机会,而是应该对小樱多加鼓励,帮助她改掉那些不好的习惯。故本题选D。

3.【答案】A。解析:"唐诗三百首"所讲述的内容距离幼儿生活太远,幼儿难以理解,而且该幼儿园在教育方式上又注重详细讲解、认读及听写,这种教育方式不符合幼儿的身心发展水平,幼儿的学习应以直接经验为主,要强调幼儿的真实体验。因此,该幼儿园的做法是错误的,忽略了幼儿教育的生活化原则。故本题选A。

4.【答案】B。解析:游戏是幼儿学习的基本形式,游戏可以促进幼儿同伴关系的建立,当幼儿游戏遇到困难时,需要教师的适时介入。游戏是幼儿自发自主的行为。故本题选B。

5.【答案】A。解析:《中华人民共和国教育法》第九条规定:"中华人民共和国公民有受教育的权利和义务。公民不分民族、种族、性别、职业、财产状况、宗教信仰等,依法享有平等的受教育机会。"故本题选A。

6.【答案】D。解析:《幼儿园工作规程》第三十九条规定:"有犯罪、吸毒记录和精神病史者不得在幼儿园工作。"因此,题干中幼儿园的做法不合法,幼儿园不得聘用有过犯罪记录的宋某担任工作人员。故本题选D。

7.【答案】B。解析:活泼好动是幼儿的天性,教师不能因为害怕幼儿违反纪律而不让其参加活动,教师应该平等地对待每一位幼儿。故本题选B。

8.【答案】D。解析:《幼儿园工作规程》第二十条规定:"幼儿园内禁止吸烟、饮酒。"因此,题干中幼儿教师的做法不合法,幼儿教师不得在幼儿园内的任何区域吸烟。故本题选D。

9.【答案】C。解析:《中华人民共和国教师法》第七条规定,教师享有的权利包括"对学校教育教学、管理工作和教育行政部门的工作提出意见和建议,通过教职工代表大会或者其他形式,参与学校的民主管理"。题干中教师对幼儿园的改革发展建言献策,该教师行使的权利是民主管理权。故本题选C。

10.【答案】B。解析:《学生伤害事故处理办法》第八条规定:"学生伤害事故的责任,应当根据相关当事人的行为与损害后果之间的因果关系依法确定。"《中华人民共和国侵权责任法》第三十八条规定:"无民事行为能力人在幼儿园、学校或者其他教育机构学习、生活期间受到人身损害的,幼儿园、学校或者其他教育机构应当承担责任,但能够证明尽到教育、管理职责的,不承担责任。"《学生伤害事故处理办法》第九条第十款规定:"学校教师或者其他工作人员在负有组织、管理未成年学生的职责期间,发现学生行为具有危险性,但未进行必要的管理、告诫或者制止的。""学校应当依法承担相应的责任。"东东摔伤时,教师正背对幼儿活动区域,没有尽到管理职责,幼儿园应该承担相应的责任。因学校教师或者其他工作人员在履行职务中的故意或者重大过失造成的学生伤害事故,学校予以赔偿后,可以向有关责任人员追偿。故本题选B。

11.【答案】C。解析:《幼儿园工作规程》第二条规定:"幼儿园教育是基础教育的重要组成部分,是学校教育制度的基础阶段。"故本题选C。

12.【答案】A。解析:《国家中长期教育改革和发展规划纲要(2010—2020年)》第三章学前教育中规定:"重点发展农村学前教育。努力提高农村学前教育普及程度。着力保证留守儿童入园。采取多种形式扩大农村学前教育资源,改扩建、新建幼儿园,充分利用中小学布局调整富余的校舍和教师举办幼儿园(班)。发挥乡镇中心幼儿园对村幼儿园的示范指导作用。支持贫困地区发展学前教育。"故本题选A。

13.【答案】D。解析:《幼儿园教师专业标准(试行)》个人修养与行为部分规定幼儿教师要"衣着整洁得体,语言规范健康,举止文明礼貌"。徐老师将头发染成红色,不符合幼儿教师的仪表规范。故本题选D。

14.【答案】C。解析:《中小学教师职业道德规范》第五条规定,教师要"为人师表""坚守高尚情操,知荣明耻,严于律己,以身作则。衣着得体,语言规范,举止文明。关心集体,团结协作,尊重同事,尊重家长。作风正派、廉洁奉公。自觉抵制有偿家教,不利用职务之便谋取私利"。李老师特意拿起幼儿自制的卡片说自己最喜欢这样的礼物,体现了她坚守高尚的情操,不利用职务之便谋取私利的教师职业道德。故本题选C。

15.【答案】A。解析:《中小学教师职业道德规范》第三条规定,教师要"关爱学生""关心爱护全体学生,尊重学生人格,平等公正对待学生"。材料中赵老师当众将部分幼儿的作品丢到废纸篓里,这种做法是不正确的,会伤害及丢作品幼儿的自尊心,A项正确。材料中被赵老师选中画作的孩子不会被打击积极性,所以B项中打击了全体孩子的积极性说法错误,B项错误。教师的行为伤害了被丢作品孩子的自尊心,长此以往,会导致他们再也不愿意画画,C、D两项错误。故本题选A。

16.【答案】B。解析:周老师在幼儿自主游戏时,拿出手机玩微信并给部分幼儿看图片和小视频,在履行职责期间违反相关工作规定,没有对所有幼儿尽到管理职责,容易造成意外事故。故本题选B。

17.【答案】A。解析：1933年考古学家在周口店龙骨山顶部发掘出古人类化石，并命名为"山顶洞人"。元谋猿人发现地点在云南省元谋县上那蚌村。巫山猿人发现地点在重庆市巫山县庙宇镇龙坪村龙骨坡。蓝田猿人发现地点在陕西省蓝田县公王岭。故本题选A。

18.【答案】D。解析：南丁格尔，英国人，是世界上第一个真正的女护士，开创了护理事业。"5·12"国际护士节设立在南丁格尔的生日这一天，就是为了纪念这位近代护理事业的创始人。故本题选D。

19.【答案】B。解析：基因工程是以分子遗传学为理论基础，以分子生物学和微生物学的现代方法为手段，将不同来源的基因按预先设计的蓝图，在体外构建杂种DNA分子，然后导入活细胞，以改变生物原有的遗传特性，获得新品种、生产新产品。DNA是生物的主要遗传物质，基因是具有遗传效应的DNA片段，所以基因工程又称为遗传工程。故本题选B。

20.【答案】A。解析："馒头云"，气象学上叫淡积云，是指天空中散布着一朵朵孤立的白云，云体边界分明，具有清晰的水平底面，顶部呈较扁平的圆弧形。如果到了下午，这种云仍孤立地只在天脚边出现，没有发展成大块的云，表明局部地区的热力对流不旺盛，大气比较稳定，云不能再发展，预兆天气将保持晴朗。随着太阳的热力作用减弱，淡积云也就逐渐地消散了。所以，第二天"晴天无雨日又煎"。根据谚语得知馒头云在天脚边，比较低，而且形状很像馒头。从四个选项的图形上判断，只有A选项中的云像馒头。故本题选A。

21.【答案】A。解析：光在传播过程中与物质相互作用而使光的性质发生了某些变化，此时光作为信息的载体分别反映了物质对光的吸收、折射和反射等能力，而吸收、折射等现象正是光和物质相互作用的结果。所以不是光与物质相互作用结果的是直射。故本题选A。

22.【答案】D。解析：美术片主要运用绘画或其他造型艺术的形象(人、动物或其他物体)来表现艺术家的创作意图，是一门综合艺术。纪录片是描写、记录或者研究现实世界的电影。科教片全称"科学教育片"，是传输科学文化知识、推广先进技术经验、传授工艺方法，为广大群众的生产生活、工作学习等服务的电影类别。故事片是运用影像和声音等手段进行叙事的电影作品。故本题选D。

23.【答案】A。解析：山岳台，又称观象台，是古代西亚人崇拜山岳、崇拜天体，观测星象的塔式建筑物。故本题选A。

24.【答案】B。解析：步打是起源于我国古代的马球运动，其起源时间及方式存在多种说法，时间上晚于先秦时期，A项不符合题干要求。蹴鞠是我国古代传统的球类体育项目，文献记载最早见于《史记·扁鹊仓公列传》，可知蹴鞠在战国时期就已出现。宋代又出现了蹴鞠组织与蹴鞠艺人，B项符合题干要求。跳丸是杂技艺人用手熟练而巧妙地抛接弄丸铃的一种游戏，在春秋战国时期就已流行，秦汉时期尤为盛行，不符合题干中"宋代尤为兴盛"的要求，C项不符合题干要求。角抵是一种类似现在摔跤、相扑一类的两两较力的活动，角抵起源于上古时期，到了秦汉时期，角抵活动非常盛行，发展成为一种带有一定表演成分的游戏活动，D项不符合题干要求。故本题选B。

25.【答案】C。解析：该诗是一首托物言志诗，诗名为《石灰吟》。作者以石灰做比喻，表达自己为国尽忠、不怕牺牲的意愿和坚守高洁情操的决心。因此该诗句吟咏的对象是石灰。由关键词"清白"可排除D项，由"粉身碎骨"可排除A、B两项。故本题选C。

26.【答案】B。解析：在Word文档中单击图片即选中该图片。故本题选B。

27.【答案】C。解析：在PowerPoint中插入新幻灯片时，采用已经选定的设计模板。故本题选C。

28.【答案】B。解析：前两项和减去6等于第三项，7+8-6=9,8+9-6=11,9+11-6=(14),11+(14)-6=19。故本题选B。

29.【答案】D。解析：设p=学会分享,q=感受到更多的快乐,则题干命题为非p→非q。根据充分条件假言命题推理规则，否定后件推出否定前件，可得q→p，即p是q的必要条件，即题干命题与"只有学会分享，才能感受更多的快乐"等值。B选项为p→q，只依据题干条件，无法判断其正误。故本题选D。

二、材料分析题(本大题共3小题,每小题14分,共42分)

30.【参考答案】

张老师的做法不正确，违背了育人为本的儿童观的要求。

(1) 育人为本的儿童观要求教师要认识到儿童是学习的主体，是具有能动性的教育对象。儿童是受教育的对象，但儿童在受教育过程中并不是对教师的完全盲从，而是具有在教育活动中的主观能动性和自我教育的可能性。材料中，张老师提问小朋友牌子上的字念什么时，当江江回答后，张老师放弃与其他小朋友一起探索，没有意识到他们是学习的主体。

(2)育人为本的儿童观认为儿童具有独特性,儿童是独一无二的人,每个儿童身心发展的速度各不相同,要求教师应当将儿童看成独特的个体,因材施教,促进儿童全面发展。材料中,在江江回答出问题后,张老师没有关注儿童之间的个体差异,对于其他儿童"无反应"的现象并没有做出针对性教育,而是让他们自己看电视屏幕认字。张老师没有从儿童的需求出发,忽视儿童的个性发展特征。

(3)育人为本的儿童观认为儿童具有巨大的发展潜能,教师应相信每个儿童都是可以积极成长的,应对教育好每一位儿童充满信心。材料中,当小朋友普遍不认识汉字"教育类"时,教师仅让江江回答时,就快速地放弃了图书分类活动。张老师对于不认字的儿童没有表现出足够的耐心,也没有利用其他教学方法进行引导。她没有看到儿童身上的巨大潜力,忽视了儿童是发展中的人。

综上,张老师的教育行为不利于儿童的全面发展。我们在教育过程中,应以儿童为本,尊重儿童在教育过程中的主体地位,以发展的眼光看待每一位儿童,相信每位儿童具有发展潜力,最终促进儿童个性化发展。

31.【参考答案】
案例中的林老师的表现,违背了"关爱学生""教书育人"的教师职业道德。
(1)林老师有关爱学生的意识,但并没有真正做到关爱学生。
"关爱学生"要求教师应关心和爱护全体幼儿,尊重他们的人格,平等公正对待幼儿,对幼儿要严慈相济,做幼儿的良师益友。
材料中林老师能够发现小熙与浩浩在活动中的异常,关注小熙的情绪且安抚她,把两个小朋友的手放到一起,鼓励他们重新游戏的做法体现了林老师具有关爱幼儿的意识,但林老师没有从根本上解决问题,没有做到关注幼儿心理情感的变化,没有考虑到小熙特殊的成长环境对其心理产生的影响,反而认为幼儿太敏感、太内向,没有真正做到关心爱护幼儿。
(2)林老师的做法违背了"教书育人"的师德要求。
"教书育人"是教师的天职,教师在工作中应遵循教育规律,实施素质教育,循循善诱,诲人不倦,因材施教,培养幼儿良好品行,促进幼儿全面发展。
材料中林老师虽能够简单地协调小熙与其他幼儿间的矛盾,却对小熙由于特殊生长环境所造成的性格问题熟视无睹,在小熙离园时对小熙的外婆说:"小熙这孩子什么都好,就是太内向,太敏感了,回去您好好说说她吧。"将教育幼儿的责任推给了外婆,而忽视了自身作为教师所应肩负的"教书育人"的职责。因此,林老师的言行违背了教师职业道德中的"教书育人"的师德要求。

32.【参考答案】
(1)"如来佛的掌心"喻指一种无所不能的社会规范,指的是社会规律、正常的文化秩序;没有人能有绝对的自由自在,一旦违反规律和秩序就将受到惩罚。
(2)文章通过孙悟空的"成长"过程来表现他从一个"原生态"的人演变为"个人欲望极端膨胀"的人。
① 原本是"原生态的人"的石猴,发现自己生活的环境太狭隘了,想拥有更大的空间和世界,就去寻仙问道,有了种种法力,突破了空间的限制。
② 到阎罗殿,把自己的名字从生死簿中勾掉,摆脱了生死,突破了时间的限制。
③ 上了天庭之后,他的精神自由被唤醒,开始追求名利。由于知道"弼马温"只是个小官职,于是要求官封"齐天大圣",最后提出"皇帝轮流做,明年到我家"的极端口号。
由此可见,社会教给孙悟空知识的过程就是他个人的欲望不断膨胀的过程。
但孙悟空之所以最终又能成为"斗战胜佛",是因为他在受到了社会的惩罚之后,能够融入社会之中,保护唐僧历经九九八十一难取到真经,在困难之中仍旧追求自由、追求平等、追求成功的人生意义。

三、写作题(本大题1小题,50分)

33.略。

2017年上半年中小学教师资格考试
综合素质试题(幼儿园)参考答案及解析

一、单项选择题(本大题共29小题,每小题2分,共58分)

1.【答案】D。解析:老师通过引导幼儿比赛"帮助小橘子脱衣服"来锻炼幼儿能自己剥橘子的能力,体现了其善于培养幼儿初步的生活自理能力。故本题选D。

2.【答案】C。解析：赵老师邀请不太合群的幼儿参与游戏,体现了其在教育活动过程中关注了每个幼儿的发展,赵老师的行为是恰当的。故本题选C。

3.【答案】B。解析：李老师通过趣味性的语言来要求幼儿在吃饭的时候不要说话,起到了事半功倍的作用。故本题选B。

4.【答案】A。解析：幼儿教师创设环境的能力包括创设物质环境的能力和创设精神环境的能力。创设物质环境的能力包括利用户内空间的能力、投放游戏材料的能力、利用墙饰的能力、利用户外空间的能力。题干内容体现了郑老师投放游戏材料的能力。故本题选A。

5.【答案】D。解析：《中华人民共和国民法通则》第一百○一条规定："公民、法人享有名誉权,公民的人格尊严受法律保护,禁止用侮辱、诽谤等方式损害公民、法人的名誉。"《中华人民共和国未成年人保护法》第四条规定："尊重未成年人的人格尊严。"张某因为明明是个幼儿而无视其人格尊严,在同班小朋友们的面前辱骂和恐吓明明,造成对其名誉的贬损,侵犯了明明的名誉权,给明明造成了一定精神上的伤害。故本题选D。

6.【答案】D。解析：《幼儿园工作规程》第六十一条规定："幼儿园应当接受上级教育、卫生、公安、消防等部门的检查、监督和指导,如实报告工作和反映情况。"选项A正确。幼儿园应维护幼儿的合法权益,选项C正确。《中华人民共和国办教育促进法》第十九条规定："民办学校的举办者可以自主选择设立非营利性或者营利性民办学校。但是,不得设立实施义务教育的营利性民办学校。"选项B正确。《幼儿园工作规程》第四十七条规定："幼儿园收费按照国家和地方的有关规定执行。"选项D错误。故本题选D。

7.【答案】A。解析：最高人民法院《关于贯彻执行〈中华人民共和国民法通则〉若干问题的意见(试行)》第一百六十条规定："在幼儿园、学校生活、学习的无民事行为能力人……受到伤害或者给他人造成损害,单位有过错的,可以责令这些单位适当给予补偿。"据此,幼儿在幼儿园依法组织的活动中受到伤害,幼儿园需要承担相应的赔偿责任。故本题选A。

8.【答案】A。解析：《中华人民共和国教师法》第三十七条规定："教师有下列情形之一的,由所在学校、其他教育机构或者教育行政部门给予行政处分或者解聘：(一)故意不完成教育教学任务给教育教学工作造成损失的；(二)体罚学生,经教育不改的；(三)品行不良、侮辱学生,影响恶劣的。"故本题选A。

9.【答案】B。解析：《幼儿园工作规程》第十条规定："幼儿入园前,应当按照卫生部门制定的卫生保健制度进行健康检查,合格者方可入园。"第二十六条规定："幼儿一日活动的组织应当动静交替,注重幼儿的直接感知、实际操作和亲身体验,保证幼儿愉快的、有益的自由活动。"第二十三条规定："在正常情况下,每日户外体育活动不得少于1小时。"第十一条规定："幼儿园可以按年龄分别编班,也可以混合编班。"B项中"以动为主"的说法错误,故本题选B。

10.【答案】D。解析：肖像权是指人对自己的肖像享有再现、使用并排斥他人侵害的权利。恶意毁损、玷污、丑化公民的肖像,或利用公民肖像进行人身攻击等,属于侵犯肖像权的行为。故本题选D。

11.【答案】B。解析：社会保护是指社会应当树立尊重、保护、教育未成年人的良好风尚,关心、爱护未成年人。题干内容体现的是社会对未成年人的保护。故本题选B。

12.【答案】A。解析：《国家中长期教育改革和发展规划纲要(2010—2020年)》第(六)条指出："建立政府主导、社会参与、公办民办并举的办园体制。"A项中"民办为辅"的说法,错误,故本题选A。

13.【答案】C。解析：范老师因为被家长投诉而遭受到园长的批评,憋了一肚子火,并把火气发泄到了幼儿的身上,体现了范老师缺乏相应的心理调适能力。故本题选C。

14.【答案】B。解析：教师应该关注每一位幼儿的发展,针对兵兵孤僻的情况,教师应引导其他幼儿多和兵兵交往,帮助兵兵融入群体。故本题选B。

15.【答案】A。解析：团结协作是新时期教师专业素养的要求,表现在教师之间为互相尊重,互相帮助,以学校的工作和学生的发展为大局,建立和谐的人际关系。经常担任各类大赛评委的谢老师拒绝缺乏参赛经验的唐老师的多次请教,说明其不注重同事间的团结协作。故本题选A。

16.【答案】D。解析：夏老师的做法侮辱了可可的人格。故本题选D。

17.【答案】D。解析："法老"是古埃及国王的尊称。故本题选D。

18.【答案】C。解析：阿拉伯人通过"丝绸之路"把中国的古代发明辗转传入西亚和欧洲等地,成为中西方文化交流的使者。故本题选C。

19.【答案】C。解析：人体的血管分为动脉、静脉和毛细血管三种。动脉是由心室发出的血管,把血液从心脏送往全身各处;静脉是把血液从全身各处送回心房的血管;毛细血管是连接微动脉和微静脉的血管。故本题选C。

— 13 —

20.【答案】C。解析：金丝雀是食谷鸟类,嘴的形状为圆锥状；鹦鹉爱好坚果,嘴较为厚重；鹭鸶是水性鸟类,嘴是细长状,以便在水中捕食；鹰嘴带尖钩,有利于撕咬。A项为金丝雀,B项为鹦鹉,C选项为鹭鸶,D选项为老鹰。故本题选C。

21.【答案】A。解析：玻璃没有固定的熔点,是一种混合物,主要成分是硅酸盐、二氧化硅等,不属于晶体。故本题选A。

22.【答案】B。解析：音域指某人声或乐器所能达到的最低音至最高音的范围。音程指两个音级在音高上的相互关系,就是指两个音在音高上的距离,其单位名称叫作度。声音的高低叫作音调。音阶就是以全音、半音以及其他音程顺次排列的一串音。故本题选B。

23.【答案】A。解析：两者影像获取的装置相同,都是通过镜头等光学元件来获取影像；记录的方式不同,胶片相机通过胶片感光发生化学变化来记录影像,数码相机通过感光器件将光信号转变为数字信号来记录影像；存储介质不同,胶片相机是通过胶片存储,数码相机通过存储器存储；影像呈现形式不同,胶片相机通过对胶片化学处理成像,数码相机通过计算机处理,将数字信号通过输出设备成像。故本题选A。

24.【答案】A。解析：《庄子》为道家经典之一,唐代之后亦称为《南华经》或《南华真经》。故本题选A。

25.【答案】C。解析：《黑猫警长》是中国的国产动画片。故本题选C。

26.【答案】B。解析：Word中的"项目符号"可以自定义为圆圈、方框、符号等多种字符,可通过"定义新项目符号"完成对项目符号的设置。文档会在段落的前面添加项目符号,增强文档的可读性。故本题选B。

27.【答案】D。解析：幻灯片是演示文稿的基本构成单元,每张幻灯片可以包括文字、图片、声音、视频、图表、动画效果等。故本题选D。

28.【答案】C。解析：第一项－第二项＋3＝第三项,依次类推,36－24＋3＝15,24－15＋3＝12,15－12＋3＝(6),12－(6)＋3＝9。故本题选C。

29.【答案】D。解析：本题考查假言命题,题干给出的是必要条件假言命题,转化成等值的充分条件假言命题,前件与后件互换,应是"如果要被别人理解,就得去理解别人",跟D选项的意思一致。故本题选D。

二、材料分析题(本大题共3小题,每小题14分,共42分)

30.【参考答案】

姜老师的做法是正确的,符合素质教育观的教育理念。

首先,姜老师的行为体现了素质教育促进幼儿全面发展的理念。全面发展强调把幼儿园办成人人讲道德、处处见精神的家园,开启智慧、丰富知识的学园,提高体质、增强体魄的乐园。材料中,姜老师从幼儿往滑梯上吐唾沫的行为出发,在大家面前渗透品德教育,体现了素质教育促进全体幼儿全面发展。

其次,姜老师的行为体现了素质教育尊重幼儿主体性和主动精神,注重开发人的智慧潜能,注重形成人的健全个性。材料中,姜老师针对幼儿的行为没有直接地批评指责,而是因势利导,让幼儿自己认识到错误并加以改正,培养幼儿良好的道德,做到了尊重幼儿主体性和主动精神。

总之,姜老师的教育行为做到了面向全体幼儿、促进幼儿全面发展和尊重幼儿主体性和主动精神,值得每一名教师学习。

31.【参考答案】

李老师的行为符合教师职业道德的相关要求,值得我们学习。

第一,李老师的行为符合教师职业道德"教书育人"的要求。教书育人要求教师遵循教育规律,实施素质教育。材料中,李老师对涛涛的行为,并不是简单粗暴地制止,而是认真引导并教育学会和其他小朋友分享,促进了幼儿身心的全面健康发展。

第二,李老师的行为符合教师职业道德"关爱学生"的要求。关爱学生要求教师关心爱护全体学生,尊重学生人格,平等公正对待学生。材料中,李老师面对涛涛的"自我中心"和任性,注意引导涛涛先去拼图,再玩积木,这种行为体现了对幼儿的关心和爱护,真正做到了幼儿的良师益友。

总之,李老师的行为真正实现了注重每一个孩子的发展,是我们学习的榜样。

32.【参考答案】

(1)起源阶段：图灵从数理逻辑上为人工智能用上"机械大脑"开创了理论先河,同时提出了一种判定机器是否具有智能的测试方法；维纳抓住了人工智能的核心——反馈；麦卡锡发明了人工智能这一术语——AI,并从学术角度进行了严肃而精专的研究。

第一个黄金时期：在问题求解、语言处理方面取得了一些进展；1980年,其商用价值被广泛接受,企业订单增多,全面的研究开始复苏。

20世纪90年代,神经网络技术的发展,AI技术开始进入平稳发展时期；Hinton在神经网络的深度学习领域取得突破。并在2013年引爆商业革命,众多科技公司加入人工智能产品战场。

（2）① 人工智能随着技术的发展,在商业领域引爆革命,互联网科技巨头和初创科技公司纷纷加入人工智能的战场,得到了大众的广泛接受,架起了现代文明与未来文明的桥梁。小到我们的日常生活,大到各行各业科技的发展,人工智能都将掀起革新狂潮。

② 人工智能时代,是一个前所未有的崭新时代,我们的生活会发生巨大的转变,这也是人类生活的一个巨大转机。但是人工智能必须有它的界限。如果肆无忌惮地发展下去,转机会变成危机。所以,各国政府和国际社会应当对人工智能研究进行合理监管,确保最前沿的研究不会失控,不会对人类造成毁灭性的危害。

三、写作题（本大题1小题,50分）

33. 略。

2016年下半年中小学教师资格考试
综合素质试题（幼儿园）参考答案及解析

一、单项选择题（本大题共29小题,每小题2分,共58分）

1. 【答案】B。解析：教师通过示范性的动作展示让孩子能理解故事内容,引起孩子们争相效仿,体现了教师劳动示范性的特点。故本题选B。

2. 【答案】A。解析：题干表格中体现的是精细动作按顺序不断发展,经历一个有序发展的过程,呈现出精细动作的整体发展顺序,先前的较低级的发展是后来较高级发展的前提,体现了幼儿的发展具有连续性。故本题选A。

3. 【答案】D。解析：题干中胡老师针对家庭教育的不当之处及时进行了有针对性的教育,是正确的,遵循了教育的适时性原则。故本题选D。

4. 【答案】C。解析：幼儿园老师为了让幼儿专心用餐,可以用正面引导的方法,让幼儿投入到用餐的活动中去,最正确恰当的是"我看看谁吃的香"。A选项和D选项不符合教育的原则,B选项吃得快不利于幼儿的健康。故本题选C。

5. 【答案】C。解析：幼儿园公布学生的体检报告,侵害了幼儿的隐私权。幼儿依法享有隐私权,成人不能因为其缺乏某种权利意识,就侵犯其权利。故本题选C。

6. 【答案】D。解析：根据题干当中的表述,小明和小刚在玩滑梯,教师在教室内,教师未尽到管理的责任,所以幼儿园应该负相关责任。小明推了一下小刚,致使小刚受伤,小明的监护人也应当承担一定责任。故本题选D。

7. 【答案】C。解析：A选项为学校保护；B选项为家庭保护；D项是针对违法犯罪的未成年人,属于司法保护。故本题选C。

8. 【答案】A。解析：《中华人民共和国教育法》第四条规定："教育是社会主义现代化建设的基础,国家保障教育事业优先发展。"故本题选A。

9. 【答案】D。解析：《中华人民共和国未成年人保护法》第二章"家庭保护"第十条规定："父母或者其他监护人应当创造良好、和睦的家庭环境,依法履行对未成年人的监护职责和抚养义务。"图片中母亲的言行不利于孩子的健康成长,没有为孩子提供良好的家庭教育环境。故本题选D。

10. 【答案】A。解析：《中华人民共和国教师法》第十四条规定："受到剥夺政治权利或者故意犯罪受到有期徒刑以上刑事处罚的,不能取得教师资格；已经取得教师资格的,丧失教师资格。"教师张某被判处有期徒刑,将丧失教师资格。故本题选A。

11. 【答案】B。解析：根据《中华人民共和国教师法》第三十六条规定："对依法提出申诉、控告、检举的教师进行打击报复的,由其所在单位或者上级机关责令改正;情节严重的,可以根据具体情况给予行政处分。国家工作人员对教师打击报复构成犯罪的,依照刑法第一百四十六条的规定追究刑事责任。"题干中园长致使钱某重伤,应该负刑事责任。故本题选 B。

12.【答案】B。解析:《国家中长期教育改革和发展规划纲要(2010—2020 年)》提出:"坚持以人为本、全面实施素质教育是教育改革发展的战略主题,是贯彻党的教育方针的时代要求,其核心是解决好培养什么人、怎样培养人的重大问题,重点是面向全体学生、促进学生全面发展,着力提高学生服务国家服务人民的社会责任感、勇于探索的创新精神和善于解决问题的实践能力。"故本题选 B。

13.【答案】C。解析:张老师的行为不恰当,幼儿之间发生矛盾,老师应该先了解清楚原因,根据事情原因进行针对性的教育。故本题选 C。

14.【答案】A。解析:针对幼儿尿床的问题,教师应该积极跟家长沟通,了解其尿床的原因,与家长商讨解决办法。故本题选 A。

15.【答案】D。解析:终身学习是教师专业发展的不竭动力,进修培训是教师的一项权利,不断提高教育教学业务水平也是教师的义务,所以李老师应当参加培训,提升自己的教学水平。故本题选 D。

16.【答案】B。解析:分发剩下的礼物属于幼儿园财产,需要上交幼儿园统一处理。廉洁从教是教师职业道德规范的要求,为人师表要求教师要做到作风正派、廉洁奉公,不利用职务之便谋求私利。故本题选 B。

17.【答案】C。解析:公元前 12 世纪初,腓尼基达到极盛时期。腓尼基人善于航海与经商,在全盛期曾控制了西地中海的贸易。故本题选 C。

18.【答案】D。解析:李约瑟是英国近代生物化学家和科学技术史学家,其所著《中国科学技术史》对现代中西文化交流影响深远。莫塞莱是英国物理学家,原子序数的发现者。布拉格是英国著名物理学家,通过对 X 射线谱的研究,建立了布拉格公式(布拉格定律),提出晶体衍射理论,并改进了 X 射线分光计。达尔文是英国生物学家,进化论的奠基人,其出版的《物种起源》,提出了生物进化论,从而摧毁了各种唯心的神造论以及物种不变论。故本题选 D。

19.【答案】B。解析:电影采取 24 格/秒的放映速度是历史因素决定的。24 格/秒是拍摄速度,在放映时会通过放映机的片门遮挡装置,在银幕上以(24 格画面+24 格黑场)/秒的速度进行放映。简单说就是通过人眼的"视觉暂留"现象,完成流畅影像的重放。故本题选 B。

20.【答案】A。解析:金丝雀是食谷鸟类,嘴的形状为圆锥状;鹦鹉爱好坚果,嘴较为厚重;鹭鸶是水性鸟类,嘴是细长状,以便在水中捕食;鹰嘴带尖钩,有利于撕咬。A 选项为金丝雀,B 选项为鹦鹉,C 选项为鹭鸶,D 选项为老鹰。故本题选 A。

21.【答案】B。解析:保持过山车的运动状态的是惯性。过山车到达最下端时,其势能全部转化为动能,过山车具有最大的速度,惯性使它保持运动状态,但是由于阻力,速度慢慢地变小。A 选项,过山车在最低点处势能最小,排除。C 选项,加速度跟坡度有关,在最陡的地方最大,爬坡过程中加速度为负值,方向与速度方向相反,排除。D 选项,初速度是在高处最初的速度值,排除。故本题选 B。

22.【答案】A。解析:和声是两个以上不同的音按一定的法则同时发声而构成的音响组合。合唱指集体演唱多声部声乐作品的艺术门类,常有指挥,可有伴奏或无伴奏。合奏是指许多乐器分别按不同声部演奏同一首乐曲。齐奏指两个或两个以上演奏者,用相同的乐器,按同度或八度音程关系同演奏一曲调,如二胡齐奏、小提琴齐奏等。故本题选 A。

23.【答案】C。解析:钟乳石,是指碳酸盐岩地区洞穴内在漫长地质历史中和特定地质条件下形成的石钟乳、石笋、石柱等不同形态碳酸钙沉淀物的总称。碳酸钙沉淀形成自上而下像悬钟那样的长条形或乳状沉淀物称为石钟乳;当石钟乳下部的水滴到洞底,碳酸钙沉淀则形成竹笋状的突起,称为石笋;当石钟乳和石笋不断发展,最后会连接起来而成为石柱。故本题选 C。

24.【答案】A。解析:图中儿童手拿乾坤圈,身披混天绫,脚踩风火轮,是哪吒形象。故本题选 A。

25.【答案】D。解析:《红楼梦》是清朝时期曹雪芹所著的章回体小说。明朝四大章回体小说是罗贯中的《三国演义》、施耐庵的《水浒传》、吴承恩的《西游记》、兰陵笑笑生的《金瓶梅》。故本题选 D。

26.【答案】B。解析:文档中页眉页脚区域可以插入页码,A 选项正确。文档的左右页边距可以插入页码,B 选项错误。在页码设置中,可通过勾选"首页显示页码"实现首页显示页码,不勾选"首页显示页码"实现首页不显示页码,C 选项正确。可通过"奇偶页不同"分别设置奇数页和偶数页,D 选项正确。故本题选 B。

27.【答案】D。解析:对幻灯片中某对象建立超链接时要添加超链接点和动作按钮。故本题选 D。

28.【答案】A。解析:前两项之和加 3 等于第三项,以此类推,2+4+3=9,4+9+3=16,9+16+3=(28),

16

16+(28)+3=47。故本题选 A。

29.【答案】B。解析：题干所述是一个"只有……才……"的必要条件假言命题，意思是如果做不到，就想不到。根据假言命题推理规则，否后推否前，得到想到推出做到。故本题选 B。

二、材料分析题(本大题共3小题,每小题14分,共42分)

30.【参考答案】

白老师的做法是正确的，符合素质教育的基本要求。

首先，素质教育要求面向全体学生，素质教育不是只注重个别人或者一部分人，而是促进每一位学生的发展。材料中，白老师没有因为小锴腼腆不爱说话就忽视对他的培养，而是积极关注小锴的成长，并夸赞小锴说话的声音很好听。白老师关注班级内每一位学生的成长。

其次，素质教育是促进学生个性发展的教育。素质教育要求承认学生与学生之间存在差异性，材料中，白老师针对小锴说话声音好听的特点，鼓励小锴多进行表达，做到了因材施教，使小锴得到了充分的发展。

再次，素质教育是促进学生全面发展的教育。素质教育要求促进学生各方面的发展，材料中，白老师关注小锴各个方面的发展，并且跟小锴的家长加强联系，发挥教育合力的作用。

最后，白老师从关注学科转向关注人，关注小锴的情绪生活和情感体验，关注小锴的人际交往和人格养成，更加反映出素质教育的相关要求。

31.【参考答案】

材料中钟老师的行为遵循了关爱学生、爱岗敬业的职业道德规范，违背了为人师表的职业道德规范。

第一，钟教师的做法体现了"关爱学生"的职业道德规范。关爱学生指的是在教育过程中要关心爱护学生，不体罚、变相体罚学生，对学生严慈相济。材料中，钟老师面对个别孩子哭闹不止的情况，改变了发脾气的坏习惯，采用细心安抚的方法去教育学生。

第二，钟老师的做法体现了"爱岗敬业"的职业道德规范。爱岗敬业要求教师忠诚于人民教育事业，勤恳敬业，乐于奉献，对工作高度负责。材料中，钟老师面对工作认真负责，最终找到办法解决了孩子啼哭不止的问题。

第三，钟教师的做法违背了"为人师表"的职业道德规范。为人师表指的是在教育过程中，教师应该以身作则、为人师表、廉洁从教，不利用职务之便谋取私利。材料中钟老师在教师节收取了家长的购物卡和礼品，不符合为人师表、廉洁从教的相关要求。

总之，作为一名人民教师。必须从工作的每个细节出发，既履行好自己的工作职责，以关爱之心对待学生，也要做到为人师表。

32.【参考答案】

(1)郑振铎译的《新月集》"忠实"的特点体现在：尊重了印度的时代背景；体现了泰戈尔的哲学思想；再现了泰戈尔诗文意境。

(2)信：忠实于原文，逐字逐句翻译。从文中多处做定语的"的"字便可看出。达：在忠实于原文的基础上，加入一些连词等使语句通畅自然。雅：在做到达之后不仅仅限于语句上的通顺自然，更要使翻译出来的语句生动优美，并深刻理解其中的寓意。从举例说明的"天空里突然升起了一个男孩子的尖锐的歌声，他穿过看不见的黑暗，留下他的歌声的辙痕跨过黄昏的静谧"("家庭")，可以体现出达和雅的"境界"。

三、写作题(本大题1小题,50分)

33. 略。

2016年上半年中小学教师资格考试
综合素质试题(幼儿园)参考答案及解析

一、单项选择题(本大题共29小题,每小题2分,共58分)

1.【答案】C。解析：题干要求培养幼儿的想象力，想象力是建立在已有表象基础之上的心理现象，所以先观察蝴蝶,获得表象,才能为想象奠定基础。只有选项C能够体现培养幼儿的想象力。故本题选C。

2.【答案】D。解析:《幼儿园教师专业标准》的基本理念有以"幼儿为本",其具体要求是:"尊重幼儿权益,以幼儿为主体,充分调动和发挥幼儿的主动性;遵循幼儿身心发展特点和保教活动规律,提供适合的教育,保障幼儿快乐健康成长。"A、B、C均符合以"幼儿为本"的理念。故本题选D。

3.【答案】D。解析:在与幼儿相处的过程中,吴老师全身心地关注幼儿,与幼儿积极地互动,这些行为体现了吴老师对幼儿的尊重。故本题选D。

4.【答案】A。解析:针对男孩有意将小便洒在便池外这种不良的生活习惯,王老师通过在便池合适的位置画上花朵,让男孩给花朵浇水的形式来调动幼儿的兴趣。可见,王老师是利用游戏的趣味性来纠正幼儿的不良生活习惯。故本题选A。

5.【答案】D。解析:《国家中长期教育改革和发展规划纲要(2010—2020年)》中明确提出要"重点发展农村学前教育。努力提高农村学前教育普及程度。"故本题选D。

6.【答案】B。解析:《儿童权利公约》第六条规定:"缔约国确认每个儿童均有固有的生命权。缔约国应最大限度地确保儿童的存活与发展。"故A、C说法正确。第三条规定:"缔约国承担确保儿童享有其幸福所必需的保护和照料,考虑到其父母、法定监护人或任何对其负有法律责任的个人的权利和义务,并为此采取一切适当的立法和行政措施。"D项说法正确。故本题选B。

7.【答案】A。解析:《幼儿园工作规程》第五十六条规定"幼儿园实行园长负责制",园长是幼儿园的法定代表人。故本题选A。

8.【答案】D。解析:《中华人民共和国教师法》第三十九条规定:"教师对学校或者其他教育机构侵犯其合法权益的,或者对学校或者其他教育机构作出的处理不服的,可以向教育行政部门提出申诉,教育行政部门应当在接到申诉的三十日内,作出处理。"故本题选D。

9.【答案】C。解析:《中华人民共和国未成年人保护法》第三十八条规定:"任何组织或者个人不得招用未满十六周岁的未成年人,国家另有规定的除外。"故本题选C。

10.【答案】B。解析:本题中洋洋是画的著作权人,享有获得报酬权,稿酬应该归其所有。洋洋的父母是其监护人,可以管理稿酬,但所有权仍归洋洋所有。故本题选B。

11.【答案】B。解析:《中华人民共和国侵权责任法》第三十八条规定:"无民事行为能力人在幼儿园、学校或者其他教育机构学习、生活期间受到人身损害的,幼儿园、学校或者其他教育机构应当承担责任,但能够证明尽到教育、管理职责的,不承担责任。"对于幼儿(通常为无民事行为能力人),其在幼儿园学习生活期间受到人身损害的,法律实行过错推定责任,即法律推定由幼儿园承担责任。幼儿园要想免责,只能证明自己已尽到教育、管理职责。故本题选B。

12.【答案】A。解析:游戏是幼儿的基本活动形式,所以题干中的幼儿园的做法错误。故本题选A。

13.【答案】B。解析:《中小学教师职业道德规范》要求教师要"廉洁奉公",所以马老师应该在表达谢意的同时,把钱还给学生家长。故本题选B。

14.【答案】C。解析:《幼儿园教师专业标准》要求幼儿教师要"终身学习",具体要求是"学习先进学前教育理论,了解国内外学前教育改革与发展的经验和做法;优化知识结构,提高文化素养;具有终身学习与持续发展的意识和能力,做终身学习的典范。"题干中的胡老师的做法没有体现"终身学习"的理念,不重视自身专业素质的提高,属于盲目贡献。故本题选C。

15.【答案】C。解析:幼儿园教师要与家长加强沟通,发挥自己的学业专长,对家庭教育给予指导,共同形成教育合力,促进幼儿全面发展。故本题选C。

16.【答案】A。解析:心理调适是使用科学的方法对认知、情绪、意志、意向等心理活动进行调整,以保持或恢复正常状态的实践活动。由题干可知,题干中的张老师缺乏心理调适能力。故本题选A。

17.【答案】C。解析:秦始皇建立了我国历史上第一个中央集权制的国家——秦,其首都在今陕西咸阳。故本题选C。

18.【答案】B。解析:1937年12月13日,侵华日军在中国南京开始对中国同胞实施长达四十多天惨绝人寰的大屠杀,三十多万人惨遭杀戮,制造了震惊中外的南京大屠杀惨案。2014年2月25日,十二届全国人大常委会第七次会议决议,拟将12月13日设立为南京大屠杀死难者国家公祭日,这也是我国的首个公祭日。故本题选B。

19.【答案】C。解析:张衡是我国东汉时期的伟大科学家。他发明制造的地动仪,是世界上最早测定地震方位的仪器。祖冲之在刘徽开创的探索圆周率的精确方法的基础上,首次将"圆周率"精算到小数第七位。宋应星的著作《天工开物》被誉为"中国17世纪的工艺百科全书"。蔡伦的造纸术被列为中国古代"四大发明"。故本题选C。

20.【答案】D。解析：《齐民要术》是我国杰出农学家贾思勰所著的一部综合性农学著作。故本题选D。

21.【答案】B。解析：两表酬三顾(上联)，一对足千秋(下联)，是"三顾堂"正门的对联。上联是说诸葛亮的前、后两个《出师表》酬答了刘备三顾茅庐的情谊，下联是说诸葛亮的《隆中对》足以流传千秋万世而不朽。故本题选B。

22.【答案】C。解析：韩愈、柳宗元是"唐宋八大家"的重要成员，也是唐代古文运动的倡导者，他们主张废弃六朝以来华而不实的骈俪文，而创作内容充实、形式自由的散文。故本题选C。

23.【答案】C。解析：两栖动物包含有两种含义：一是从脊椎动物的演变历史来看，两栖动物是从水生开始向陆生过渡的一个类群；二是从两栖动物的个体发育来看，它们的幼体生活在水中，用鳃呼吸，成体则生活在陆地上，也可以生活在水中，主要用肺呼吸，兼用皮肤辅助呼吸。青蛙、蟾蜍和大鲵等动物具有以上特点，因而被称为两栖动物。故本题选C。

24.【答案】B。解析：马铃薯属于茄科多年生草本植物，块茎可供食用，是全球第三大重要的粮食作物。故本题选B。

25.【答案】A。解析：张旭以草书著名，被誉为"草圣"，张旭三杯酒醉后，豪情奔放，绝妙的草书就会从他笔下流出。他无视权贵的威严，在显赫的王公大人面前，脱下帽子，露出头顶，奋笔疾书，自由挥洒，笔走龙蛇，字迹如云烟般舒卷自如。故本题选A。

26.【答案】B。解析：Word的多个文档编辑工作结束后，如果文档已经保存，可以一次性关闭文档窗口。故本题选B。

27.【答案】C。解析：空白幻灯片中可直接插入剪贴画、艺术字、图表，但文字不可以。插入文字前，要设定文本框。故本题选C。

28.【答案】D。解析：题干中的三角形属于几何图形中的一种，它们属于从属关系，选项中只有D中梯形是四边形中的一种，属于从属关系。故本题选D。

29.【答案】A。解析：第一项×第二项+2＝第三项，依此类推：10×42+2＝422。故本题选A。

二、材料分析题(本大题共3小题，每小题14分，共42分)

30.【参考答案】
张老师的教育行为符合素质教育观，值得肯定。
首先，张老师的行为体现了素质教育是以培养学生的创新精神和实践能力为重点的教育。创新教育是素质教育的核心，在教育活动中，要求教师培养幼儿的创新精神和实践能力。材料中张老师为了让幼儿养成好好吃饭的习惯，通过老师示范、学生模仿，并辅助小动物角色扮演的方式，增加幼儿自己动手吃饭的机会，鼓励幼儿克服困难，培养幼儿良好品质，激发幼儿的主动性与积极性。
其次，张老师确立幼儿学习的主体地位，实施启发教学。张老师采用各种教育方法，变"注入"教育为"启发"教育，激发幼儿大口吃饭的兴趣，引导幼儿动脑、动手、动口，最终使幼儿主动、活泼、愉快地吃饭，培养了幼儿良好的行为习惯。
再次，张老师不仅关注全体幼儿，还关注不同幼儿的个体差异，从儿童的个性出发，对其进行教育。材料中的璐璐吃饭容易弄脏小手，张老师有针对性地给璐璐准备毛巾擦手，体现了针对不同幼儿采取不同方式进行良好习惯的培养。
总之，张老师的行为促进了幼儿生动、活泼、主动地发展，通过实践活动培养了学生的良好习惯，很好地贯彻了素质教育的教育观。

31.【参考答案】
李老师及时处理教育失误的行为符合教师职业道德的相关要求，值得肯定。
第一，李老师的教育行为体现了"关爱学生"。关爱学生要求关心爱护全体学生，尊重学生人格，做学生的良师益友。李老师面对其他幼儿的反应，并没有不管不问，而是意识到自己的行为冷落了其他的幼儿，及时调整，关心爱护所有的幼儿，体现了关爱学生的道德规范。
第二，李老师的教育行为体现了"为人师表"。为人师表要求坚守高尚情操，以身作则，反思自己的行为。李老师能够及时地意识到自己的问题，并且能够反思自己的教育行为，以高标准要求自己，为全体幼儿树立了良好

— 19 —

榜样,体现了为人师表的道德要求。
总之,李老师的行为体现了崇高的教师职业道德规范,这种精神值得大力弘扬,需要每个老师学习。

32. 【参考答案】
(1) 一是文学批评日益趋向商业化炒作;二是文学批评的末路也许为期不远。
(2) 当下中国文学批评存在的弊端主要有以下四点:① 文学的主流批评灵魂缺失与精神萎缩。② 文学批评渐渐被市场与媒体所左右,趋向商业化炒作,文学批评缺乏客观性,作家和读者很难听到真正的批评的声音。③ 大多数文学批评家缺少对优秀的边缘文学作品的注意。④ 文学批评家们少有充满学术良知、生存尊严与批评真理的文学批评。

三、写作题(本大题1小题,50分)

33. 略。

2015年下半年中小学教师资格考试
综合素质试题(幼儿园)参考答案及解析

一、单项选择题(本大题共29小题,每小题2分,共58分)

1. 【答案】D。解析:老师发现幼儿不注意听课时应在保护幼儿自尊心的前提下善意提醒。故本题选D。
2. 【答案】D。解析:游戏是幼儿最基本的活动,学习字词和加减不属于幼儿园的活动。故本题选D。
3. 【答案】B。解析:李老师要保护幼儿的兴趣和创新。故本题选B。
4. 【答案】A。解析:老师要保护幼儿回答问题的积极性,同时要引导幼儿仔细思考。故本题选A。
5. 【答案】B。解析:《儿童权利公约》第十八条规定:"缔约国应尽其最大努力,确保父母双方对儿童的养育和发展负有共同责任的原则得到确认。父母或视具体情况而定的法定监护人对儿童的养育和发展负有首要责任。"故本题选B。
6. 【答案】C。解析:《国家中长期教育改革与发展规划纲要(2010—2020年)》第三章规定:"重点发展农村学前教育。努力提高农村学前教育普及程度。着力保证留守儿童入园。采取多种形式扩大农村学前教育资源,改扩建、新建幼儿园,充分利用中小学布局调整富余的校舍和教师举办幼儿园(班)。发挥乡镇中心幼儿园对村幼儿园的示范指导作用。支持贫困地区发展学前教育。"C项内容未提及,故本题选C。
7. 【答案】D。解析:游戏是幼儿园最基本的活动。故本题选D。
8. 【答案】B。解析:教师向教育行政部门进行申诉,被申诉人应该是学校。故本题选B。
9. 【答案】A。解析:教师让幼儿在活动室外罚站,侵犯了幼儿的受教育权。故本题选A。
10. 【答案】A。解析:《中华人民共和国未成年人保护法》第三十七条规定:"任何人不得在中小学校、幼儿园、托儿所的教室、寝室、活动室和其他未成年人集中活动的场所吸烟、饮酒。"故本题选A。
11. 【答案】D。解析:《学生伤害事故处理办法》第八条规定:"学生伤害事故的责任,应当根据相关当事人的行为与损害后果之间的因果关系依法确定。""当事人的行为是损害后果发生的主要原因,应当承担主要责任;当事人的行为是损害后果发生的非主要原因,承担相应的责任。"案例中,电动车车主不慎撞伤幼儿,应负主要责任;幼儿园让幼儿在自由活动时溜出幼儿园,说明有监管不当行为,也应承担相应责任。故本题选D。
12. 【答案】C。解析:根据《中华人民共和国教师法》第七条规定,教师享有进修培训权。故本题选C。
13. 【答案】C。解析:根据教师职业道德,教师要学会自我反思和反省。故本题选C。
14. 【答案】C。解析:教师职业道德要求教师要终身学习,不断更新自己的教育理念,潜心钻研业务,勇于探索创新,不断提高自己的专业素养和教学水平。故本题选C。
15. 【答案】A。解析:学生享有人身自由权,学校和教师不得以任何理由随意对学生进行搜查。故本题选A。
16. 【答案】B。解析:素质教育的理念要求教师的教育要面向全体学生,平等对待一切学生。李老师只对副乡长的孩子尤为关心,忽视其他孩子,有违平等待生的要求。故本题选B。

17.【答案】C。解析:激光是20世纪以来,继原子能、计算机、半导体之后,人类的又一重大发明,不是天然光源。故本题选C。

18.【答案】B。解析:木星拥有63颗卫星,是拥有卫星最多的太阳系行星。故本题选B。

19.【答案】C。解析:唐朝文成公主离开繁华的都城长安,西行约3000千米,历经千难万险,来到雪域高原,与吐蕃王松赞干布和亲,开创了唐蕃交好的新时代。故本题选C。

20.【答案】C。解析:高尔基"自传体三部曲"是《童年》《在人间》《我的大学》。故本题选C。

21.【答案】B。解析:这首诗歌题为《寻隐者不遇》,作者是贾岛。故本题选B。

22.【答案】A。解析:"孔融让梨"是东汉末文学家孔融的真实故事,教育人们凡事应该懂得谦让。《三字经》中"融四岁,能让梨"即出于此。故本题选A。

23.【答案】A。解析:孔子整理了《诗》《书》,删减《春秋》。故本题选A。

24.【答案】B。解析:风笛是欧洲乐器。故本题选B。

25.【答案】D。解析:何占豪、陈钢的小提琴协奏曲《梁祝》所依据的是越剧。故本题选D。

26.【答案】C。解析:"页眉和页脚"命令,在页眉编辑状态下,在相应位置输入内容即可;可用页眉和页脚工具栏,插入日期、页码、剪贴画等;但在页眉中不能直接插入分页符。故本题选C。

27.【答案】C。解析:在PowerPoint中新建一个演示文稿时第一张幻灯片默认的是标题幻灯片。故本题选C。

28.【答案】B。解析:书法家和画家是交叉关系,党员和教师也是交叉关系。A项童星属于明星;C项军官属于军人,两者是包含关系;D项是全异关系。故本题选B。

29.【答案】D。解析:第一个杯子上的话与第四个杯子上的话是矛盾关系,必有一真一假,根据"只有一句真实"可知第二、三个杯子上的话为假,进而得出第三个杯子中是蒸馏水。故本题选D。

二、材料分析题(本大题共3小题,每小题14分,共42分)

30.【参考答案】
刘老师的做法是正确的,符合素质教育的基本要求。
首先,刘老师的行为体现了素质教育是以培养学生的创新精神和实践能力为重点的教育。创新教育是素质教育的核心,在教育活动中,要求教师培养幼儿的创新精神和实践能力。材料中刘老师为了让幼儿养成饭后漱口的好习惯,安排幼儿去观察漱口水和干净的水,增加幼儿自主学习、自主活动的机会,鼓励幼儿参与活动,培养幼儿多思善问的良好品质,激发幼儿的主动性与积极性。
其次,刘老师确立幼儿学习的主体地位,实施启发教学。刘老师采用各种教育方法,变"注入"教育为"启发"教育,激发幼儿的学习兴趣,引导幼儿动脑、动手、动口。材料中刘老师通过向幼儿不断提问,让幼儿亲自动手实践,使幼儿主动、活泼、愉快地学习和活动,培养幼儿良好的行为习惯。
最后,刘老师开展了多种活动和游戏,实施素质教育。积极开展多种形式的实践活动,是实施素质教育的重要方法。材料中刘老师通过多种形式的实践活动,引导幼儿观察,促进幼儿全面发展。
总之,刘老师的行为促进了幼儿生动、活泼、主动的发展,通过实践活动培养了学生的良好习惯,很好地贯彻了素质教育的教育观。

31.【参考答案】
黄老师的教育行为符合教师职业道德的相关要求,值得肯定。
首先,黄老师的教育行为体现了"关爱学生"。关爱学生要求关心爱护全体学生,尊重学生人格,做学生的良师益友。黄老师面对馨馨不睡午觉的问题,并没有不管不问,而是耐心地告诉她睡午觉的好处,体现了关爱学生的道德要求。
其次,黄老师的行为体现了"教书育人"。教书育人要求教师遵循教育规律,实施素质教育。循循善诱,诲人不倦,因材施教。黄老师在了解馨馨不爱活动的情况后,从加大运动量、游戏和舒缓情绪等多方面入手,符合因材施教的教育要求,也符合该幼儿的身心发展需要。
最后,黄老师的行为体现了"为人师表"。为人师表要求坚守高尚情操,团结协作,尊重同事,尊重家长。黄老师不仅自己想方设法对幼儿进行教育,还积极联系家长,了解幼儿情况,与家长交流教育经验和方法,从而形成教育合力,最终促使馨馨建立良好的午睡习惯。这种行为不仅为家长树立了良好的榜样,也有助于班级其他幼儿良好习惯的形成与发展。

总之，黄老师的行为体现了崇高的教师职业道德理念，这种精神值得大力弘扬，值得每个老师学习。

32.【参考答案】

（1）重复是重复运用各种构件或其他构成部分，变化是不同的东西依次出现，只有重复而无变化，作品就必然单调枯燥；只有变化而无重复，就容易陷于散漫凌乱。重复与变化是相互对立的。

但是重复与变化也是相互统一的，在建筑中，千篇一律的殿堂、楼门、廊庑的制作方法和宫殿格局，从不同的角度看过去，一个接着一个新的画面出现在周围，景色也是千变万化的。一个好的建筑作品是重复与变化的辩证统一。

（2）故宫从天安门到端门、午门是一间间重复的朝房，太和门和太和殿、中和殿、保和殿成为一组的"前三殿"与乾清门和乾清宫、交泰殿、坤宁宫成为一组的"后三殿"的大同小异的重复，每一座的本身是许多构件和构成部分（成句、乐段）的重复，东西两侧的廊、庑、楼、门，又是比较低微的，以重复为主。故宫，它的每一个组群，每一个殿、阁、廊、门却全部都是按照明清两朝工部的"工程做法"的统一规格、统一形式建造的，连彩画、雕饰也尽如此，都是无尽的重复。

重复的宫殿格局使整个宫殿看上去如一首乐曲，整齐而宏达，但是从千篇一律的宫殿中走过，在时间和空间的重复中，人们以一定的审美心境去欣赏的时候，会发现故宫的整个景色，轮廓、光影，却都在不断地改变着。

故宫融合千篇一律和变化万千，将两者有机地统一起来，使故宫如艺术、如音乐一样，造就了故宫宏达而细腻的统一整体，也使故宫成为建筑史上将变化与重复的关系融合在一起的优秀典范。

三、写作题（本大题 1 小题，50 分）

33. 略。

2015 年上半年中小学教师资格考试
综合素质试题（幼儿园）参考答案及解析

一、单项选择题（本大题共 29 小题，每小题 2 分，共 58 分）

1.【答案】C。解析：教师应本着育人为本的儿童观正确看待幼儿，把他们看作是发展的人、独特的人、学习和权利的主体，尊重幼儿，促进幼儿发展。材料中该教师讽刺幼儿，没有体现对幼儿的尊重。故本题选 C。

2.【答案】A。解析：教师没有直接打断幼儿的观察，而是采用比较委婉的方式，这就很好地保护了幼儿自主探索的兴趣。故本题选 A。

3.【答案】B。解析：教师之间的相互研讨，属于教师专业发展途径中的同伴互助。故本题选 B。

4.【答案】D。解析：题干中没有出现幼儿家长这一方面，因此不存在家园合作。故本题选 D。

5.【答案】A。解析：《中华人民共和国教育法》第七十一条规定："违反国家财政制度、财务制度，挪用、克扣教育经费的，由上级机关责令限期归还被挪用、克扣的经费，并对直接负责的主管人员和其他直接责任人员，依法给予处分；构成犯罪的，依法追究刑事责任。"故本题选 A。

6.【答案】B。解析：《幼儿园工作规程》第五十四条规定："家长委员会的主要任务是：对幼儿园重要决策和事关幼儿切身利益的事项提出意见和建议；发挥家长的专业和资源优势，支持幼儿园保育教育工作；帮助家长了解幼儿园工作计划和要求，协助幼儿园开展家庭教育指导和交流。"故本题选 B。

7.【答案】B。解析：《中华人民共和国义务教育法》第二十七条规定："对违反学校管理制度的学生，学校应当予以批评教育，不得开除。"故本题选 B。

8.【答案】C。解析：《中华人民共和国未成年人保护法》第四十三条规定："对孤儿、无法查明其父母或其他监护人的以及其他生活无着的未成年人，由民政部门设立的儿童福利机构收留抚养。"故本题选 C。

9.【答案】A。解析：《学生伤害事故处理办法》第八条规定："因学校、学生或者其他相关当事人的过错造成的学生伤害事故，相关当事人应当根据其行为过错程度的比例及其与损害后果之间的因果关系承担相应的责任。当事人的行为是损害后果发生的主要原因，应当承担主要责任；当事人的行为是损害后果发生的非主要原因,承担相应的责任。"故本题选 A。

10.【答案】C。解析:《国家中长期教育改革和发展规划纲要(2010—2020 年)》提出:"各级政府要把减负作为教育工作的重要任务,统筹规划,整体推进。调整教材内容,科学设计课程难度。改革考试评价制度和学校考核办法。规范办学行为,建立学生课业负担监测和公告制度。不得以升学率对地区和学校进行排名,不得下达升学指标。规范各种社会补习机构和教辅市场。"故本题选 C。

11.【答案】B。解析:幼儿园在教学内容、教学方法等方面都有自身的特点,与小学阶段的教学内容有着不同的要求,因此增加小学的内容违背了幼儿园保育与教育的基本目标。故本题选 B。

12.【答案】D。解析:《儿童权利公约》第六条规定:"缔约国确认每个儿童具有固有的生命权。"第十三条规定:"儿童应有自由发表言论的权利。"第十四条规定:"缔约国应尊重儿童享有思想、信仰和宗教自由的权利。"第二十六条规定:"缔约国应确认每个儿童有权受益于社会保障、包括社会保险,并应根据其国内法律采取必要措施充分实现这一权利。"故本题选 D。

13.【答案】D。解析:《中小学教师职业道德规范》中"教书育人"要求教师要勇于探索创新。宋老师为了帮助幼儿养成好的生活习惯,创编了一些关于习惯培养的儿歌符合勇于探索创新的要求。故本题选 D。

14.【答案】D。解析:汪老师在教室贴"坏孩子"榜,是不尊重幼儿人格的体现。故本题选 D。

15.【答案】C。解析:材料中教师关注幼儿的全面发展,培养幼儿广泛的兴趣,促进幼儿在德、智、体、美等方面全面发展。故本题选 C。

16.【答案】A。解析:叶老师本着耐心交流,不体罚学生的原则教育幼儿,符合《中华人民共和国未成年人保护法》的要求,做到了依法执教。故本题选 A。

17.【答案】C。解析:"种痘术"最早出现在我国,在 16 世纪明朝隆庆年间,我国就发明了"种痘术"预防天花的方法了。到了 17 世纪,我国的"种痘术"传入俄国、土耳其、朝鲜和日本,传播到欧洲各国。一直到 18 世纪,爱德华·琴纳才在英国发现了牛痘。故本题选 C。

18.【答案】D。解析:针灸是针法和灸法的合称。针法是把毫针按一定穴位刺入患者体内,运用捻转与提插等针刺手法来治疗疾病。灸法是把燃烧着的艾绒按一定穴位灼烫皮肤,利用热的刺激来治疗疾病。故本题选 D。

19.【答案】B。解析:1914 年 6 月 28 日(塞尔维亚国庆),奥匈帝国皇储费迪南大公夫妇在萨拉热窝视察时,被塞尔维亚青年加夫里若·普林西普枪杀,成为第一次世界大战的导火线。故本题选 B。

20.【答案】C。解析:武松醉打蒋门神,鲁智深拳打镇关西。故本题选 C。

21.【答案】B。解析:《离骚》是我国诗史上最长的政治抒情诗;中国古代最长的爱情诗是《孔雀东南飞》。故本题选 B。

22.【答案】A。解析:神农氏生活的时代大约是我国原始社会的农耕时代,随着农耕经济的发展、食用植物的培植,药用植物逐步被发现。因此神农氏被后世尊为中华医药的始祖。故本题选 A。

23.【答案】C。解析:"鸿雁传书"的典故源自于"苏武牧羊"。故本题选 C。

24.【答案】D。解析:"天下第一草书"为唐代书法家怀素的《自叙帖》。被称为中华第一草书,是中华十大传世名帖之一。故本题选 D。

25.【答案】B。解析:王维,字摩诘,汉族,是盛唐诗人的代表,今存诗 400 余首,重要诗作有《相思》《山居秋暝》等。王维诗书画都很有名,非常多才多艺,音乐也很精通。故本题选 B。

26.【答案】D。解析:由图可看出,文字位于剪贴画上方,故剪贴画所用的文字环绕方式为衬于文字下方。故本题选 D。

27.【答案】C。解析:PowerPoint 中字符是不可直接插入的,需先插入文本框才能输入字符。故本题选 C。

28.【答案】B。解析:本题考查并列关系。青岛和珠海是城市名称,并列关系;B 项,大象和老鼠都是动物,并列关系,与题干关系一致。故本题选 B。

29.【答案】A。解析:根据题干"小李比弹古筝的年龄小,拉小提琴的年龄最大",可以推出:小李的专长不是古筝,小李的专长不是小提琴,小李的专长只能是二胡。根据题干"小王比小赵年龄大,拉小提琴的年龄最大",可以推出:小王专长是小提琴。综上可以推出:小赵专长是古筝。故本题选 A。

二、材料分析题(本大题共 3 小题,每小题 14 分,共 42 分)

30.【参考答案】

教师的做法符合新课改背景下育人为本的儿童观,这种保育行为值得我们去学习。

23

首先,儿童是发展中的人,有巨大的潜能和探索意识。材料中,就金鱼的意外死亡,教师并没有直接告知幼儿答案,而是带领幼儿大胆假设,论证研究,激发了幼儿的学习热情,促进了幼儿的发展。

其次,育人为本的儿童观强调要促进幼儿的全面发展。材料中,教师不但就金鱼之死引发大家在知识方面的讨论,还为金鱼举办了一个葬礼,让幼儿体会到了生命的宝贵与意义,陶冶了幼儿的情操,丰富了幼儿对大自然的情感与热爱。

因此,作为幼儿教师,要像邓老师一样,全面贯彻育人为本的儿童观,一切以儿童的全面发展为中心,帮助幼儿在各个方面健康快乐地成长。

31.【参考答案】
徐老师的保教行为符合教师职业道德的相关要求,值得肯定。

首先,徐老师的行为体现了"关爱学生"。关爱学生要求关心爱护全体学生,尊重学生人格,做学生的良师益友。徐老师面对晓天这种个体差异化十分明显的幼儿,并没有不管不问,而是深入了解该幼儿的情况,对其加以关心爱护,保护了幼儿的人格尊严。

其次,徐老师的行为体现了"教书育人"。教书育人要求遵循教育规律,实施素质教育。循循善诱,诲人不倦,因材施教。徐老师在了解幼儿情况的基础上,从开发智力、培养语言表达能力、提升理解能力与动手能力等多方面入手,符合因材施教的教育要求,也符合该幼儿的身心发展需要。

再次,徐老师的行为体现了"为人师表"。为人师表要求坚守高尚情操,团结协作,尊重同事,尊重家长。徐老师不仅仅自己想方设法对幼儿进行教育,还积极联系家长,了解幼儿情况,与家长交流教育经验与方法,从而形成教育合力,最终促使幼儿得到了健康发展。这种行为不仅为家长树立了良好的榜样,也有助于班级其他幼儿健康思想的形成与发展。

总之,徐老师的行为体现了崇高的教师职业道德规范,这种精神值得大力弘扬,需要每位教师学习。

32.【参考答案】
(1)普通湖泊能够蓄满水,人们可以畅游其中;但是冰盖上的湖泊里的水体能够在眨眼之间就消失不见。
(2)根据文中的描述,冰盖上的湖泊会产生如下影响:
一是对冰盖的影响。当湖泊突然排空时,融冰会被送往基岩,暂时性地对冰盖向海洋迁移起到润滑作用。
二是对海平面的影响。如果区域气候持续变暖,将可能会加速冰盖的崩解,从而导致海平面的上升。
三是对冰盖融化速度的影响。冰盖上的湖泊会加速冰盖的融化,如果冰盖表面的融化速度与由融水积聚而成的河流的速度相差很大,那么这将提升冰流向大海的速度。

三、写作题(本大题1小题,50分)

33. 略。

2014年下半年中小学教师资格考试
综合素质试题(幼儿园)参考答案及解析

一、单项选择题(本大题共29小题,每小题2分,共58分)

1.【答案】A。解析: 幼儿园以游戏为基本活动,同时应保证幼儿的午睡时间,促进幼儿身体发育。随意缩短幼儿的午休和游戏时间,不利于儿童的身体健康。故本题选A。

2.【答案】C。解析: 教师应具备灵活处理课堂突发事件的能力,保证课堂的正常进行以及幼儿的安全。停电导致美术活动无法进行时,采取户外活动,既解决了室内光线不足的问题,又满足了学生的兴趣。故本题选C。

3.【答案】A。解析: 新课程改革背景下的教师观强调,教师从课程的忠实执行者转变为课程的建设者与开发者,积极参与地方课程和校本课程的建设,培养开发课程、评价课程、主动选择和创造性地使用新课程教材的能力。常老师的做法体现了极强的课程开发意识。故本题选A。

4.【答案】B。解析：素质教育以培养学生的创新能力和实践能力为重点,杨老师鼓励学生质疑的做法,有利于培养学生的发散思维、创新能力和反思能力。故本题选B。

5.【答案】C。解析：《幼儿园工作规程》第十条规定："幼儿入园除进行健康检查外,禁止任何形式的考试或测查。"故本题选C。

6.【答案】D。解析：《幼儿园工作规程》第十七条规定："幼儿园应严格执行《托儿所幼儿园卫生保健管理办法》以及其他有关卫生保健的法规、规章和制度。"随意喂药损害了幼儿的身心健康,属于违法行为。故本题选D。

7.【答案】D。解析：《中华人民共和国教师法》规定教师享有带薪休假的权利,此外,享受孕产假是公民的基本权利之一,不能因为女教师已经享受寒暑假就不再批准孕产假。这则规定严重侵害了女教师的基本人权。故本题选D。

8.【答案】B。解析：根据最高人民法院印发的《关于贯彻执行〈中华人民共和国民法通则〉若干问题的意见(试行)》第一百四十八条第二款的规定："教唆、帮助无民事行为能力人实施侵权行为的人,为侵权人,应当承担民事责任。"题干中的小明只有5岁,属于无民事行为能力人,小明砸玻璃的行为是由杨某教唆所致,所以杨某才是侵权人,损失应由杨某来承担,此时小明充当了杨某侵权的工具。如果杨某没有教唆,小明造成的侵权行为则由其监护人来承担这一损失。故本题选B。

9.【答案】D。解析：隐私权一般是指自然人享有的对自己的个人秘密和个人私生活进行支配并排除他人干涉的权利。《中华人民共和国未成年人保护法》第三十九条规定："任何组织或者个人不得披露未成年人的个人隐私。"故本题选D。

10.【答案】C。解析：《中华人民共和国义务教育法》第二十九条规定："教师应当尊重学生的人格,不得歧视学生,不得对学生实施体罚、变相体罚或者其他侮辱人格尊严的行为,不得侵犯学生合法权益。"故本题选C。

11.【答案】B。解析：《国家中长期教育改革和发展规划纲要(2010—2020年)》第四十五条规定："健全统筹有力、权责明确的教育管理体制。以转变政府职能和简政放权为重点,深化教育管理体制改革,提高公共教育服务水平。"故本题选B。

12.【答案】D。解析：《中华人民共和国教师法》第十四条规定："受到剥夺政治权利或者故意犯罪受到有期徒刑以上刑事处罚的,不能取得教师资格;已经取得教师资格的,丧失教师资格。"《教师资格条例》第十八条规定："依照教师法第十四条的规定丧失教师资格的,不能重新取得教师资格,其教师资格证书由县级以上人民政府教育行政部门收缴。"《教师资格条例》第二条规定："中国公民在各级各类学校和其他教育机构中专门从事教育教学工作,应当依法取得教师资格。"由此可知,李某无法取得教师资格,终身不能从事教师职业。故本题选D。

13.【答案】B。解析：教师在对待师生关系上,新课程强调尊重、赞赏。卢老师没有因为学生将自己画得奇丑无比而发火,而是态度温和、宽容待生,对学生进行了正面激励。故本题选B。

14.【答案】A。解析：教师应正确处理与家长的关系,与家长及时沟通,平等对待家长,尊重家长,与家长共同形成教育合力。故本题选A。

15.【答案】C。解析：教师职业道德要求教师做到教书育人,培养学生良好品行。故本题选C。

16.【答案】A。解析：张老师将个人心得与同事分享,这是团结协作精神的体现。参加培训是为了提升自己的业务能力和专业品质。题干没有体现张老师循循善诱的品质。故本题选A。

17.【答案】B。解析：东汉年间,蔡伦发明造纸术。公元114年蔡伦被封为"龙亭侯",民间便把他制作的那种纸称为"蔡侯纸"。故本题选B。

18.【答案】B。解析：1609年,意大利科学家伽利略用自制的望远镜观察天体,以确凿的证据支持了哥白尼的"日心说"。故本题选B。

19.【答案】D。解析：秦灭六国之战,既是战国末期最后一场诸侯兼并战争,又是中国历史上最早的一场封建统一战争。从公元前230年到公元前221年,秦始皇用了10年的时间相继灭掉了韩、赵、魏、楚、燕、齐六国,从而建立起中国历史上第一个封建统一王朝。故本题选D。

20.【答案】D。解析：《西游记》的作者是吴承恩;《三国演义》的作者是罗贯中;《水浒传》的作者是施耐庵;《聊斋志异》的作者是蒲松龄。故本题选D。

21.【答案】C。解析：《诗经》中的爱情诗大约有八十多首,它们主要保存在《国风》中,占总篇目的四分之一多。故本题选C。

22.【答案】D。解析：该成语从佛教传来,浮屠之"佛塔"之意。故本题选D。

23.【答案】C。解析：我国古代科举考试分乡试、会试、殿试三级，其第一名分别为解元、会元、状元，接连在乡试、会试、殿试中考中第一名，称"连中三元"。故本题选C。

24.【答案】A。解析：贝多芬是享誉世界的著名德国作曲家和音乐家，维也纳古典乐派代表人物之一。他的主要作品也是最重要的作品是交响音乐，其中又以九部交响曲占首要地位。其中，第三交响曲《英雄》、第五交响曲《命运》、第六交响曲《田园》、第九交响曲《合唱》(欢乐颂)尤为家喻户晓。"亿万人民团结起来，大家相亲又相爱"出自其第九交响曲《合唱》，末乐章的合唱根据席勒的《欢乐颂》写成。故本题选A。

25.【答案】B。解析：三弦又称"弦子"，为中国传统弹拨乐器。故本题选B。

26.【答案】C。解析：A选项的按钮可进行绘制表格的操作；B选项的按钮可实现在Word中插入Excel；D选项是页面布局中的分栏按钮。故本题选C。

27.【答案】C。解析：在幻灯片切换设置里，可以将幻灯片放映的换页效果设为"垂直百叶窗"。在自定义动画里，可通过效果设置将一页幻灯片里的动画效果设置为"垂直百叶窗"。故本题选C。

28.【答案】D。解析：题干考查包含关系。砚台包含端砚、歙砚、洮河砚等。D项，文具包含钢笔。故本题选D。

29.【答案】C。解析：根据题干"牡丹花在中间的两排中"，可以排除A项。根据"芍药花和海棠花不相邻"，可以排除B项。根据"海棠花不在第一排"，可以排除D项。故本题选C。

二、材料分析题(本大题共3小题，每小题14分，共42分)

30.【参考答案】

华老师的教育行为体现了素质教育的理念，促进了幼儿发展，是值得赞赏的。

首先，华老师的行为调动了幼儿的主动性和积极性，促进了幼儿全面发展。实施素质教育要求教师在教育活动中促进幼儿体育、智育、德育、美育各方面全面发展。华老师通过耐心指导和编儿歌的方式，调动了幼儿学习系鞋带的积极性和主动性，并最终让东东很快学会了系鞋带。使他在体和智的方面均有发展。

其次，华老师的行为体现了素质教育是以培养学生的创新精神和实践能力为重点的教育。创新教育是素质教育的核心，在教育活动中，要求教师培养幼儿的创新精神和实践能力。材料中华老师通过创新性的编儿歌的形式使幼儿的实践能力获得发展，是值得肯定和赞扬的。

最后，华老师的教育行为体现了素质教育是以培养个体的生存能力和基本素质为目标的教育。素质教育着重于促进学生发展，使学生能够独立面对社会，具备生存能力和终身学习的基本素质。材料中华老师通过编儿歌的方式让幼儿学会系鞋带，提高了幼儿的生活自理能力，促进了其基本素质的发展。

总之，华老师的行为促进了幼儿主动发展，通过直观形象的方式教会了东东系鞋带，很好地贯彻了素质教育的教育观。

31.【参考答案】

李老师的做法是妥当的，践行了教师职业道德规范的要求。

首先，教师职业道德规范要求教师做到"关爱学生"。材料中，李老师发现丹丹有6个脚趾时向丹丹道歉，并尊重她不脱袜子的意愿，保护了学生的自尊心，做到了关爱学生。

其次，教师职业道德规范要求教师做到"教书育人"。材料中，李老师就乐乐不善于言辞的问题细心地去解决，引导乐乐与小伙伴交流，最终使乐乐的语言能力得到发展，性格也变得开朗，很好地践行了教书育人的要求。

最后，教师职业道德规范要求教师做到"为人师表"。材料中，李老师发现乐乐存在的问题后，及时与其父母进行有效沟通，共同帮助乐乐解决不善于言辞、性格孤僻的问题，符合为人师表的要求。

总之，材料中李老师的行为保护了丹丹的自尊心，培养了乐乐良好的人格，使两人都得到健康成长，这种行为值得赞扬及学习。

32.【参考答案】

(1)文中"照着讲"的意思是哲学史家在讲述知识的时候，要尊重古今中外思想文化的经典创造和学术积累，将其原本的知识内容讲述介绍出来即可。

(2)中国人文学科的"接着讲"指的是：一是从最近的继承关系来说，站在21世纪文化发展的高度，吸取20世纪中国学术积累的成果，吸收蔡元培、朱光潜、宗白华、冯友兰、熊十力等学者的学术成果；二是不能仅仅限于搜集和考证资料，而是要从中提炼出具有强大包容性的核心概念、命题，思考最基本、最前沿的理论问题；三是不针对某个具体学者做研究继续讲下去，而是在前辈学者开创的学术道路上，在新的时代条件、时代课题面前做出新的探索。每一个时代都有自己的学术焦点,这形成了每一个时代在学术研究当中的烙印。

三、写作题(本大题1小题,50分)

33. 略。

2014年上半年中小学教师资格考试
综合素质试题(幼儿园)参考答案及解析

一、单项选择题(本大题共29小题,每小题2分,共58分)

1. 【答案】B。解析:张老师只挑选"好的幼儿作品",没有体现公平性。故本题选B。
2. 【答案】C。解析:教师职业理念强调,幼儿是独立人格的人,我们要尊重幼儿的人格。故本题选C。
3. 【答案】D。解析:幼儿在上课过程中开小差,老师要采用巧妙的方式提醒幼儿集中注意力。故本题选D。
4. 【答案】A。解析:李老师认真学习《幼儿园教师专业标准(试行)》,并制定发展规划,体现了终身学习的理念。故本题选A。
5. 【答案】D。解析:《国家中长期教育改革和发展规划纲要(2010—2020年)》第二章战略目标规定:"提供更加丰富的优质教育。教育质量整体提升,教育现代化水平明显提高。优质教育资源总量不断扩大,更好地满足人民群众接受高质量教育的需求。"故本题选D。
6. 【答案】A。解析:《中华人民共和国教育法》第七十五条规定:"违反国家有关规定,举办学校或者其他教育机构的,由教育行政部门予以撤销。"第七十六条规定:"违反国家有关规定招收学员的,由教育行政部门责令退回招收的学员,退还所收费用;对直接负责的主管人员和其他直接责任人员,依法给予行政处分。"故本题选A。
7. 【答案】B。解析:联合国《儿童权利公约》第一部分第二十八条中规定:"缔约国确认儿童有受教育的权利,为在机会均等的基础上逐步实现此项权利,缔约国尤应:(A)实现全面的免费义务小学教育;(B)鼓励发展不同形式的中学教育,包括普通和职业教育,使所有儿童均能享有和接受这种教育,并采取适当措施,诸如实行免费教育和对有需要的人提供津贴;(C)根据能力以一切适当方式使所有人均有受高等教育的机会;(D)使所有儿童均能得到教育和职业方面的资料和指导;(E)采取措施鼓励学生按时出勤和降低辍学率。"故本题选B。
8. 【答案】A。解析:《中华人民共和国教师法》第二十七条规定:"地方各级人民政府对教师以及具有中专以上学历的毕业生到少数民族地区和边远贫困地区从事教育教学工作的,应当予以补贴。"故本题选A。
9. 【答案】C。解析:《幼儿园工作规程》第二十二条规定:"应当培养幼儿良好的大小便习惯,不得限制幼儿便溺的次数、时间等。"故本题选C。
10. 【答案】C。解析:《学生伤害事故处理办法》第十三条规定:"下列情形下发生的造成学生人身损害后果的事故,学校行为并无不当的,不承担事故责任;事故责任应当按有关法律法规或者其他有关规定认定:(一)在学生自行上学、放学、返校、离校途中发生的;(二)在学生自行外出或者擅自离校期间发生的;(三)在放学后、节假日或者假期等学校工作时间以外,学生自行滞留学校或者自行到校发生的;(四)其他在学校管理职责范围外发生的。"故本题中幼儿园没有过错,无须承担赔偿责任。故本题选C。
11. 【答案】D。解析:《中华人民共和国未成年人保护法》第二十八条规定:"各级人民政府应当保障未成年人受教育的权利,并采取措施保障家庭经济困难的、残疾的和流动人口中的未成年人等接受义务教育。"故本题选D。
12. 【答案】A。解析:《中华人民共和国未成年人保护法》第六十二条规定:"父母或者其他监护人不依法履行监护职责,或者侵害被监护人合法权益的,由其所在单位或者居民委员会、村民委员会予以劝诫、制止;构成违反治安管理行为的,由公安机关依法给予行政处分。"故本题选A。
13. 【答案】C。解析:张老师心情烦躁时没有进行自我调适,反而大骂幼儿,所以表明张老师缺乏心理调适能力。故本题选C。

14.【答案】D。解析：教师职业道德要求教师要给幼儿做好榜样，题干中幼儿在游戏时教师却在一旁聊天，没有做到以身作则。故本题选D。

15.【答案】B。解析：题干中李老师不接受新老师听他的课程，没有体现帮助新同事的思想，缺乏团结协作精神。故本题选B。

16.【答案】B。解析：教师职业道德要求教师要廉洁从教，不接受学生的贵重礼物和钱财，但是对于学生自制的小礼物可以区别对待。故本题选B。

17.【答案】C。解析：辽宁号航空母舰，简称"辽宁舰"，舰号16，是中国人民解放军海军第一艘可以搭载固定翼飞机的航空母舰。前身是苏联海军的库兹涅佐夫元帅级航空母舰2号舰瓦良格号。2012年9月25日，中华人民共和国国防部宣布，中国首艘航空母舰辽宁号25日正式交接入列。故本题选C。

18.【答案】B。解析：度量衡是指在日常生活中用于计量物体长短、容积、轻重的物体的统称。其中计量长短用的器具称为度，测定计算容积的器皿称为量，测量物体轻重质量的工具称为衡。故本题选B。

19.【答案】B。解析：秦始皇三十三年(公元前214年)遣大将蒙恬北逐匈奴，又西起临洮(今甘肃岷县)、东至辽东筑长城万余里，以防匈奴南进，史称秦长城。故本题选B。

20.【答案】A。解析：《岳阳楼记》是北宋文学家范仲淹的作品。故本题选A。

21.【答案】B。解析：周文王兴周伐纣迫切需要人才，亲自去请姜太公，并封其为相。故本题选B。

22.【答案】A。解析：李冰是我国古代杰出的水利专家，在他担任秦国蜀郡守时主持修建了都江堰。故本题选A。

23.【答案】B。解析：《兰亭集序》是王羲之的作品，"柳骨颜筋"指柳公权和颜真卿；张旭和怀素的书法是草书。故本题选B。

24.【答案】D。解析：《狂人日记》是1918年鲁迅先生所著的中国新文学史上第一篇现代型短篇白话小说。故本题选D。

25.【答案】C。解析：茂陵石雕是西汉霍去病墓之大型石刻群，是中国迄今发现最早、最大、保存最完整的大型石刻群，也是汉代石雕艺术的杰出代表。故本题选C。

26.【答案】C。解析：打印机是计算机的输出设备之一，用于将计算机处理结果打印在相关介质上。故本题选C。

27.【答案】A。解析：B选项可实现在Word中插入Excel；C选项可实现在Word中进行绘图操作；D选项是页面布局中的分栏按钮。故本题选A。

28.【答案】C。解析：题干是前件为联言命题的充分条件，假言命题，否定后件则否定前件，即没能化敌为友则没能不夸己能或不扬人恶。故本题选C。

29.【答案】D。解析：赵和李的话矛盾，必有一真一假，根据"只有一个人的话与结果相符"可知钱和孙的话为假，钱为假则孙不能当选，孙为假则钱和赵都不能当选，即李当选优秀员工。故本题选D。

二、材料分析题(本大题共3小题，每小题14分，共42分)

30.【参考答案】
王老师的教育行为是不恰当的，没有体现"以人为本"的儿童观。
首先，王老师没有用发展的眼光看待亮亮的行为，只要看到亮亮动手打人就用亮亮之前的行为来解释，而不会考虑这次事出有因。
其次，王老师没有尊重儿童的独立性，没有把亮亮看成具有独立人格的人和权利的主体。王老师"狠狠戳亮亮的头"、"大声吼"说亮亮"讨人嫌""长得人不像人"等侮辱性的言行都侵犯了儿童的权利和尊严。
最后，王老师应该考虑到儿童的独特性，意识到亮亮经常有打人的行为一定有背后的原因，作为老师应该因材施教，找出亮亮打人行为的原因，帮助亮亮取得进步。

31.【参考答案】
教师的教育行为践行了职业道德的要求，是值得我们学习的。
教师的教学行为体现了教师职业道德素养的"为人师表"。教师抱起椅子，对幼儿进行示范，以身作则。教师在活动中注意培养幼儿爱护桌椅的良好行为习惯，注重塑造幼儿的健全人格。
教师的教学行为体现了教师职业道德素养的"关爱学生"。教师看到有的幼儿抱起椅子，有的幼儿推着椅子,有的幼儿拖着椅子,活动是一片混乱时,没有责怪幼儿,而是采用以身示范的方式去引导幼儿。

32.【参考答案】

(1)这个条件就是,你战胜了困难,不再受苦。这时候,别人在听着你的苦难的时候,才不觉得你是在念苦经,而觉得你意志坚强,值得敬重。这时候苦难对你来说是一笔财富。

(2)这句话是说当你正在受苦或摆脱受苦时,如果你在诉苦,在别人听来无异于请求廉价的怜悯甚至乞讨,这个时候不能说你正在享受苦难,否则会让别人觉得你是在玩精神胜利、自我麻醉。而当你战胜困难时,别人在听你的苦难时,才觉得你意志坚强,值得敬重。因此在苦难面前,当你战胜了苦难,苦难是你的财富;当苦难战胜了你,它就是你的屈辱。

三、写作题(本大题1小题,50分)

33. 略。

历年中小学教师资格考试
保教知识与能力试题(幼儿园)参考答案及解析

2019年上半年中小学教师资格考试
保教知识与能力试题（幼儿园）参考答案及解析

一、单项选择题（本大题共10小题，每小题3分，共30分）

1.【答案】A。 解析：《幼儿园工作规程》第三条规定："幼儿园的任务是：贯彻国家的教育方针，按照保育与教育相结合的原则，遵循幼儿身心发展特点和规律，实施德、智、体、美等方面全面发展的教育，促进幼儿身心和谐发展。幼儿园同时面向幼儿家长提供科学育儿指导。"因此，幼儿园的双重任务是保教幼儿和服务家长。故本题选A。

2.【答案】C。 解析：本题考查学前儿童注意的发展。注意的稳定性是指注意力在同一活动范围内所维持的时间长短，幼儿认真完整地听完老师讲的故事，说的是注意的稳定性。故本题选C。

3.【答案】A。 解析：本题考查学前儿童思维发展。3—6、7岁幼儿的思维方式主要是具体形象思维，或称为表象思维，需要借助具体的形象事物或事物的表象进行思维。幼儿知道9颗花生吃了5颗，还剩4颗，但不会计算"9-5"等于多少，这说明幼儿能够借助具体的事物进行思维，但是还不能运用逻辑运算思维。故本题选A。

4.【答案】B。 解析：根据布鲁姆等人的教育目标分类，题干中"了解青蛙的生长发育过程"是查看幼儿的认知技能，属于认知目标。认知目标由知识的掌握、理解、智力发展等目标组成。故本题选B。

5.【答案】C。 解析：本题考查学前儿童动作和言语的发展。自言自语是幼儿言语从外部向内部转化中的一种过渡形态。题干中幼儿通过自言自语来调节自己的行为，因而体现出自言自语具有自我调节功能。故本题选C。

6.【答案】C。 解析：本题考查学前儿童的身体发展规律。神经系统是生命活动的主要调节系统，各器官系统在神经系统统一调节和支配下协调地进行各种生理活动。神经系统是幼儿发育最领先的系统，6岁时脑重量已达到成人的90%。故本题选C。

7.【答案】D。 解析：本题考查幼儿园环境创设与幼儿身心发展的原则。差异性原则是指在教育活动中既要满足全体幼儿的一般需要，又要符合幼儿的个体差异，满足幼儿的特殊需要。题干中提供多层次的活动材料体现了有难有易，符合幼儿认知、游戏水平的个体差异，且让幼儿自选，满足了幼儿的特殊需要。这遵循的是幼儿心理发展原则的差异性原则。故本题选D。

8.【答案】D。 解析：本题考查教师观。材料中幼儿园教师作为幼儿的伙伴与幼儿一起进行游戏，体现的教师角色是幼儿学习的合作者。故本题选D。

9.【答案】B。 解析：本题考查《3—6岁儿童学习与发展指南》的艺术领域教育知识点。艺术教育的目标是幼儿能用自己喜欢的方式进行艺术表现活动，在美术教育活动中，不建议老师出示范画让幼儿模仿，不利于幼儿创造性的发展。故本题选B。

10.【答案】B。 解析：材料中芳芳还处于一一对应点数的状态，而且每次都是从头点数，所以下一个比较贴近的发展区是"默数，接着数等计数能力"。故本题选B。

二、简答题（本大题共2小题，每小题15分，共30分）

11.【参考答案】

《幼儿园教育指导纲要（试行）》（以下简称《纲要》）指出："幼儿园应为幼儿提供健康、丰富的生活和活动环境，满足他们多方面发展的需要，使他们在快乐的童年生活中获得有益于身心发展的经验。"

（1）幼儿园课程内容选择的生活化。《纲要》中第三部分"组织与实施"第六点指出："教育活动内容的组织应充分考虑幼儿的学习特点和认识规律，各领域的内容要有机联系，相互渗透，注重综合性、趣味性、活动性，寓教育于生活、游戏之中。"例如，课程内容的安排可依据节日顺序展开，或者依据时令、季节变化规律来组织等。

(2)幼儿园课程资源利用的生活化。陶行知先生主张"社会即学校",认为学前教育机构的教育不能局限于狭小的教室,应让幼儿回归大自然、大社会的怀抱。在开发课程时通过拓展、整合,带幼儿走向大自然,融入大自然,实现课程资源来源于幼儿的现实生活,与幼儿的生活密切相关的目标。例如,主题活动"春天",教师可利用春天的树木、景色变化等组织活动;幼儿园中组织"安全防火活动",可利用幼儿家长的职业进行课程组织。

(3)幼儿园课程教学实施的生活化。根据幼儿的年龄特点,将富有教育意义的生活内容纳入课程领域,课程实施中教师应提倡为幼儿创设多种多样的生活化学习情境,加强教育同生活的联系,将学前儿童在各种情境中的经验加以整合。例如,为了了解秋天的变化,教师组织主题活动"金色的秋天",带领幼儿到户外摘果实、捡树叶,以满足幼儿的探索心理,真正了解秋天的特点。

12.【参考答案】

注意的集中性,不仅指在同一时间内各种有关心理活动聚集在其所选择的对象上,而且也指这些心理活动深入该对象的程度。教师可以从以下几个方面观察幼儿的注意是否集中:观察幼儿在集体教育活动和游戏中的注意类型、注意维持的时间和注意发生时的行为表现。

(1)注意类型。注意分为无意注意和有意注意两种。无意注意:无预定目的且不需意志努力的注意,它主要受刺激物本身特点的影响,包括刺激物的强度、新异性、运动变化及对比关系等。有意注意:有预定目的并且需要意志努力的注意。当主体对活动有明确的目的,并具有坚强的意志和抗干扰能力时,能保持较高水平的有意注意。从幼儿被干扰的程度观察,若幼儿在逐渐学习一些集中注意的方法后,能变得更专心、更能获取信息,则注意变集中。

(2)注意维持的时间。在良好的教育环境下,3岁幼儿能集中注意3—5分钟,4岁幼儿能集中注意10分钟左右,5—6岁幼儿能集中注意15分钟左右。如果教师组织得当,5—6岁幼儿可以集中注意20分钟左右。

(3)注意发生时的行为表现。① 适应性运动。幼儿在注意某一对象时,通常会形成有利于集中注意的动作和状态。例如,注意听时的"侧耳倾听",注意看时的"目不转睛",注意想时的"全神贯注"。

② 无关运动停止。当注意发生时,幼儿会终止与注意无关的动作。例如,当幼儿注意听讲时,会停止小动作,不再交头接耳,表现得非常专注和安静。

③ 生理运动变化。注意发生时,幼儿的呼吸会变得轻微和缓慢,而且呼吸时间也发生变化,通常是呼得更长、吸得短促。

(4)教师可以在一日生活的各个环节中观察幼儿在进行活动时是否能够按照教师的要求顺利进行,即对活动目标是否理解,对完成活动任务的愿望是否强烈,是否掌握预期中的知识、技能等各方面。

三、论述题(本大题1小题,20分)

13.【参考答案】

两者的含义:

(1)幼儿园集体教学活动是指全体幼儿在同一时间、同一地点以同样的方式学习相同内容的活动形式。这种活动的特点是集中性和统一性,即活动是全员参与的,并有统一的活动目标和活动要求。

(2)游戏是幼儿最喜爱的活动,是幼儿生活的主要内容;游戏符合幼儿身心发展的特点,是幼儿的自发学习。对幼儿来说,游戏不仅仅是一种消遣,还是幼儿的主要学习方式,幼儿在游戏中的学习是一种自发学习,具有学习目标是隐含的,学习方式是潜移默化的,学习动力来自幼儿内部的特点。

区别与联系:

(1)区别。

① 活动中的主体不同。集体教学活动是在教师的引导与支持下所进行的教学活动,教师的参与支配程度相对更高。而游戏中幼儿是游戏的主人、活动的真正主体,幼儿可以自由支配自己的活动,教师起到的主要是观察者和指导者的作用。

② 活动的形式不同。集体教学活动是指全体幼儿同一时间,在教师的引导下,有目的、有计划进行的活动,具有集中性和统一性的特点。而游戏中幼儿的活动是自主的,可以通过集体的形式进行,也可以是以小组或个别的形式进行。

③活动的特点不同。集体教学活动是教师主导的集体的活动,难以照顾到个别差异;游戏是幼儿自主自愿、感到快乐的活动,是充满想象和创造、虚构与现实统一的具体的活动。

(2)联系。

① 教育目标一致。游戏的内容与目标要围绕教学的目标进行,教师要使幼儿在游戏中获得的愉快体验与教学目标实现有机统一。教师既要熟悉游戏的理论,了解幼儿身心发展水平、年龄特点、兴趣爱好,又要找到适合幼儿身心发展特点的教学活动,并与游戏结合在一起。教师采用游戏和集体教学活动的最终目标都是为了促进幼儿的发展。

② 两者互为补充。游戏是顺利开展集体教学活动的"温床",集体教学活动又能提升和巩固幼儿在游戏中获得的知识经验。因此,教师在进行集体教学活动时要体现"寓教育于生活、游戏之中"的教育理念。在课程游戏化的大背景下,幼儿园的游戏活动可以辅助集体教学活动,集体教学活动也可用游戏的方式来开展;可以用游戏活动作为集体教学活动后的延伸,让游戏活动与集体教学活动有机融合起来。

四、材料分析题(本大题共 2 小题,每小题 20 分,共 40 分)

14.【参考答案】

(1)亮亮更可能是幼儿园小班的 4 岁左右幼儿。4 岁左右的幼儿还不能很好地将自己的观点和他人的观点进行区分,认为别人想的和自己所感觉到的一样,从幼儿思维发展的角度来看,幼儿对事物的判断往往是以自我为中心的,思考问题从自己的角度出发,所以材料中亮亮的表现更倾向于小班幼儿。

(2)亮亮的行为体现其以自我为中心的思维方式。

自我为中心是指儿童在前运算阶段(2—7岁)只会从自己的立场与观点去认识事物,而不能从客观的、他人的立场和观点去认识并判断事物,以为每个人看到的世界和他所看到的一样。这个阶段的儿童在同一个时间内只能考虑到事物的一种特征,不能同时照顾两种特征。由于没有真正掌握事物的要领,不能依据事物的客观联系和关系来解决问题,只凭自己的个别经验、个体意义进行思考,因而是自我中心的。

材料中的亮亮通过教师打开饼干盒知道了盒子里面装的是蜡笔,体现了幼儿具体形象思维的特点,同时亮亮将自己对盒子里具体材料的认知等同于欣欣的认知,没有站在欣欣的角度思考问题,认为欣欣看到的一定和自己看到的一样,体现了幼儿以自我为中心的特点。故材料中的亮亮处于小班阶段。

15.【参考答案】

(1)大二班的王老师的做法更恰当。材料中"烧烤店"游戏属于角色游戏,大班幼儿角色游戏处于合作游戏阶段,幼儿喜欢与同伴一起游戏,能按自己的愿望主动选择并有计划地进行。材料中大一班的李老师虽然用心准备了游戏材料,但是没有考虑到幼儿的自主性,限制了幼儿在游戏中想象力的发展,因此是不恰当的。大二班的王老师没有直接投放材料,而是与幼儿商量,支持他们去寻找和搜集材料,这种做法更符合大班幼儿角色游戏的特点,因此王老师的做法更恰当。

(2)① 李老师的做法不恰当。首先,游戏是幼儿在假想的情境下反映现实生活的活动,具体表现为以物代物、以人代人。大一班的李老师在游戏时为幼儿准备的材料太逼真,不利于幼儿想象力的发展。其次,游戏的本质属性是自主性,游戏中的材料应该根据幼儿的兴趣来提供。大一班的李老师没有了解幼儿的想法,而是直接为幼儿提供材料,不符合幼儿游戏自主性特点的要求。最后,由于李老师投放的材料过于逼真,缺少了可探索性,不利于激发幼儿游戏的兴趣。

② 王老师的做法恰当,符合大班幼儿角色游戏的特点,有利于幼儿游戏的开展。首先,王老师的做法有利于发挥幼儿在游戏中的自主性,同时能够培养幼儿的独立性。材料中,王老师与幼儿商量、支持他们自己去寻找、搜集所需要的材料的做法能使幼儿更主动积极地参与到游戏中,同时通过自己寻找材料能够培养幼儿的独立性。其次,王老师的做法能够激发幼儿参与游戏的兴趣,同时激发幼儿在游戏中更好地发挥自身的想象力和创造力。材料中王老师并没有直接选择自己认为比较合适的材料,而是让幼儿自己去寻找,这能够使幼儿大胆地结合生活经验并且展开想象,从生活中去挖掘和发现合适的材料进行游戏。最后,王老师的做法符合活动区材料投放具有启发性、可操作性、可探索性的要求,材料中王老师让幼儿自己寻找的材料,如树叶、签子等均来自于生活中,不仅符合大班幼儿的年龄特点,同时也能够让幼儿自主地进行设计制作。

五、活动设计题(本大题1小题,30分)

16.【参考设计】

大班主题活动:汽车

(1)主题活动的总目标有:
① 情感目标:使幼儿喜欢观察生活中各种各样的汽车,萌发其动手制作汽车的兴趣。
② 技能目标:使幼儿能够用自己喜欢的方式设计不同造型的汽车。
③ 认知目标:使幼儿知道生活中有不同种类的汽车,并了解各种各样汽车外部的基本结构和功能。
(2)活动一:我的小汽车(大班艺术领域美术活动)。
【活动目标】
① 使幼儿喜欢进行美术绘画活动,乐意与同伴分享自己设计的汽车造型。
② 幼儿能够大胆想象,有创意地设计出自己喜欢的汽车造型。
③ 幼儿了解汽车有各式各样的造型,知道不同汽车的主要造型特点。
【活动重难点】
① 活动重点:了解生活中有多种多样的汽车造型,并知道其特点。
② 活动难点:积极参与绘画活动,发挥想象设计不同的汽车造型,并用画笔表现出来。
【活动准备】
① 经验准备:幼儿在生活中观察过各种各样的汽车。
② 物质准备:纸张若干、画笔若干、各式各样汽车造型的图册。
【活动过程】
① 导入。教师带领幼儿歌唱儿歌《我的小汽车》,激发幼儿兴趣,吸引幼儿注意力,并引出活动主题。
教师:儿歌中的小汽车开进了我们的活动室,请小朋友们来欢迎小汽车和它的小伙伴们。
② 基本部分。
A. 教师出示各种造型的汽车图册,请幼儿认真观察,教师结合幼儿的生活经验,引导幼儿总结各种汽车的造型特点,整体感知画出"小汽车"的关键特征。
教师:请小朋友们说一说你在生活中都见到过什么样的汽车?它们是什么样子的?
教师总结:汽车的造型有很多种,每一种汽车都有自己的造型特点,各不相同。
B. 教师分发绘画材料,讲解绘画注意事项,并提出启发性建议,引导幼儿大胆想象,创意作画,同时巡回进行指导。
教师:请小朋友们大胆想象,用自己的画笔设计出喜欢的小汽车。
教师观察幼儿的绘画表现,并进行个别指导。
C. 教师鼓励幼儿与同伴分享自己的绘画作品,引导幼儿相互进行评价,体验绘画活动带来的乐趣。
教师:请小朋友们向同伴说一说自己设计的小汽车形象。
③ 结束部分。
教师总结幼儿在本次绘画活动中的表现,给予肯定鼓励,并组织幼儿回收整理绘画材料,结束本次活动。
教师:小朋友们都是小小设计家,能够用自己的画笔设计出最神奇的小汽车。现在请小朋友们整理好画笔和纸张,方便我们下次使用。
④ 活动延伸。
教师鼓励幼儿将自己的绘画作品《我的小汽车》投放进展览区,引导幼儿相互之间再次进行欣赏与评价。
(3)活动二:小汽车总动员(大班健康领域体育活动)。
【活动目标】
① 使幼儿喜欢和同伴一起合作进行体育游戏,萌发其对体育运动的兴趣。
② 使幼儿能够遵守游戏规则,与同伴合作进行"小汽车总动员"的体育游戏。
③ 使幼儿理解汽车在马路上行驶的交通规则,知道"小汽车"上坡跑的动作要领。
活动三:我的小汽车(大班艺术领域音乐活动)。
【活动目标】
① 使幼儿喜欢用自己的动作表现汽车的造型特点,体验音乐表演带来的乐趣。

② 使幼儿能够声音优美地唱出儿歌《我的小汽车》，并创编动作，大胆表现汽车的造型。
③ 使幼儿理解儿歌《我的小汽车》的大意，知道汽车有不同的声音和造型。

2018年下半年中小学教师资格考试
保教知识与能力试题（幼儿园）参考答案及解析

一、单项选择题（本大题共10小题，每小题3分，共30分）

1.【答案】A。解析：小班幼儿游戏方式以平行游戏居多，题干中的情况体现了小班幼儿喜欢模仿的特点。故本题选A。

2.【答案】C。解析：幼儿个别差异是指幼儿在幼儿园学习与教学情境下，在性别、智力、认知方式及性格等方面的差别。幼儿在同一时间达到同一目标，违背了尊重幼儿个别差异的原则。故本题选C。

3.【答案】B。解析：幼儿骨骼发育还没有定型，睡硬床有利于幼儿骨骼定型。故本题选B。

4.【答案】B。解析：《幼儿园教育指导纲要（试行）》第十条指出："教师应成为幼儿学习活动的支持者、合作者、引导者。"故本题选B。

5.【答案】C。解析：婴儿出生5周以后，人的出现包括人脸、人声等最容易引起婴儿的微笑，属于社会性微笑。有差别的微笑出现，是最初社会性微笑发生的标志。故本题选C。

6.【答案】C。解析：幼儿园教育内容来源于生活，题干中体现了幼儿园教育内容的生活性原则。故本题选C。

7.【答案】A。解析：蒙台梭利教育注重感官教育。故本题选A。

8.【答案】D。解析：《幼儿教育指导纲要（试行）》第四部分"教育评价"第五条指出："评价应自然地伴随着整个教育过程进行。综合采用观察、谈话、作品分析等多种方法。"第八条指出："平时观察所获的具有典型意义的幼儿行为表现和所积累的各种作品等，是评价的重要依据。"故本题选D。

9.【答案】B。解析：概念发展中，幼儿初期所掌握的实物概念主要是熟悉的事物，属直指型；幼儿中期所掌握的实物概念主要是事物某些比较突出的特征，属列举型；幼儿晚期（大班）逐渐掌握某一实物较为本质的特征，即功用型（功能性特征）。故本题选B。

10.【答案】A。解析：《3—6岁儿童学习与发展指南》科学领域目标3"在探究中认识周围事物和现象"中3—4岁（小班）幼儿的教育目标有："认识常见的动植物，能注意并发现周围的动植物是多种多样的。"故本题选A。

二、简答题（本大题共2小题，每小题15分，共30分）

11.【参考答案】
瑞士心理学家皮亚杰认为2—4岁儿童思维的特点是象征性思维。其特征是：
（1）开始运用象征性符号，出现表征功能，或称象征性功能。
（2）儿童思维中的物体已经减少个别性，带有某些一般性、概括性。
（3）该阶段思维的特点还表现在认为个别成分并不是整体中。
（4）这阶段儿童由于不掌握部分与整体的关系，只有部分与部分的直接等同，因而他们常常运用的是"转导推理"。
（5）"中心化"思维，这阶段的儿童在一个时间只能考虑到事物的一种特征，不能同时照顾两种特征。

12.【参考答案】
（1）美育可以促进幼儿的全面发展。
① 美育是人类社会的一种基本实践活动，可以给幼儿提供进行技术性活动的基本方法，提高动手能力。
② 美育是适合幼儿年龄特点的活动，能够开发大脑潜能、促进智力发展。
③ 美育能够培育幼儿美感，促进想象能力和创造能力的发展。
④ 美育符合时代和未来对幼儿的要求，能够发展幼儿良好的个性。

(2) 美育对社会的意义。

① 美育是建立一个文明、美好社会不可或缺的。

② 幼儿美育是社会精神文明建设的组成部分。

三、论述题(本大题1小题,20分)

13.【参考答案】

(1) 幼儿园一日生活常规指幼儿从入园到离园一切活动的总和。幼儿园一日生活的内容可以分为日常生活、教育活动、游戏活动、户外活动四个部分。其中日常生活指园内能够满足幼儿生活所需的活动。日常生活活动具有自在性、习惯性、情感性的特点。

(2) 幼儿园一日生活常规有重要的意义,主要包括以下几个方面。

① 能促进幼儿的身心健康。幼儿园合理安排幼儿的一日生活,科学地组织游戏、教育教学活动、户外活动、进餐、如厕、睡眠和各项娱乐活动等生活环节,动静交替、有张有弛、劳逸结合,能减少幼儿的等待时间和大脑的负担,是幼儿园最基本的保健方法。

② 有助于幼儿形成良好的生活习惯。幼儿期是最容易养成固定习惯的时期,而从小形成某些好习惯,幼儿将会终身受益。如睡觉起床后会自己整理被子,手脏了及时洗,上下楼梯遵守规则,玩大型活动器械排队不争抢等,使幼儿能按一定的规律和要求,积极自觉、有条不紊地完成每天应该做的事情,周而复始,形成良好的生活、卫生习惯。

③ 是全面完成幼儿园教育任务的保证。组织好幼儿的一日生活,能帮助幼儿尽快适应幼儿园的集体环境,与老师、同伴建立良好的互动关系,学习如何在集体中生活。有利于保教人员主动、有效地组织班集体活动,完成幼儿园的各项教育教学任务。

(3) 培养幼儿良好一日生活常规的方法有如下几种。

① 榜样示范法。充分利用幼儿好模仿的心理特点,通过树立榜样,为幼儿示范良好的卫生习惯。成人的言行被幼儿看在眼里、记在心里、落实在行动上,教师要提高个人修养,为幼儿树立好榜样。

② 渗透教育法。培养幼儿形成良好的生活习惯不是一蹴而就的事情,教师不可抱有"教你做、等你做太烦太慢,不如自己做来得快,省事"的想法,不自觉地剥夺幼儿学习生活的机会。要有足够的耐心引导幼儿在一日生活各环节中,在参与课堂管理,在为集体服务的活动中,在担任值日生、小组长、老师小帮手等角色中,逐渐形成良好的生活习惯。

③ 评价激励法。定期对幼儿的生活行为进行检查和评比,对达到要求的幼儿要及时给予肯定的评价,巩固其良好生活行为。一颗五角星、一面小红旗、一朵小红花都会让幼儿体验到成功的喜悦。

④ 成果欣赏法。这一方法是指组织幼儿进行生活方面的自我服务活动,并且组织幼儿观赏和评价自我服务的劳动成果,从中获得整洁的美感以及由此带来的情绪体验。

⑤ 图示观察法。以简洁、形象、连续的图示替代传统的示范、讲解等指导方式,引导幼儿在反复观察—思考—尝试的过程中,学习新技能、新方法。图示直观、形象、生动、有趣,符合幼儿的年龄特点和认识水平,容易引起幼儿注意,便于幼儿领会,利于幼儿记住,从而能更好地落实生活活动目标,帮助幼儿养成良好的生活习惯。

⑥ 游戏练习法。游戏练习法是让幼儿在生动有趣的活动中接受教育,快乐地学习,这样既符合幼儿的心理特点,又能取得良好的效果。可利用看图片、听故事、念故事和做游戏等形式来帮助幼儿掌握生活常规的要领,培养幼儿的生活自理能力。

⑦ 家园共育法。幼儿园每一项活动的开展都离不开家庭,幼儿的良好习惯仅在幼儿园培养是远远不够的,要得到家长的支持与配合。教师应与家长多沟通,并定期召开家长会,向家长宣传良好习惯养成的重要性,帮助家长建立正确的教养观念,要求家长密切配合幼儿园,达成共识,使幼儿在幼儿园形成的行为习惯在家里得以延续和巩固。

四、材料分析题(本大题共2小题,每小题20分,共40分)

14.【参考答案】

(1) 造成石头在班里朋友不多的原因主要包括以下两个方面。

① 内部因素——石头自身的原因,比如性格、气质、交往策略等。石头属于被拒绝型儿童,被拒绝型儿童的行为表现是在交往中活跃、主动,但常常采取不友好的交往方式,如材料中石头冲上去紧紧抱住林琳,让林琳感

到不舒服,推开了石头,石头又跺脚大喊,因此被其他幼儿拒绝,朋友很少。
②外部(自身以外)因素。A. 早期的亲子交往经验,父母教养方式对石头有一定影响;B. 教师没有进行合适的引导。
(2)教师可以运用一定的策略来帮助石头改善朋友不多的状况,例如可以通过以下方式:
①通过游戏活动培养幼儿的交往兴趣,增加幼儿的交往机会。这能教会幼儿进行合作,增强幼儿的自信心。
②通过游戏活动教会儿童游戏,提高儿童的参与度。如材料中的林琳独自一人玩游戏,教师发现这样的情况,可以设计一个《我会玩》的社会交往游戏活动,在游戏中教会幼儿与更多的伙伴一起发现更好玩的东西。
③建立愉快的环境和氛围,帮助幼儿建立宽松和谐的同伴关系。如材料中的石头因为自己的"拥抱"遭到了拒绝,会产生消极的情绪,教师可以先说出石头的感受,再进行语言引导:"老师知道你是想和林琳一起玩,但你不知道怎么和她说才直接拥抱了她,对吧?但是林琳她不知道呢,而且因为你抱得太紧让林琳有点痛了,所以她才推开了你。"
④教给幼儿必要的社会交往技能,教会幼儿表达自己,培养幼儿的积极情感。经过对石头的"接纳疏导"后,教给其社交技巧,例如,对石头说:"如果你想和林琳一起玩,老师教给你一个更有用的办法,你悄悄对林琳说'我能和你一起玩吗?我有一个大大的乐高,可以和你一起拼吗'如果她不愿意,我们再想办法,你先去试一试吧。"

15.【参考答案】
(1)赞同B教师的做法。儿童游戏具有以下特征:①游戏是幼儿自主自愿的活动;②游戏是幼儿感到快乐的活动;③游戏是充满想象和创造的活动;④游戏是虚构与现实统一的活动;⑤游戏是具体的活动。材料中幼儿通过"拱桥"玩起"运病人"游戏充分体现了游戏是幼儿自主自愿、充满想象和创造,以及感到快乐的特征,教师应尊重幼儿自发的表现和创造,给予适当的引导,不应阻止幼儿的游戏内容和形式,避免扼杀幼儿的想象力、创造力与快乐的情绪体验。
(2)游戏的发展价值主要有:
①在身体发展中的作用:A. 促进幼儿身体的生长发育;B. 发展幼儿的基本动作和技能;C. 增强幼儿对外界环境变化的适应能力;D. 有利于幼儿的身心健康。
②在智力发展中的作用:A. 游戏扩展和加深了幼儿对周围事物的认识,丰富了幼儿的知识;B. 游戏促进了幼儿语言的发展;C. 游戏促进了幼儿想象力的发展;D. 游戏促进了幼儿思维能力的发展;E. 游戏使幼儿在智力活动中处于轻松愉快的心理氛围。
③在社会性发展中的作用:A. 游戏提供了幼儿社会交往的机会,发展了幼儿的社会交往能力;B. 游戏有助于幼儿克服自我中心化,学会理解他人;C. 游戏有助于幼儿进行社会角色的学习,增强社会角色扮演能力;D. 游戏有助于幼儿行为规范的形成,培养其良好的道德品质;E. 游戏有助于幼儿自制力的增强,锻炼幼儿意志。
④在情感发展中的作用:A. 游戏中的角色扮演丰富了幼儿积极的情绪情感体验;B. 游戏中的自由自主发展了幼儿的成就感和自信心;C. 游戏中的审美活动发展了幼儿的美感;D. 游戏中的情绪宣泄有助于幼儿消除消极的情绪情感。
在"运病人"的游戏中,具体价值体现如下:
①幼儿的"拖""拉""拢"动作有利于促进幼儿动作技能的发展,促进其身心健康的发展,即有利于幼儿的身体发展。
②在游戏进行过程中幼儿需要对游戏情节、语言和"运病人"策略进行设计和及时调整,有助于幼儿智力的发展。
③"运病人"游戏需要幼儿分工合作,共同完成,有助于幼儿社会性的发展。
④幼儿"玩得不亦乐乎",表明幼儿在游戏中获得了积极的情感体验,即促进了情感的发展。

五、活动设计题(本大题1小题,30分)

16.【参考设计】
大班主题活动:我要上小学
(1)主题活动的总目标有:
①认知目标:使幼儿初步感受并知道小学生活的内容。
②能力目标:使幼儿能理解并遵循指令,具备初步的纪律意识和任务意识。

③ 学习目标：使幼儿绘画能够实现主题明确，内容丰富。
④ 情感目标：使幼儿乐于参加集体活动，发自内心地对小学生活充满期待之情。
（2）活动一：我要上小学（大班社会领域活动）。
【活动目标】
① 使幼儿知道升入小学后作息时间等方面的变化。
② 使幼儿会主动访问小学生，自己提问。
③ 使幼儿对小学生活产生好奇与向往。
【活动准备】
① 音乐《早上好》。
② 幼儿园毕业照、小学环境图片、开学典礼和上课的小视频。
③ 红领巾和小学校服。
【活动过程】
① 开始部分：播放音乐《早上好》，幼儿跟着音乐热身，激发幼儿活动兴趣。
② 基本部分：A. 欣赏往年幼儿园大班小朋友的毕业照，老师提问幼儿毕业之后小朋友们要做什么，通过幼儿的回答引出"小学"的主题；B. 观看小学开学典礼的小视频，通过升旗仪式整齐的队形、上课时齐刷刷举手回答问题，让幼儿直观感知小学生活的内容与变化。
③ 拓展深化，巩固感知对象：老师组织带领幼儿到附近小学参观，请幼儿说说自己的感受，并请小朋友试穿小学校服。
④ 结束部分：以小组为单位集合，到角色区畅想小学生活，教师总结。
（3）活动二：我上小学啦（大班绘画领域活动）。
【活动目标】
① 幼儿懂得欣赏并评价自己及同伴的作品，从中感受到创作的快乐。
② 绘画作品能够主题明确，内容丰富。
③ 幼儿自然、真实地呈现心目中向往的小学生活内容。
活动三：安全小能手（大班健康领域活动）。
【活动目标】
① 理解为什么要学会自我保护。
② 能够牢记并准确说出家庭中主要人员的信息，能够认识家庭住址，能够记住常用报警电话，具备自我保护能力。
③ 具备安全意识和一定的警惕性。

2018年上半年中小学教师资格考试
保教知识与能力试题（幼儿园）参考答案及解析

一、单项选择题（本大题共10小题，每小题3分，共30分）

1.【答案】D。解析：《幼儿园工作规程》第三条规定："幼儿园的任务是：贯彻国家的教育方针，按照保育与教育相结合的原则，遵循幼儿身心发展特点和规律，实施德、智、体、美等方面全面发展的教育，促进幼儿身心和谐发展。"故本题选D。

2.【答案】D。解析：根据《3—6岁儿童学习与发展指南》中对于艺术方面"表现与创造"的目标要求，中班幼儿能用自然的、音量适中的声音基本准确地唱歌。故本题选D。

3.【答案】A。解析：羞愧感属于高级情感，在幼儿期形成。故本题选A。

4.【答案】B。解析：协商处理玩伴关系是幼儿同伴交往的体现，同伴交往属于社会交往的一种。故本题选B。

5.【答案】C。解析：幼儿在1—3岁主要形成的人格品质是自主性，儿童必须学习自主，自己吃饭、穿衣及照顾自己的个人卫生等。儿童若无法自己独立，可能会使儿童怀疑自己的能力，并觉得羞耻。故本题选C。

6.【答案】B。解析：幼儿园科学教育主要是激发幼儿的探究兴趣，不追求知识的灌输。在《3—6岁儿童学习与发展指南》中规定小班幼儿，主要是喜欢接触大自然，对周围的很多事情和现象感兴趣。故本题选B。

7.【答案】A。解析：《3—6岁儿童学习与发展指南》指出，引导幼儿感知和理解事物"量"的特征时应感知常见事物的大小、多少、高矮、粗细等量的特征。故本题选A。

8.【答案】B。解析：《3—6岁儿童学习与发展指南》指出，艺术领域学习的关键在于充分创造条件和机会，在大自然和社会文化生活中激发幼儿对美的感受和体验，丰富其想象力和创造力，引导幼儿学会用心灵去感受和发现美，用自己的方式去表现和创造美。故本题选B。

9.【答案】D。解析：艺友制源于陶行知。艺就是教学艺术，友就是朋友，学生与有经验的老师交朋友，在实践中学习当老师，边干边学。凡用朋友之道探讨教学艺术便是艺友制，其根本方法是教学合一。用叶圣陶先生的话就是："事怎样做便怎样学，怎样学便怎样教。教的法子根据学的法子，学的法子根据做的法子。先行先知的在做上教，后行后知的在做上学。大家共教共学共做才是真正的艺友制，唯独艺友制才是彻底的教学做合一。"故本题选D。

10.【答案】C。解析：三山实验是心理学家皮亚杰做过的一个著名的实验。实验材料是一个包括三座高低、大小和颜色不同的假山模型，实验首先要求儿童从模型的4个角度观察这三座山，然后要求儿童面对模型而坐，并且放一个玩具娃娃在山的另一边，要求儿童从4张图片中指出哪一张是玩具娃娃看到的"山"，结果发现儿童无法完成这个任务。他们只能从自己的角度来描述"三山"的形状。皮亚杰以此来证明儿童的"自我中心"的特点。故本题选C。

二、简答题(本大题共2小题，每小题15分，共30分)

11.【参考答案】

婴幼儿调节负面情绪的主要策略有：

(1)反思法。当孩子与孩子之间发生矛盾时，可以使用反思法，请孩子们先冷静下来，想一想自己的情绪表现是否合适。

(2)自我说服法。当孩子初入园由于要找妈妈而伤心哭泣时，可以教他自己大声地说："好孩子不哭。"孩子起先是边说边抽泣，以后渐渐地不哭了。当孩子和小朋友打架，很生气时，可以要求他讲述打架发生的过程，孩子会越讲越平静。

(3)想象法。当孩子遇到困难或挫折而伤心时，可以教他们想象自己是"大姐姐""大哥哥""男子汉"或某个英雄人物等。

12.【参考答案】

幼儿园教师对本班工作全面负责，其主要职责如下：

(1)观察了解幼儿，依据国家有关规定，结合本班幼儿的发展水平和兴趣需要，制订和执行教育工作计划，合理安排幼儿一日生活。

(2)创设良好的教育环境，合理组织教育内容，提供丰富的玩具和游戏材料，开展适宜的教育活动。

(3)严格执行幼儿园安全、卫生保健制度，指导并配合保育员管理本班幼儿的生活，做好卫生保健工作。

(4)与家长保持经常联系，了解幼儿家庭的教育环境，商讨符合幼儿特点的教育措施，相互配合共同完成教育任务。

(5)参加业务学习和保育教育研究活动。

(6)定期总结评估保教工作实效，接受园长的指导和检查。

三、论述题(本大题1小题，20分)

13.【参考答案】

(1)让幼儿通过直接感知进行学习，既是幼儿思维特点的要求，也是直观性原则的体现。它能激发幼儿活动的兴趣，加深幼儿的印象，有助于理解和形成具体的概念，取得良好的教学效果。例如，在组织社会活动"花朵的秘密"时，可以给幼儿提供各种不同的花朵，让幼儿获得直接具体的感知。

(2)让幼儿通过实际操作的方式进行学习，既体现了杜威提出的"做中学"，也是活动性原则的体现。幼儿通过与物体相互作用的操作活动，与教师和同伴的交互活动，既能提高幼儿的动手操作能力，也能发展其智力。

例如,为了让幼儿学习数数,可以为幼儿准备一定数量的豌豆,让幼儿自己动手数数。

(3)让幼儿通过亲身体验的方式进行学习,这是由幼儿的学习特点决定的。《3—6岁儿童学习与发展指南》指出,幼儿的学习是以直接经验为基础的。由于幼儿认知水平较低,他们认识事物主要是通过感官和动作来获取直接经验。例如,在组织语言活动"春天来了",就可以引导幼儿去户外感受秋天的景色和变化,加深幼儿的体会。

四、材料分析题(本大题共 2 小题,每小题 20 分,共 40 分)

14.【参考答案】
(1)中班幼儿高级情感发展中最为显著的特点是道德感的发展,主要表现在幼儿喜欢告状,具体原因如下:
① 道德感主要是由自己或别人的举止行为是否符合社会道德标准而引起的情感。幼儿道德感的发展是一个比较复杂的过程,在进入幼儿园之后,在集体生活环境中,幼儿接触到不同的人和物,慢慢地由主要依赖于成人的评价,发展成为开始自己独立进行评价。
② 随着自我意识和人际关系意识的发展,中班幼儿比较明显地掌握了一些概括化的道德标准,他可以因为自己在行动中遵守了教师的要求而产生快感。他们不仅关心自己的行为是否符合道德标准,而且开始关心别人的行为是否符合道德标准,幼儿产生相应的情绪。所以,中班幼儿的告状行为比较突出。
(2)到了大班,幼儿的告状行为明显减少的原因主要有:
① 大班幼儿的道德感进一步的发展和复杂化,他们对好与坏有鲜明的不同情绪,道德感的发展趋于稳定。
② 大班幼儿的道德感主要体现在他们更加的关注到爱小朋友,也有了基本的集体荣誉感等,对各项事物的认知水平得到提高,所以大班幼儿的告状行为有所减少。

15.【参考答案】
(1)郭老师投放"绘画步骤图"是不对的。主要原因有:
① 首先,《幼儿园教育指导纲要》指出:艺术是实施美育的主要途径,幼儿的创作过程和作品是他们表达自己的认识和情感的重要方式,应支持幼儿富有个性和创造性的表达,克服过分强调技能技巧和标准化要求的偏向。所以,在幼儿的艺术创作中,郭老师应该为幼儿创设一个丰富的艺术环境,引发幼儿自主地进行积极的探索,从而提高绘画创作水平,而不应该直接提供"绘画步骤图"。
② 其次,在幼儿的艺术创作中,教师的作用应主要在于激发幼儿感受美、表现美的情趣,丰富他们的审美经验,使其体验自由表达和创造的快乐。所以,郭老师应该为幼儿在创作中进行相应的指导,而不能直接提供"绘画步骤图"。
③ 最后,学前儿童想象力的发展中再造想象占据主导地位,创造性想象开始发展。题干中教师的直接给出面包车的绘画步骤,让幼儿以此为标准去绘画,实际上束缚了幼儿再造想象的发展,同时也扼杀了创造性想象的萌发。
(2)如果我是郭老师,为了提高孩子的绘画能力,我会有以下做法:
① 首先,我会引导孩子在周围环境和生活中通过多种途径了解"汽车",丰富他们的感性经验和审美情趣,整体提高幼儿对"汽车"的认知水平。
② 其次,我会给幼儿提供自由表现的机会,鼓励他们用不同的艺术形式大胆地表达自己的理解和想象,尊重每个幼儿的想法和创造,肯定和接纳他们独特的审美感受和表现方式。
③ 最后,我会不断地组织各类艺术活动,引导幼儿在大胆表现的同时,提高绘画表现的技巧和能力。

五、活动设计题(本大题 1 小题,30 分)

16.【参考设计】

大班主题活动:春天

(1)主题活动的总目标有:
① 知道春天里周围的景物发生了哪些有趣的变化。
② 能用朗诵、绘画等各种方式感受春天,体验创作的快乐。
③ 知道春天里常见的疾病有哪些,能够照顾好自己。
④ 喜欢春天,愿意围绕"春天"的主题进行各种活动的探索。

(2)活动一:春风(大班语言领域活动)。
【活动目标】
① 理解诗歌的主要内容,知道春风给大地带来的变化。
② 能够正确地朗诵诗歌,并进行仿编活动。
③ 喜欢参加语言领域活动,热爱春天。
【活动准备】
① 物质准备:课件、视频、记录表格。
② 幼儿对春天、春风有一定的了解。
【活动过程】
① 歌曲导入,激发兴趣。
教师带领幼儿复习巩固学过的歌曲《春天在哪里》,并进行提问:
师:现在是什么季节?现在跟冬天相比天气如何?温度如何?风儿发生了什么变化呢?进而引出本次活动的主题——春风。
② 教师范读诗歌,初步感受。
教师范读《春风》这首诗歌,请幼儿认真聆听,并回答这样的问题:诗歌的名字叫什么?诗歌里的芽儿、柳树、山茶、燕子、青蛙、小雨,在春风的吹拂下都发生了哪些有趣的变化?之后,教师带领幼儿朗诵诗歌,感受诗歌的韵律美及语言美。
③ 理解诗歌内容,加深认识。
借助动画片的形式,再次为幼儿展示诗歌内容。之后,请幼儿思考:为什么春风来了,芽儿就萌发了?柳树被吹绿了?山茶被吹红了……春风究竟有什么样的魔法呢?在思考、讨论中引导幼儿总结出——春风其实是春天的使者,因为春天来了!之后再引导幼儿思考生活中春风还带来了哪些有趣的变化呢?
④ 小组合作,仿编诗歌。
结合上一环节的讨论,教师请幼儿以小组合作的形式,按照诗歌的句式"春风一吹,……萌发了,吹绿了……,吹红了……"进行仿编。幼儿自由创作的过程中,教师巡视指导。之后,请幼儿分组展示自己的仿编成果,教师逐一记录,并引导幼儿赏析。
【活动延伸】
请幼儿去美工区画一画自己心目中的春风。
(3)活动二:我是健康宝宝(大班健康领域活动)。
【活动目标】
① 知道春天里有哪些常见的疾病。
② 能够在日常生活中正确地保护自己,预防春天里的疾病。
③ 对健康知识感兴趣,养成良好的卫生习惯。
活动三:春天的花朵(大班艺术领域活动)。
【活动目标】
① 知道春天里有哪些花朵,它们的特征是什么样子。
② 掌握指纹画的步骤和方法,会用指纹画表达春天的小花。
③ 热爱大自然,对美术活动感兴趣。

2017年下半年中小学教师资格考试
保教知识与能力试题(幼儿园)参考答案及解析

一、单项选择题(本大题共10小题,每小题3分,共30分)

1.【答案】B。解析:依恋可以分为三种类型,即回避型依恋、安全型依恋和反抗型依恋。其中,安全型依恋是高质量的依恋。有研究表明,照看态度对依恋形成有重要影响,母亲对儿童的敏感性是影响儿童依恋形成的关键因素,敏感的母亲对儿童是易接近的、接受的、合作的,这有助于婴儿形成安全型依恋。故本题选B。

2.【答案】A。解析:在常规教育中,教师应多从正面引导幼儿,树立幼儿的自信心,对幼儿正确、良好的行为及时给予鼓励和肯定,久而久之使之巩固,以形成良好的习惯。故本题选A。

3.【答案】A。解析:新生儿的视觉发展相对不够成熟,他们所看到的东西比较模糊,视神经和其他皮层细胞等传送信息的通路需要几年的发展才能达到成人水平。新生儿不仅能听见声音,而且还能区分声音的高低、强弱和持续时间。味觉是生来就有的,新生儿对不同的味觉刺激会有不同的反应。新生儿已能辨别不同的气味,有研究发现,出生仅12小时的新生儿对不同的嗅觉刺激会有不同的反应。故本题选A。

4.【答案】D。解析:按照参与游戏的儿童之间的相互关系这一维度,可以将学前儿童游戏分为独自游戏、平行游戏、联合游戏和合作游戏。小班幼儿以独自游戏和平行游戏为主,游戏时彼此之间没有联系,各玩各的。合作游戏是幼儿晚期出现的较高级的游戏形式。题干中,小班"医院"的6位"小医生"都积极为教师看病、打针,虽然相互能意识到彼此的存在,但相互之间没有沟通、合作,这体现的正是平行游戏的特点。故本题选D。

5.【答案】B。解析:《幼儿园工作规程》第四十一条指出,幼儿园教师对本班工作全面负责,其主要职责如下:(1)观察了解幼儿,依据国家有关规定,结合本班幼儿的发展水平和兴趣需要,制订和执行教育工作计划,合理安排幼儿一日生活;(2)创设良好的教育环境,合理组织教育内容,提供丰富的玩具和游戏材料,开展适宜的教育活动;(3)严格执行幼儿园安全、卫生保健制度,指导并配合保育员管理本班幼儿生活,做好卫生保健工作;(4)与家长保持经常联系,了解幼儿家庭的教育环境,商讨符合幼儿特点的教育措施,相互配合共同完成教育任务;(5)参加业务学习和保育教育研究活动;(6)定期总结评估保教工作实效,接受园长的指导和检查。故本题选B。

6.【答案】C。解析:陌生情境实验是用来测验幼儿依恋类型的实验;点红实验是用来了解幼儿自我意识的实验;三山实验是皮亚杰设计的用以表明前运算思维的基本特征是自我中心性的实验;延迟满足实验是发展心理学研究中的经典实验,这个实验用于分析幼儿承受延迟满足的能力。所谓延迟满足,就是能够等待自己需要的东西的到来,而不是想到什么就要什么。延迟满足实验是为了研究幼儿的自我控制能力。故本题选C。

7.【答案】C。解析:幼儿的美术作品经常会出现很多夸张的事物,评价幼儿的美术作品不能以"像不像"作为标准,而要看作品是不是具有创造性,选项A错误。幼儿绘画时,教师不宜提供范画,特别不应要求幼儿完全照着范画来画,选项B错误。教师应该肯定幼儿作品的优点,用表达自己感受的方式引导幼儿提高绘画能力,选项D错误。选项C的做法既尊重了幼儿的想法和意见,又保护了幼儿的想象和创造。故本题选C。

8.【答案】A。解析:《幼儿园工作规程》第二十二条规定:"幼儿园应当培养幼儿良好的大小便习惯,不得限制幼儿便溺的次数、时间等。"可以允许幼儿按需要自由如厕。故本题选A。

9.【答案】D。解析:《3—6岁儿童学习与发展指南》语言领域倾听与表达部分的目标1"认真听并能听懂常用语言"中指出"能结合情境理解一些表示因果、假设等相对复杂的句子",是5—6岁幼儿能达到的目标。故本题选D。

10.【答案】B。解析:水痘病毒感染人体后,经过大约2周的潜伏期,患者可出现头痛、全身不适、发热、食欲下降等前期症状,继而出现有特征性的红色斑疹,后变为丘疹,再发展为水疱,常伴有瘙痒,1—2天后水痘开始干枯结痂,持续一周左右痂皮脱落。水痘的皮疹呈向心性分布,即躯干最多,头面部次之,四肢较少,手掌、足底更少。故本题选B。

二、简答题(本大题共2小题,每小题15分,共30分)

11.【参考答案】

移情是指从他人的角度来考虑问题。许多研究发现,移情水平是亲社会行为的动力基础,移情是儿童亲社会行为产生的前提。移情对儿童亲社会行为发展的作用主要体现在以下两个方面:

(1)移情可以使儿童摆脱自我中心,产生利他思想,从而导致亲社会行为的产生。

(2)移情可以引起儿童的情感共鸣,让儿童产生同情心和羞愧感。幼儿从内心的愿望出发,产生减轻他人痛苦的动机,从而增加亲社会行为,降低攻击性行为。

12.【参考答案】

(1)幼儿在生活中积累了丰富的感性经验,贴近幼儿生活的教育内容对幼儿来说是容易理解和接受的。

(2)贴近幼儿生活经验的教育内容能满足幼儿的兴趣和需要。幼儿的注意以无意注意为主,有意注意逐渐发展。与幼儿的兴趣和需要有密切关系的刺激物是引起幼儿无意注意的重要原因。贴近幼儿生活的教育内容大多能满足幼儿的兴趣和需要,能吸引幼儿的注意力,激发幼儿学习的主动性和积极性,培养幼儿良好的学习习惯。

(3)贴近幼儿生活的教育内容可以让幼儿获得与生活相关的各种经验和能力,幼儿可以将这种经验和能力迁移到生活中,从而促进幼儿习惯、能力等方面的形成和发展。

三、论述题(本大题 1 小题,20 分)

13.【参考答案】

(1)广义的幼儿园环境是指幼儿园教育赖以进行的一切条件的总和,既包括幼儿园内部的小环境,又包括幼儿园外部的家庭、社会、自然、文化等大环境。狭义的幼儿园环境是指在幼儿园中,对幼儿身心发展产生影响的物质要素与精神要素的总和。它涵盖了幼儿园的全体工作人员、幼儿、园舍建筑、设备设施、空间布局以及各种信息要素,并通过一定的教育制度与观念以及文化传统组织、综合的一种动态、有形与无形相结合的教育空间范围。

(2)原因。

① 良好的幼儿园环境能给幼儿提供发展的保障,有利于幼儿适应幼儿园生活。在幼儿园里,丰富多样的设备和材料,能满足幼儿的多种需要,让幼儿在良好的物质环境中进行活动,获得积极愉快的情感体验,并在自由的探索中主动去发现周围世界的奥秘。此外,创设一个平等、接纳、尊重、温馨的心理环境也是至关重要的。教师用自己的爱心、耐心及宽容接纳每一个幼儿,可以帮助幼儿适应并喜欢幼儿园的集体生活,使其形成安全感和信任感,体验到幼儿园集体生活的乐趣。

② 良好的幼儿园环境能够促进幼儿身心健康发展,有利于幼儿形成良好个性,适应社会生活。创设民主、和谐的幼儿园环境,有利于幼儿理解社会行为规范,形成分享、合作、同情、关心、援助等亲社会行为。

③ 良好的幼儿园环境能够激发幼儿的创造潜能。在良好的幼儿园环境中,教师能站在儿童的角度看待其思维和行为,始终以宽容之心来对待幼儿的各种行为和表现,公正、客观地对幼儿进行评价,使幼儿敢想、敢说、敢探索、敢创造。

四、材料分析题(本大题共 2 小题,每小题 20 分,共 40 分)

14.【参考答案】

(1)李虎及其他幼儿说脏话的可能原因包括:

① 家庭的影响。李虎经常说脏话可能是因为家庭教养方式不当,以及父母不良的榜样作用。

② 社会媒体的影响。李虎可能是受到电视、网络等媒体的影响,学习电视、网络等媒体中的某些人物说脏话。

③ 幼儿爱模仿的特点。小班幼儿的独立性差,爱模仿别人。看见别人玩什么,自己也玩什么;看见别人说脏话,自己也说脏话。

(2)教师可以采取的干预措施有以下几个:

① 与李虎的家长沟通,了解李虎说脏话的原因,指导家长树立正确的教育观念、掌握科学的育儿方法,为幼儿的语言发展创造一个良好的家庭环境。

② 开展"我是文明小标兵"的教学活动,教会幼儿表达愤怒情绪和处理矛盾的方法,引导幼儿使用文明礼貌用语。

③ 教师常常是幼儿模仿的对象,教师要规范自己的言行,为幼儿树立良好的榜样。

④ 利用替代性强化,表扬讲话文明礼貌的幼儿。

⑤ 利用代币制的方法矫正幼儿的不良行为。教师可以告诉幼儿当他不说脏话时,就可以获得一颗星星,当积攒够一定数量的星星后,就可以换一个自己喜欢的物品,以此来矫正幼儿说脏话的不良行为。

15.【参考答案】

教师应该支持这些幼儿的行为。

理由:

(1)游戏是幼儿最喜爱的活动,是幼儿生活的主要内容。

幼儿在一日生活中,除了吃饭、睡觉等生活活动外,绝大多数时间都在游戏。即便是生活、劳动、学习等活动,幼儿也常常是以游戏的形式来进行,或是将生活、学习、劳动过程变成游戏过程。因此,教师不应剥夺幼儿游戏的权利,当幼儿沉浸在游戏当中的时候,教师应该给予相应的鼓励和支持,帮助幼儿更好地游戏。

(2)游戏是幼儿对生长的适应,符合幼儿身心发展特点。

游戏能满足幼儿身心发展的需要,促进幼儿的发展。教师应鼓励、支持幼儿的游戏,让幼儿在游戏中满足其发展的需要,适应生长。

(3)游戏是幼儿的自发学习。

对幼儿来说,游戏不仅仅是一种消遣,它是幼儿主要的学习方式。幼儿在游戏中,通过与人、事、物的相互作用,建构起对自己、他人以及世界的认识和理解,从而获得自身认识、情感、社会性、个性等方面的发展。如在粉刷投篮架以及玩水的过程中,幼儿的身体、认知、情感、社会性等方面都得到了发展。因此,教师要珍视游戏和生活的独特价值,最大限度地满足幼儿游戏的需要。

五、活动设计题(本大题 1 小题,30 分)

16.【参考设计】

大班主题活动:有用的工具

(1)主题活动的总目标有:

① 对各种工具的初步认识,知道不同的工具有不同的用法。

② 大胆尝试操作收集到的工具,能够正确地使用工具进行探索。

③ 在各种尝试活动中会用自己的方式发表、记录自己真实的发现、感受、探索的过程和经验等。

④ 感受工具大家族的多种多样性,对生活中各式各样的工具感兴趣,愿意进行相应的探索。

(2)造房子(大班语言领域活动)。

【活动目标】

① 理解故事的内容,知道不同的工具有不同的作用。

② 在全班同学面前大胆地讲述小动物们使用什么劳动工具。

③ 喜欢语言故事活动,对生活中的工具产生兴趣。

【活动准备】

① 工具图片、动物头饰。

② 幼儿生活中见过的一些工具。

【活动过程】

① 儿歌导入,激发兴趣。

儿歌《粉刷匠》导入,然后呈现粉刷匠的图片,请幼儿观察粉刷匠的工具,进而引出活动的主题——造房子的工具。

② 借助图片,初步感知故事。

教师借助图片,带领幼儿学习故事——《造房子》;请幼儿讲述故事中谁来帮助小羊建造房子?它们都带来了什么工具?这些工具有什么作用?

③ 视频讲解故事,续编故事。

A. 动画视频再次播放故事,请幼儿思考为什么小鸡带来的是小铲子?小熊带来的是铁锹?使用这些工具的时候需要注意什么?你会使用这些工具吗?

B. 请幼儿思考,如果你要去帮小羊建房子,你会使用什么样的工具呢?为什么?

④ 角色表演,巩固拓展。

A. 通过呈现图片,请幼儿复述故事,教师注意提醒幼儿复述时不要遗漏故事要点。

B. 请幼儿选择故事中自己喜欢的动物头饰,表演故事。

⑤ 活动延伸

请幼儿回到家里和爸爸妈妈讨论,除了今天提到的工具,生活中还有哪些有用的工具?

(3)主题活动一:小小工程师(社会领域活动)。

【活动目标】

① 认识几种常见工具的名称,知道它们的用处。

② 鼓励幼儿根据操作对象选择合适的工具。

③ 知道安全使用工具的方法。

主题活动二：我们都是演奏家（艺术领域活动）。
【活动目标】
① 了解各种乐器的名称，知道它们会发出不同的声音。
② 大胆尝试各种小乐器的演奏方法。
③ 对乐器演奏各种音乐产生兴趣，喜欢欣赏音乐。
主题活动三：厨房大世界（语言领域活动）。
【活动目标】
① 认知目标：认识厨房里常见的刀具。
② 能力目标：认真参观厨房，发现有不认识的工具能够有礼貌地提出。
③ 情感目标：对厨房里的工具感兴趣，愿意讲述自己的观察发现。

2017年上半年中小学教师资格考试
保教知识与能力试题（幼儿园）参考答案及解析

一、单项选择题（本大题共10小题，每小题3分，共30分）

1. 【答案】C。解析：精细动作能力是指个体主要凭借手以及手指等部位的小肌肉或小肌肉群，在感知觉、注意等多方面心理活动的配合下完成特定任务的能力。双手接球不仅仅有手的动作，还需要手臂甚至身体的动作，属于大肌肉动作。故本题选C。

2. 【答案】C。解析：同卵双胞胎的遗传因素是相同的，生活在不同的环境中说明其后天环境是不同的。因此，智商测试分数接近说明了遗传对智商的影响较大。故本题选C。

3. 【答案】B。解析：泛灵论是处于前运算阶段幼儿的心理特点，即幼儿认为自己身边的所有事物都和自己一样是有生命的。亮亮认为盘子受伤会难过得哭泣正是体现了泛灵论的特点。故本题选B。

4. 【答案】C。解析：分离焦虑是指婴幼儿因与亲人分离而引起的焦虑、不安或不愉快的情绪反应。幼儿从家庭迈入幼儿园，环境发生了巨大改变，容易引起幼儿的分离焦虑。故本题选C。

5. 【答案】D。解析：幼儿先看了下两组积木，暂停了一下，说7块，说明幼儿能够对事物进行10以内的加减，可见幼儿已经形成了数概念。选项A、B、C中的幼儿能够手口一致地点数物体，然后说出物体的总数，只能说明其掌握了数的实际意义，虽然这阶段幼儿已经具备了初步的计数能力，但还没有形成数概念。故本题选D。

6. 【答案】A。解析：《3—6岁儿童学习与发展指南》在"说明"部分强调，实施时应"重视幼儿的学习品质"，并明确指出"幼儿在活动过程中表现出的积极态度和良好行为倾向为终身学习与发展所必需的宝贵品质"。故本题选A。

7. 【答案】D。解析：在幼儿园环境中使用易于幼儿识别的生活行为规则标识图的目的是便于幼儿习得生活技能和行为准则。故本题选D。

8. 【答案】B。解析：擤鼻涕的正确方法是轻轻捂住一侧的鼻孔，擤完后再擤另一侧。擤时不要太用力，不要把鼻孔全捂上使劲地擤。因为鼻腔里有一条条"暗道"与"邻里"相通，如鼻泪管与眼相通、耳咽管与中耳相通等。如果擤鼻涕时太用劲，就可能把鼻腔里的细菌挤到中耳、眼、鼻窦里，引起中耳炎、鼻泪管炎、鼻窦炎等疾病。故本题选B。

9. 【答案】D。解析：在《3—6岁儿童学习与发展指南》"健康"中明确指出，利用多种活动发展身体平衡和协调能力。例如：走平衡木，或沿着地面直线、田埂行走，玩跳房子、踢毽子、蒙眼走路、踩小高跷等游戏活动。故本题选D。

10. 【答案】A。解析：教育即生长，言简意赅地道出了教育的本义，就是要使每个人的天性和与生俱来的能力得到健康生长，强调教育要以儿童的本能和能力为依据。故本题选A。

二、简答题（本大题共2小题，每小题15分，共30分）

11. 【参考答案】
观察是有目的、有计划地考察学前儿童在日常生活、游戏、学习和劳动中的表现，包括其言语、表情和行为，可以分析儿童心理发展的规律和特征。观察对教师了解幼儿、促进幼儿的发展具有重要意义。
（1）学前儿童的心理活动有突出的外显性，教师通过观察了解幼儿的发展水平、兴趣及需要，进而能够提供更适宜的教育内容和教育方法。
（2）观察使教师更容易抓住日常生活中的教育契机，使教师在合适的时机介入幼儿的活动中，进而提供有针对性的指导。

12.【参考答案】
（1）创设良好的物质环境。
物质环境应该具有安全、舒适、卫生、实用等特点，环境布置应做到绿化、美化、净化、儿童化和教育化。幼儿只有在良好的物质环境中活动，才能产生积极向上的情感和愉悦的情绪。
（2）创设宽容理解的环境。
教师要真挚地关心幼儿，充分与幼儿进行沟通，指导和理解幼儿的想法与感受，并让幼儿知道和理解教师的一些想法，让幼儿在教师的关心和爱护下健康快乐地成长。教师要站在儿童的角度看待其思维和行为，始终以宽容之心来看待幼儿的各种心理行为，公正、客观地对幼儿进行评价。教师要以正面激励为主，使幼儿敢想、敢说、敢探索、敢创造。
（3）建立良好的幼儿群体。
教师初建班集体时，应坚持正面教育和集体教育相结合的教育态度，使幼儿个体的才能在集体中得到充分表现，逐渐使幼儿产生自信和自主感。教师应注意引导、鼓励和帮助幼儿参加各种活动，并随时肯定、表扬他们的积极性和良好表现，以促进幼儿身心健康发展。
（4）建立良好的人际关系。
幼儿园具有良好的人际关系，可使教师之间保持关系和谐，合作共事，幼儿在这样的人际关系里，能受到教师的尊重，扮演成功的角色，满足多方面发展的需要。
（5）形成良好的幼儿园风气。
良好的幼儿园风气要靠全体教职员工经过长期培养才能逐渐形成，一旦形成，则对全体成员具有潜移默化的影响。

三、论述题（本大题1小题，20分）

13.【参考答案】
社会领域的教育具有潜移默化的特点，幼儿社会态度和社会情感的培养应渗透在多种活动和一日生活的各个环节之中，可以通过以下几个方面实现：
（1）引导幼儿参加各种集体活动，体验与教师、同伴等共同生活的乐趣，帮助他们正确地认识自己和他人，养成对他人和社会亲近、合作的态度，学习初步的人际交往技能。
（2）为每个幼儿提供表现自己长处和获得成功的机会，增强其自尊心和自信心。
（3）提供自由活动的机会，支持幼儿自主地选择、计划活动，鼓励他们通过多方面的努力解决问题，不轻易放弃克服困难的尝试。
（4）在共同生活和活动中，以多种方式引导幼儿认识、体验并理解基本的社会行为规则，学习自律和尊重他人。
（5）教育幼儿爱护玩具和其他物品，爱护公物和公共环境。
（6）与家庭、社区合作，引导幼儿了解自己的亲人以及与自己生活有关的各行各业人们的劳动，培养其对劳动者的热爱和对劳动成果的尊重。
（7）充分利用社会资源，引导幼儿实际感受祖国文化的丰富与优秀，感受家乡的变化和发展，激发幼儿爱家乡、爱祖国的情感。
（8）适当向幼儿介绍我国各民族和世界其他国家、民族的文化，使其感知人类文化的多样性和差异性，培养其理解、尊重、平等的态度。

四、材料分析题（本大题共2小题，每小题20分，共40分）

14.【参考答案】
（1）首先，案例中莉莉和小娟的行为说明幼儿的学习是以直接经验为基础、在游戏和日常生活中进行的。

她们在游戏中,能够通过摆弄、操作许多材料或工具,探究自己感兴趣的问题,从而获得经验,并促进思维的发展。材料中,小娟和莉莉由于材料不够从而产生了想象活动,并且在尝试给不同的娃娃找床的过程中能够想到解决问题的办法,在游戏中获取了直接经验。

其次,莉莉和小娟在角色游戏中不仅能够独立思考解决问题,并且愿意接受同伴的意见和建议,能与同伴分工合作,遇到困难能一起克服,说明他们的社会性正在不断发展,与同伴交往的能力逐渐增强。

(2)《3—6岁儿童学习与发展指南》中指出:"最大限度地支持和满足幼儿通过直接感知、实际操作和亲身体验获取经验的需要。"因此教师在幼儿的游戏活动中可以给幼儿提供丰富的材料和适宜的工具,支持幼儿在游戏的过程中大胆想象。

在游戏开展前,教师要为幼儿提供合适的场所以及丰富的游戏材料,丰富幼儿游戏的主题,激发幼儿游戏的愿望和兴趣。在游戏的过程中,及时观察儿童游戏的种种意图,给幼儿开展游戏提供必要的帮助,鼓励幼儿在游戏中的点滴创造,给予幼儿积极的评价和肯定,培养幼儿的自信心,调动幼儿游戏的积极性,引导其充分地讨论问题、分享经验,学会学习和创造,取长补短,开拓思维,不断提高游戏的水平。

15.【参考答案】

(1)材料中教师投放的拼图材料不适宜。

首先,大班幼儿能通过实物操作或其他方法进行10以内的加减运算,因此,让幼儿进行10以内加减法的运算时,需要为幼儿提供可以进行操作的游戏材料,借助对具体实物的操作来感受数学的运算,而不能只是抽象的加减运算,这一学习方式不适合幼儿。

其次,拼图的设置太简单,低于大班幼儿的认知发展水平,许多幼儿可以利用拼图的形状本身快速进行拼图,因此,许多幼儿可以轻松完成,也未对图片中的季节特征产生观察与探究的兴趣。

(2)材料投放存在的问题:

① 不具有操作性。对于幼儿来说,他们的思维方式以具体形象思维为主,能让幼儿去操作、去探索的材料才能激起幼儿的探索欲望和学习兴趣。

② 不符合幼儿的发展水平。适宜的材料是指那些符合幼儿年龄特点,有利于幼儿主动游戏的材料。案例中的材料显然低于幼儿的发展水平,不符合幼儿的兴趣需要,无法促进幼儿的进一步发展。

③ 不具有整体性。幼儿的生活中有大量事物可以体现春天,而题干中教师所呈现的材料只是关于"春天的景致",这表明围绕着课程主题给幼儿呈现的材料是局限的、不完整的。

④ 材料之间的衔接不足。教师通过投放一种材料使幼儿既能了解到春天的季节特征,同时还能渗透数学教育,符合《幼儿园教育指导纲要(试行)》中"五大领域的内容彼此之间需要融合、相互促进"的要求,但春天的拼图中一部分是春天景色,一部分是计算题,两者之间并没有直观联系,只是形式上的整合而已。

改进建议:

① 鉴于大班幼儿以具体形象思维为主的思维方式,教师需要为幼儿提供适合幼儿探索、操作的材料。

② 投放材料时,要考虑到幼儿的发展水平,材料要在幼儿的最近发展区内,是能促进幼儿各方面发展的游戏材料。

③ 围绕生活内容命题时,教师需要考虑幼儿的生活,从幼儿的生活和兴趣出发,为幼儿提供完整的材料。

④ 提供材料时,需要兼顾不同类型的活动,需要考虑活动之间的衔接与配合。

五、活动设计题(本大题1小题,30分)

16.【参考设计】

大班主题活动:多样的盒子

1. 主题活动一:有趣的盒子(大班科学活动)

【活动目标】

(1)了解盒子的种类,会按照盒子的多种特征进行分类。

(2)大胆尝试用盒子搭建造型,提高动手能力和创造能力。

(3)乐意与同伴共同游戏,在游戏中体验合作、感受快乐。

【活动准备】

各种各样的盒子若干,运河大桥图片一张。

【活动过程】
(1) 玩盒子。
师:今天来了很多的盒子宝宝,你们一人找一个盒子宝宝去玩吧。
(2) 说盒子。
① 介绍自己所玩盒子的特征。
师:你是和哪个盒子宝宝做游戏的?你手中的盒子是用什么做的?是什么样子的?是装什么的?你是怎么知道的?
② 教师介绍一个有特色的盒子。
师:今天我还带来一个不一样的盒子,你们猜猜是什么盒子?
(3) 盒子分类。
① 讨论盒子分类的方法。
师:盒子宝宝累了,想回家了,可是这么多盒子放在一起,如果想找到其中的一个盒子宝宝,可能要找半天,你们有没有好方法?(幼儿自由讨论)
师:原来各种各样的盒子还可以按照大小、材质、用途、形体的不同分成许多种类。
② 幼儿分组自由讨论给盒子的分类。
A. 幼儿找好朋友,共同商议如何给盒子分类。
B. 师生共同点评,请幼儿介绍分类过程。
③ 尝试换一种方法给盒子分类。
师:你还会用别的方法给盒子分类吗?请你们再来试一试。
④ 分盒子比赛。
讨论:为什么获得第一名的小组分得那么快呢?(他们商量得快,合作得很好。)
(4) 盒子搭建。
① 小组讨论、自由搭建。
A. 师:在平时我发现有很多的小朋友喜欢搭积木,现在我们要用这些盒子来试试,请你们动动脑筋,我们可以用这些盒子搭什么呢?
B. 师生共同欣赏搭建出来的作品,如城堡、楼房、沙发等。
② 尝试共同搭建"运河大桥"。
A. 出示图片共同讨论,这是由我们中国人自己设计、自己施工的桥梁——运河大桥,我们怎么用盒子来搭建它呢?
B. 幼儿合作搭建大桥。
(5) 活动结束。
① 开着旅游观光车欣赏自己搭建的"大桥"。
② 和盒子宝宝道别,结束活动。
2. 主题活动二:纸盒、纸箱造型(大班美术活动)
【活动目标】
(1) 与同伴共同利用纸盒、纸箱等材料制作喜欢的玩具、物品等。
(2) 愿意根据纸盒、纸箱的外形进行想象,大胆地使用切割、连接、刷色等方法进行制作活动。
(3) 与同伴好友相处,继续学习分工合作、相互协商的合作方法。
【活动准备】
(1) 教师和幼儿共同收集各种大小不同的纸盒、纸箱,切割、刷色的工具(小刀、刷子等),辅助材料(铅丝、绳子、挂历纸等),各种颜料、积木、剪刀、糨糊、锥子、胶带等。
(2) 各种图片(建筑物、桥梁、大型玩具、家具、交通工具等)。
【活动过程】
(1) 教师出示各种图片,导入活动。
师:仔细观察图片,它们有什么共同的地方?有什么不同的地方?大大小小的纸盒、纸箱和辅助材料,你认为它们用来做些什么?
师:请你们自由分成5个小组,每个小组在图片中选一个喜欢的内容,并一起商量要制作的东西。
师:请每个小组选个代表说说你们想制作的物品。

(2) 教师与幼儿讨论制作的方法。
师：这些物品怎么做呢？要用哪些材料？如果需要两个纸箱，怎么连接？怎么样让你们制作的物品更美观一点？
(3) 教师与幼儿讨论合作的方法。
师：我们应该怎么分工？如果在合作的时候遇到矛盾怎么办？（先讨论并确定做哪些物品，每个人负责做什么）
(4) 幼儿制作，教师巡回指导。
① 幼儿与同伴友好合作、协商。
② 鼓励幼儿大胆使用辅助材料和工具。
③ 请幼儿注意作品的整体美观。
(5) 幼儿互相欣赏作品、交流感受。
3. 主题活动三：纸箱妙妙妙（中班故事活动）
【活动目标】
(1) 理解故事的内容，能够讲述故事的主要情节。
(2) 能用完整的句子讲述纸箱的不同玩法。
(3) 形成废物利用的环保意识。
【活动准备】
教具准备：故事课件，纸箱一个。
【活动过程】
(1) 开始部分。
教师出示纸箱，吸引幼儿的兴趣，讨论纸箱的玩法，导入活动。
师：谁知道纸箱可以怎样来玩游戏呢？刚才小朋友们有各种猜测，那么纸箱可以用来玩什么游戏呢？我们一起来分享故事《纸箱妙妙妙》。
(2) 基本部分。
① 教师请幼儿观察课件，进行第一遍讲述。
师：故事的名字叫什么？故事中都有哪些人？故事中的"我"是谁？他们用纸箱玩了哪些游戏？
② 教师第二遍讲述故事，进一步引导幼儿仔细观察，掌握故事的主要内容。
师：有一天，家里买了一台新的电视机，姐姐喜欢的是什么东西？姐姐用纸箱玩什么游戏？弟弟看见了怎么样？他们还用纸箱玩了哪些游戏？
③ 教师引导幼儿大胆地进行想象并讲述：纸箱还可以用来玩什么游戏，以培养幼儿的发散性思维。
师：小朋友们想一想，姐姐和弟弟有了新的纸箱，他们还会玩什么游戏？如果是你们，你们会和纸箱玩什么游戏呢？
(3) 结束部分。
教师总结：纸箱是可回收的，除了包装东西外，还可以用废旧的纸箱来做很多事情，如用纸箱搭建房子、用纸箱当舞台等。

2016年下半年中小学教师资格考试
保教知识与能力试题（幼儿园）参考答案及解析

一、单项选择题（本大题共10小题，每小题3分，共30分）

1.【答案】D。解析：从功能角度，玩具可以分为建构性玩具、运动性玩具、教育性玩具和表征性玩具。其中，教育性玩具也称益智玩具。故本题选D。
2.【答案】A。解析：婴儿5~6个月开始认生。这是儿童认知发展和社会发展过程中的重要变化，明显表现了感知辨别能力和记忆能力的发展；表现儿童情绪和人际发展关系上的重大变化，出现对人的依恋态度。故

3.【答案】C。解析：幼儿先掌握实词，后掌握虚词。儿童掌握实词的顺序是：名词—动词—形容词。故本题选 C。

4.【答案】B。解析：风疹发病高峰期为春季至初夏。风疹病毒主要通过空气传播，以鼻咽分泌物为主要传染源。该病毒通过接触传播的传染能力不强，偶尔接触未必会被感染，其潜伏期为 10—21 天，此后表现为咳嗽、流涕、咽部疼痛、头痛、发热、食欲不佳等临床症状。面部会首先出现皮疹，一个月内遍布全身。一次得病，可终身免疫。故本题选 B。

5.【答案】D。解析：思维的表面性是指根据具体接触到的表面现象进行思维，往往只是反映事物的表面联系，而不是事物的本质联系。青青的问题正体现了其思维的表面性。故本题选 D。

6.【答案】A。解析：《3—6 岁儿童学习与发展指南》的"目标"部分分别对 3—4 岁、4—5 岁、5—6 岁三个年龄段末期幼儿应该知道什么、能做什么，大致可以达到什么发展水平提出了合理期望。其中，科学领域中提到，5—6 岁幼儿能用数字、图画、图表或其他符号记录。故本题选 A。

7.【答案】D。解析：1989 年 11 月 20 日，联合国大会通过了《儿童权利公约》。按照《儿童权利公约》的精神，儿童享有的基本权利有生存权、受保护权、发展权和参与权。其中，第三条第一款规定："关于儿童的一切行动，不论是由公私社会福利机构、法院、行政当局或立法机构执行，均应以儿童的最大利益为一种首要考虑。"故本题选 D。

8.【答案】C。解析：《幼儿园教师专业标准（试行）》的基本理念为"师德为先""幼儿为本""能力为重""终身学习"。故本题选 C。

9.【答案】B。解析：《幼儿园教育指导纲要（试行）》在"科学、合理地安排和组织一日生活"中指出，"（1）时间安排应有相对的稳定性与灵活性，既有利于形成秩序，又能满足幼儿的合理需要。照顾到个体差异。（2）教师直接指导的活动和间接指导的活动相结合，保证幼儿每天有适当的自主选择和自由活动时间。教师直接指导的集体活动要能保证幼儿的积极参与，避免时间的隐性浪费。"因此，题干中所说的正是体现了幼儿一日生活安排应该照顾到幼儿的个体差异，同时避免时间的隐性浪费。故本题选 B。

10.【答案】A。解析：幼儿的个体差异包括能力差异、气质差异、性格差异等。选项 B 属于气质差异，选项 C 属于能力差异，选项 D 属于性别差异。选项 A 体现的只是暂时情况，并不是个体差异的表现。故本题选 A。

二、简答题（本大题共 2 小题，每小题 15 分，共 30 分）

11.【参考答案】
（1）社会领域的教育具有潜移默化的特点。幼儿社会态度和社会情感的培养尤应渗透在多种活动和一日生活的各个环节之中，要创设一个能使幼儿感受到接纳、关爱和支持的良好环境，避免单一呆板的言语说教。
（2）幼儿与成人、同伴之间的共同生活、交往、探索、游戏等，是其社会学习的重要途径，教师应为幼儿提供人际间相互交往和共同活动的机会和条件，并加以指导。
（3）社会学习是一个漫长的积累过程，需要幼儿园、家庭和社会密切合作，协调一致，共同促进幼儿良好社会性品质的形成。

12.【参考答案】
（1）父母的陪伴教育有利于幼儿认知的发展。
自我意识的发展是幼儿认知发展的一个巨大进步，幼儿会通过自己的视角观察世界，把自己和别人分离开来进行思考。如一些孩子不愿意和别人分享玩具、争夺零食，这在幼儿阶段是一种正常的行为。如果在父母的陪伴下，进行很好的交流和沟通，那么父母就可以对幼儿以自我为中心的主观意识进行引导，从而使幼儿形成与他人分享，换位思考，处处为人着想的良好品质。
（2）父母的陪伴教育有利于发挥幼儿游戏的引导性。
游戏是进行幼儿教育的最佳途径，幼儿的各种学习是通过游戏活动进行的，父母可以通过与孩子游戏的方式增加对孩子的了解，并加强引导。
（3）父母的陪伴教育有利于建立良好亲子关系。
亲子关系是人一生中最早建立而且是最重要的一种人际关系，是孩子与其他人形成良好人际关系的前提和基础。在孩子的成长过程中，任何人都无法取代父母的重要角色，尤其在幼儿期，父母的陪伴不仅让其有安全感，更能让其学会处理好与父母的关系。

(4) 父母的陪伴教育有利于幼儿养成良好的行为习惯。

良好的行为习惯是孩子终身享用的财富。有研究表明，3—12岁是儿童养成良好行为习惯的关键期。从小培养孩子良好的行为习惯会对他的一生产生深远的影响；反之，如果不注意培养其良好的行为习惯，将会贻害终身。培养孩子养成的良好行为习惯，家长的影响至关重要。

三、论述题（本大题1小题，20分）

13.【参考答案】

幼小衔接工作主要是使幼儿尽快适应新的学习生活，避免和减少因两个学习阶段间存在的差异给幼儿身心发展带来的负面影响，为其入小学后的发展及终身发展打好基础。

因此，做好幼小衔接工作需要幼儿园和家庭两个方面共同努力。

（一）幼儿园方面的衔接工作

1. 加强对儿童进入小学所应具备的素质的培养

（1）培养幼儿的主动性。

在幼儿园教育中，给幼儿提供自己选择、自己计划、自己决定的机会和条件，鼓励他们去探索、去尝试，并使他们尽量获得成功的体验，从而培养幼儿的主动性。

（2）培养独立性。

在幼儿园中，教师可以通过日常生活活动的开展，培养幼儿独立地穿脱衣服、鞋袜、整理书包等生活习惯。

（3）发展人际交往能力。

幼儿人际交往能力的重要性表现在入学后对新的人际环境的适应上。适应能力差的幼儿没有新朋友，他们感到孤独，心情沮丧，学习的兴趣大大减低，学校的吸引力也随之消失。

（4）培养幼儿的规则意识和任务意识。

在大班阶段，教师可以通过开展规则游戏或其他活动，让幼儿逐步懂得，生活、学习、游戏等都是有规则的。同时，幼儿园可在生活制度、活动纪律等方面有所改变，让幼儿逐步养成遵守规则的习惯，以缩短幼儿入学后适应小学规则的时间。

（5）发展动作，增强体质。

儿童入学后脑力活动增多，体力活动减少，书写任务较重。因此，幼儿园除了要保证幼儿获取必需的营养，做好保健工作外，更要积极锻炼幼儿的身体，增强幼儿的体质。

2. 做好儿童入学前的准备工作

（1）入学情感的激发。

① 组织幼儿参观附近小学。

② 调整幼儿园的作息制度。

③ 逐步养成小学生应有的行为习惯。

④ 进行毕业离园教育。

（2）学习能力的提高。

学习能力的提高包括倾听能力、书写能力、语言表达能力、阅读能力等方面能力的提高。

（3）安全意识的培养。

（二）家庭方面的衔接工作

实际上，无论是儿童生活自理能力的锻炼、社会性行为的发展，还是学习习惯的养成、学习信心的培养，都与家长的观点、态度和行为有着直接的关系。因此，家长也应该成为幼小衔接工作中的重要力量，通过适宜的方式发挥自身的协调、润滑功能。具体来讲，主要是帮助幼儿做好五个方面的准备，即做好入学前的身体准备、心理准备、物质准备、生活习惯准备和学习习惯准备。

四、材料分析题（本大题共2小题，每小题20分，共40分）

14.【参考答案】

材料中，幼儿的自我控制能力在发展过程中表现出不同的行为特点，幼儿的自制力反映的是对自己行为的调节、控制能力。随着年龄的增长，幼儿不但能够根据成人的指示调节自己的行动，而且有自己的独立性。

(1)开始从受他人的控制发展到自己控制。

3岁左右的幼儿自我控制的水平是非常低的,在遇到外界的诱惑时,主要受成人的控制,当成人离开后,幼儿很难自己控制自己的行为,很快就会违反规则。如材料中的幼儿二,当老师刚刚离开的时候忍了一会儿,之后禁不住诱惑打开盒子偷偷看一眼,违反了老师对他的要求,并且当老师回来的时候,还会"骗"老师说自己没有看过,这是幼儿自控能力较低的表现。

(2)从不会自我控制发展到使用控制策略。

控制策略是影响儿童控制能力的一个重要因素,对于年龄小的孩子来说,他们还不会使用有效的控制策略,随着儿童年龄的增长,他们逐渐学会使用简单的控制策略来进行自我控制。他们可以运用许多分心的策略来避免失去对自己的控制能力。如材料中的幼儿一,当老师离开的时候,他一会儿看墙角,一会儿看地上,尽量不让自己看前面的盒子,小手也一直放在自己的腿上,这就是幼儿所用的分心策略,以此来遵守老师所传达的要求,也表现出幼儿的自我控制能力不断发展。

15.【参考答案】

(1)图1反映了"夸张法"的表现形式。幼儿在绘画中会不自觉地把自己关心的事物、认为重要的事物画得很仔细、很突出。图1中,幼儿将引起其注意的"针"和"血"画得非常突出,即运用了"夸张法"的表现形式。

图2反映了"展开式"的表现手法。图2中幼儿将从不同角度观察到的事物在同一幅画中表现出来,运用了"展开式"画法。

图3反映了"透明画"的表现手法。幼儿不考虑事物的遮挡关系,画画时将重叠或被挡住的事物也描画出来,犹如视线能穿透任何东西,图3中能看到米饭吃进肚子的样子,体现了"透明画"的表现手法。

(2)幼儿的绘画发展可以分为涂鸦期(1.5—3岁)、象征期(3—5岁)及图式期(5—8岁),处于不同时期幼儿的绘画,有独特的表现形式。

每个幼儿心里都有一颗美的种子。幼儿艺术领域学习的关键在于充分创造条件和机会,在大自然和社会文化生活中萌发幼儿对美的感受和体验,丰富其想象力和创造力,引导幼儿学会用心灵去感受和发现美、用自己的方式去表现和创造美。幼儿对事物的感受和理解不同于成人,他们表达自己认识和情感的方式也有别于成人,幼儿独特的笔触、动作和语言往往蕴含着丰富的想象和情感。

(3)成人应对幼儿的艺术表现给予充分的理解和尊重,不能用自己的审美标准去评判幼儿,更不能为追求结果的"完美"而对幼儿进行千篇一律的训练,以免扼杀其想象与创造的萌芽。教师要了解并倾听幼儿艺术表现的想法或感受,领会并尊重幼儿的创作意图,不简单用"像不像""好不好"等成人标准来评价。

教师要肯定幼儿作品的优点,用表达自己感受的方式引导其提高绘画水平。如"你的画用了这么多绿色,感觉就像走在草地上一样"等。

五、活动设计题(本大题1小题,30分)

16.【参考设计】

大班主题活动:多姿多彩的花朵

【主题活动名称】多姿多彩的花朵

【主题活动总目标】

(1)观察常见花朵的外形特征,了解不同种类花朵的生长特点。

(2)通过观察、探究、动手操作的方式来探究花朵的秘密。

(3)学习花朵的绘画方法,能够为自己喜欢的花朵进行涂色。

(4)大胆表达对花朵的喜爱,萌发热爱大自然的情感。

主题活动一:花朵的秘密(大班科学活动)

【活动目标】

(1)认识常见的花朵,了解不同的花朵有不同的形状和香味。

(2)观察、交流并记录常见花朵的特点,在记录中发展动手操作能力。

(3)激发儿童对大自然的探究欲望,热爱大自然。

【活动准备】

(1)物质准备:若干数量的迎春花、桃花、丁香花、樱花以及图片。

(2)经验准备:对常见花朵有简单的认识。

【活动过程】
(1) 观察认识常见的花朵，感受花朵的美。
① 看看各种美丽的花朵，说说它们的名字。
A. 迎春花：黄色的，花朵像喇叭，先开花再长叶，是春天最早开的花；它向人们报告春天到来了，所以叫"迎春花"。
B. 桃花：粉红色的，先开花再长叶，有花蕊和花瓣。
C. 丁香花：紫色的，与叶同时生长或先长叶后开花，花朵较小，香味很浓。
D. 樱花：粉红色或白色，先开花再长叶，有多重花瓣。
② 请幼儿交流讨论，说说自己喜欢的花朵及其原因。
(2) 教师发放花朵，幼儿动手操作，探索花朵的秘密。
① 教师将幼儿分为四人一组，给幼儿分发提前准备好的花朵和记录表格。
② 幼儿合作观察花朵是否有香味、有几个花瓣，并记录观察结果，教师巡回指导。
③ 幼儿交流所记录的结果，教师总结。
(3) 教师和幼儿玩"花儿找家"的游戏。请幼儿帮助每一种花朵找到自己的家。
【活动延伸】
将幼儿带到美工区，尝试制作花朵的标本。
主题活动二：我最爱的花朵（大班美术活动）
【活动目标】
(1) 了解自己喜欢花朵的颜色和外形特点，知道调色的简单方法。
(2) 能够动手画出自己喜欢的花朵，并学习调色和涂色。
(3) 体验绘画活动的乐趣，激发幼儿对自然的喜爱之情。
【活动准备】
(1) 物质准备：足够数量的绘画纸张、水彩、调色板。
(2) 经验准备：认识常见的花。
【活动过程】
(1) 教师带领幼儿做《美丽的花》手指游戏，引出本次绘画主题——最爱的花朵。
(2) 教师提出绘画的主题——我最爱的花朵，鼓励幼儿大胆地进行表达。教师通过提问来启发幼儿，让幼儿描述自己喜欢的花朵颜色、形状等。
(3) 教师发放绘画材料，幼儿动手画画。
① 教师教给幼儿简单的调色方法以及水彩的使用方法，并告诉幼儿使用绘画材料的注意事项。
② 幼儿自己调色并画画，教师巡回指导。
(4) 幼儿展示作品，教师评价。
幼儿展示自己的绘画作品，教师鼓励幼儿在其他小朋友面前表达自己的想法，并对幼儿的表现进行积极的评价。
【活动延伸】
将幼儿带到主题墙的展示区，帮助幼儿一起把自己的画装饰在主题墙上。

2016年上半年中小学教师资格考试
保教知识与能力试题（幼儿园）参考答案及解析

一、单项选择题（本大题共10小题，每小题3分，共30分）

1. 【答案】D。解析：幼儿绘画时伴随着想象，而幼儿的想象常常喜欢夸大事物的某个部分、某种特征或使用夸张的语言。故本题选D。

2. 【答案】A。解析：单词句是指一个词代表的句子，一般出现于1岁至1岁半。电报句又称双词句，是由两个单词组成的不完整的句子,有时也由3个词组成,一般出现于1岁半至两岁左右。题目中"妈妈""饼""吃"是3个单词。故本题选A。

3.【答案】C。解析:4—5岁儿童的思维具有具体形象的特点,在理解成人语言时,时常凭借自己的具体经验,如教师说"一滴水,不起眼",儿童则理解成了"一滴水,肚脐眼"。故本题选C。

4.【答案】B。解析:随着年龄的增长,幼儿的情绪调控能力得到发展,并逐步学会采用一定方式来调控情绪。题目中的4—5岁幼儿在成人的指导下,利用自我说服法调控情绪,说明了4—5岁幼儿的情绪调控能力进一步发展。故本题选B。

5.【答案】C。解析:转导推理是从一个具体的观察中以形成一个具体的结论为基础的。如孩子的推理过程:鱼会游泳,爸爸会游泳,所以爸爸是鱼。演绎推理是从一般性的前提出发,通过推即"演绎",得出具体陈述或个别结论的过程。归纳推理就是从个别性知识推出一般性结论的推理。类比推理是根据两个或两类对象有部分属性相同,从而推出它们的其他属性也相同的推理,它是从特殊推向特殊的推理。题干所述内容体现了幼儿最初的类比推理。故本题选C。

6.【答案】B。解析:急性胃肠炎是胃肠黏膜的急性炎症,临床表现主要为恶心、呕吐、腹痛、腹泻、发热等;小儿急性喉炎是以声门区为主的喉黏膜急性炎症,主要表现为声嘶、喉鸣、犬吠样咳嗽、吸气性呼吸困难等;支气管哮喘是由多种细胞和细胞组分参与的气道慢性炎症性疾病,发作时伴有哮鸣音的呼气性呼吸困难或发作性咳嗽、胸闷;异物落入气管的症状表现为呛咳、吸气性呼吸困难。如异物较大,嵌在气管分叉处,将导致吸气和呼气困难。题干中幼儿表现出的症状与异物落入气管的症状相符。故本题选B。

7.【答案】A。解析:维果茨基的"最近发展区理论"认为,儿童的发展有两种水平:一种是儿童的现有水平,指独立活动时所能达到的解决问题的水平;另一种是儿童可能的发展水平,也就是通过教学所获得的潜力。两者之间的差距就是最近发展区。题干中教师拟定教学目标时,以幼儿现在的发展水平与可能达到水平之间的距离为依据的做法,其依据就是维果茨基的"最近发展区理论"。故本题选A。

8.【答案】D。解析:幼儿书写准备指的是幼儿园日常生活和活动中,教师有目的、有计划地引导和组织幼儿以游戏的形式感知、涂画、涂写、模拟运用文字或符号等,培养幼儿的前书写能力以及与书写有关的态度、期望、情感、行为技能等的学习活动。《3—6岁儿童学习与发展指南》的"语言领域"中"具有书面表达的愿望和初步技能"目标指出,5—6岁应达到的水平为:愿意用图画和符号表现事物或故事,会正确书写自己的名字,写画时姿势正确。学习书写常见的汉字并不符合幼儿的发展水平,故本题选D。

9.【答案】B。解析:"一物多玩"属于幼儿的科学探索活动,《3—6岁儿童学习与发展指南》明确指出,幼儿期幼儿的思维以具体形象思维为主,科学探索活动中适宜的做法是引导幼儿通过直接感知、亲身体验和实际操作进行科学学习,而不是对幼儿进行灌输和强化训练。故本题选B。

10.【答案】A。解析:《3—6岁儿童学习与发展指南》明确指出,幼儿绘画时,不宜提供范画,特别不应要求幼儿完全按照范画来画。绘画活动要尊重幼儿自发的表现和创造,让幼儿按照教师的范画进行绘画不利于培养其艺术表现能力与创造能力。故本题选A。

二、简答题(本大题共2小题,每小题15分,共30分)

11.【参考答案】

影响在园幼儿同伴交往的因素有:

(1)早期亲子交往的经验。幼儿在与父母的交往过程中不但实际练习着社交方式,而且发现自己的行为可以引起父母的反应,由此可以获得一种最初的"自我肯定"的概念,而"自我肯定"概念的获得会影响在园幼儿与同伴交往的方式和效果等。

(2)幼儿自身的特征。性别、长相、年龄等生理因素和姓名影响着幼儿被同伴选择和接纳的程度,幼儿的气质、情感、能力、性格等个性或情感特征影响着他们对同伴的态度和交往中的行为特征,由此影响同伴对他们的反应和其在同伴中的关系类型。对幼儿同伴交往关系影响最大的是其在交往中的积极主动性、交往行为及交往技能。例如,受欢迎型的男孩的亲社会行为较多,而攻击性行为较少,他们帮助建立准则和规范;同时幼儿的外貌等也会影响同伴交往,例如,在幼儿园中孩子都喜欢和漂亮的小朋友进行交往。

(3)活动材料和活动性质。活动材料,特别是玩具,是幼儿同伴交往的一个不容忽视的影响因素,尤其是婴儿期到幼儿初期,幼儿之间的交往大多围绕玩具发生。活动性质对同伴交往的影响主要体现在自由游戏的情境下,不同社交类型的幼儿表现出交往行为上的巨大差异。

12.【参考答案】

（1）促进儿童身体的生长发育。户外活动使儿童的各种生理器官和系统都能得到活动,促进骨骼肌肉的成熟,加速机体的新陈代谢,有利于内脏和神经系统的发育。

（2）发展儿童的基本动作和技能。户外活动有助于培养他们对体育活动的爱好,养成经常地、自觉地到户外锻炼身体的好习惯;有利于丰富和活跃他们的生活;帮助幼儿巩固和提高体育课程中所获得的知识和动作技能。

（3）增强儿童对外界环境变化的适应能力。可以使儿童接触充足的阳光、新鲜的空气等自然因素,促进了儿童的身体健康。

（4）有利于儿童的身心健康。户外活动具有内容丰富、形式灵活、时间充足、儿童自主性强等特点,能够带给儿童愉快和满足,有利于儿童的身心健康。

三、论述题（本大题1小题,20分）

13.【参考答案】

（1）尊重幼儿的个体差异已成为当代幼儿教育的趋势。《3—6岁儿童学习与发展指南》中强调应尊重幼儿发展的个体差异,因为幼儿的学习方式和发展速度各有不同,在不同学习与发展领域的表现也存在明显差异。《幼儿园教育指导纲要(试行)》中也指出要关注个别差异,促进幼儿富有个性的发展,同时幼儿园教育原则也指出要面向全体,尊重个别差异。在教育过程中,教育者在关注全体受教育对象的同时,还应重视儿童的个别差异,因材施教,有针对性地采取最有效、最合理的方式促进每个儿童的发展。因此,尊重幼儿的个体差异具有重要意义：

① 能够促进每个幼儿的发展。

② 促进每个幼儿发挥自己的特长。

③ 有利于教师自身专业的发展。

（2）由于受遗传因素、不同环境和幼儿自身的影响,决定了每个幼儿在原有的基础上存在个别差异。作为幼儿教师,在教育过程中,应做到以下几点：

① 幼儿教师应该依照幼儿心理形成和发展的基本规律,利用各种形式的游戏活动,对幼儿进行科学、合理的教育。

② 尊重幼儿的个别差异,正确对待幼儿的个别差异。尊重幼儿在发展水平、能力、经验、学习方式等方面的个体差异。因材施教,努力使每一个幼儿都能获得满足和成功。

A. 对能力超常儿童的教育要适当,不能操之过急,揠苗助长。要注意全面发展,也要发挥特长。对低常儿童,更应考虑其差异性。因此,应该针对每个幼儿的特点,制订具体的教学计划。同时要注意应用直观性教育的方法,多给一些感性的具体的事例,采用循序渐进的小步子程序,让他们反复练习,逐步掌握基本的经验。

B. 对不同气质类型的幼儿,更应该根据其气质特点进行针对性培养。

C. 幼儿性格的发展还未定型,具有很强的可塑性,教师要特别重视幼儿的性格教育,有的放矢地培养其良好的性格。对于有良好性格的幼儿,成人应给予适当的表扬和及时的肯定,使他们的性格得以巩固;对于有不良性格品质的幼儿,成人应首先了解这种性格形成的原因,采取正面教育、启发诱导的方法,指出缺点,提出积极的要求,激起他们改正缺点的愿望。

③ 转变教育观念。教师要创造条件,转变教育观念,对不同发展水平的幼儿施以不同的教育,做到因人而异,因材施教。

④ 正确评价幼儿的发展水平。承认和关注幼儿的个体差异,避免用划一的标准评价不同的幼儿,在幼儿面前慎用横向的比较。

⑤ 创设良好的育儿环境。应为所有的幼儿提供丰富多彩的环境刺激,并进行有目的、有计划、合理的早期教育,以促使幼儿的智力更早、更快地发展。

四、材料分析题（本大题共2小题,每小题20分,共40分）

14.【参考答案】

（1）① 幼儿情绪的不稳定性。幼儿的情绪是非常不稳定的,容易变化,表现为两种对立情绪在短时间内互相转换。阳阳看见奶奶离开时,会伤心地大哭,当奶奶的身影消失后,阳阳很快会平静下来,并和小朋友愉快地玩耍。

② 幼儿情绪的外露性。由于自我控制能力差,幼儿还不能完全控制自己的情绪表现。

③ 幼儿情绪易冲动。如阳阳看到奶奶立刻哭起来体现了情绪的易冲动。

(2) 阳阳奶奶的担心没有必要。

教师应告诉阳阳奶奶,幼儿新入园哭闹是一个必经的过程,幼儿哭闹是非常普遍的,是亲子分离焦虑的表现。家长要用正确的态度帮助幼儿渡过这个难关。家长的依依不舍对幼儿适应幼儿园的生活是没有帮助的,反而会影响其情绪及适应能力的发展。

幼儿教师作为专业的教育人员应该合理对家长进行引导:

① 引导家长为幼儿营造良好的情绪环境。紧张、焦虑的情绪环境不利于幼儿身心健康的发展,不利于幼儿良好情绪的培养,教师要引导家长营造和谐的家庭气氛,建立良好的亲子关系。

② 引导家长用正确的方式控制自己的情绪。家长是幼儿模仿与学习的对象,成人要给幼儿以愉快、稳定的情绪示范和感染,应避免喜怒无常,不过分溺爱也不吝惜爱。当幼儿犯错误或闹情绪时,首先应克制自己的情绪,理智冷静地对待幼儿的情绪与态度。

③ 引导家长采取积极的教育态度。对幼儿的教育要以肯定为主,多鼓励进步,耐心倾听孩子说话,正确运用暗示和强化。

④ 引导家长帮助孩子控制情绪。幼儿情绪控制能力差,不会控制自己的情绪,引导家长采用转移法、冷却法、消退法等方法帮助孩子控制自己的情绪,采用正确的方式宣泄消极情绪。

15.【参考答案】

(1) 该教师的做法不适宜。

角色游戏是幼儿通过扮演角色,运用想象,创造性地反映个人生活印象的一种游戏,通常都有一定的主题。大班的角色游戏的特点是游戏主题新颖、内容丰富,能主动反映多种生活经验和较为复杂的人际关系;大班处于合作游戏阶段,儿童喜欢与同伴一起游戏,能按自己的愿望主动选择并有计划地游戏;在游戏中自己解决问题的能力增强。材料中教师创办了主题角色游戏符合幼儿的年龄特点,主题设计是比较好的。但是其做法是不适宜的,主要表现在三个方面:

① 价目表的设定限制了幼儿的想象以及对角色、对生活的理解,是不合理的。

② 价目表制定的内容也是不合理的,大班幼儿还不能进行10以外的加减运算。

③ 案例中教师的做法,没有尊重游戏的特点,没有尊重幼儿在游戏中的主体性。教师应当在尊重"幼儿游戏的兴趣和需要"的前提下去考虑和计划"教师的指导",而不是根据自己的意愿随意介入。

(2) 建议。

① 保证幼儿的自主性。教师应根据儿童游戏的特点,引导儿童一起结合自己的经验商定在理发店内的不同服务内容及其价目,培养幼儿自己解决问题的能力。

② 多用语言指导游戏,在游戏中培养儿童的独立性;观察儿童游戏的种种意图,给儿童提供开展游戏的机会和必要帮助;允许并鼓励儿童在游戏中的点滴创造,通过讲评让儿童相互学习,拓展思路,不断提高角色游戏水平。

五、活动设计题(本大题1小题,30分)

16.【参考设计】

大班科学活动:吹泡泡

【活动名称】吹泡泡

【活动设计意图】

"吹泡泡"是幼儿最喜欢、最难忘的游戏,经教师进行引导,将其变成科学活动,能够培养幼儿探究问题、发现问题、解决问题的能力,为幼儿的发展奠定良好的基础。

【活动目标】

(1) 通过动手实验操作,尝试用不同的材料吹泡泡,发现只要是镂空的材料都容易吹出泡泡。

(2)知道用铁丝可以自制吹泡泡器,体验成功的喜悦,知道不同吹泡泡器吹出的泡泡都是圆形或椭圆形。
(3)培养幼儿根据自己的猜想有目地进行验证的能力。
【活动准备】
泡泡液、塑料吸管、铁丝圈、塑料吹泡泡棒、长方形吹泡泡器、8字形吹泡泡器。
【活动过程】
(1)开始部分。
师:小朋友们,你们吹过泡泡吗?
生:吹过。
生:没有。
师:哪位小朋友愿意和大家分享一下平时你是怎么吹泡泡的?谁愿意到前面给大家表演一下呢?
小朋友积极参与。
师:大家看看,这些泡泡是从哪里出来的呢?
生:泡泡是从洞洞里出来的。
(2)尝试用不同的管子来吹泡泡,发现问题。
师:今天老师带来了吹泡泡的工具——看,这是三根粗细不同的塑料吸管。请你们猜一猜,这些塑料吸管吹出的泡泡是一样的吗?
教师引导小朋友们猜想。
师:好,那大家就赶快来试一下吧!
幼儿试吹。
师:为什么粗管吹出的泡泡大,而细管吹出的泡泡小呢?
生:因为吸管粗细不同,所以吹出的泡泡大小不同。
教师指导小朋友们用记录表把实验结果记录下来。
(3)尝试用不同形状的吹泡泡器吹泡泡,进一步探索问题。
师:今天老师还带来了自己做的吹泡泡器——看,这是什么形状的吹泡泡器?请你们猜一猜,这个圆形的吹泡泡器可以吹出什么形状的泡泡呢?
生:长方形,圆形,椭圆形……
师:真的吗?那我们一起来试一试,但老师有两个小要求:请小朋友们轻轻地走到桌子前去试一试,试的时候要往上面吹,不要吹到小朋友的脸上,当音乐停了的时候,小朋友就要回到自己的位置上,听清楚了吗?
教师把事先准备好的圆形吹泡泡器、泡泡液拿出来,播放音乐《泡泡不见了》,3分钟后,幼儿回到自己的位置上。
师:刚才你们用圆形的吹泡泡器吹出的泡泡是什么形状的呀?
生:圆形的。
师:原来这个圆形的吹泡泡器吹出的泡泡是圆形的。
教师指导小朋友们把实验结果记录下来。
师:现在我们一起来看一下,一根铁丝怎样才能让它吹出泡泡?各种形状的铁丝吹出来的泡泡是什么样的呢?
教师拿出事先准备好的长方形、三角形、梯形、8字形等铁丝做成的吹泡泡器。小朋友们开始用各种形状的吹泡泡器吹泡泡。
(4)猜想并总结概括泡泡的形状。
师:刚刚小朋友们用了多种形状的吹泡泡器,那请大家说一说刚刚你们都吹出了什么形状的泡泡呢?
生:圆形。
教师引导小朋友们进一步深入思考和概括。请小朋友们关注吹泡泡的工具和吹泡泡的结果,教师根据他们的观点和意见,总结得出:虽然吹泡泡的工具不同,但是吹出来的泡泡都是圆形或椭圆形的。
【活动延伸】
让幼儿回家观看《比克曼的科学世界》,尝试自己制作吹泡泡的工具,并尝试通过加入不同的材料,吹出不同颜色的气泡。

2015年下半年中小学教师资格考试
保教知识与能力试题(幼儿园)参考答案及解析

一、单项选择题(本大题共10小题,每小题3分,共30分)

1.【答案】A。解析:《3—6岁儿童学习与发展指南》中指出,幼儿的学习是以直接经验为基础,在游戏和日常生活中进行的。要珍视游戏和生活的独特价值,创设丰富的教育环境,合理安排一日生活,最大限度地支持和满足幼儿通过直接感知、实际操作和亲身体验获取经验的需要,严禁"拔苗助长"式的超前教育和强化训练。故本题选A。

2.【答案】B。解析:直觉行动思维是指依靠对事物的感知,依靠人的动作来进行的思维。幼儿早期的思维属于直觉行动思维,这个年龄段的幼儿离开了实物或不对实物动手操作就不能解决问题,离开了玩具就不会游戏。题干中幼儿对"包子""面条"和"麻花"的认知是在其对橡皮泥的实际操作的基础上建立的,体现了直觉行动思维的特点。故本题选B。

3.【答案】B。解析:作品分析法是指通过收集幼儿不同时期具有代表性的作品来分析幼儿发展情况的方法。因此,教师根据幼儿的图画来评价幼儿发展的方法属于作品分析法。故本题选B。

4.【答案】C。解析:语言泛化现象是指儿童在语言习得过程中,对一些语言单位的理解或使用超出了目标语言范围的现象。题干中幼儿把"飞机"说成是"大鸟",幼儿口中的"大鸟"已经超出了"大鸟"的正常指称范围。故本题选C。

5.【答案】A。解析:班杜拉的社会认知理论认为,观察学习是幼儿社会行为获得的重要方式,观察学习是指通过观察他人(榜样)的行为及其结果而习得新行为的过程。A选项符合班杜拉的观点。故本题选A。

6.【答案】D。解析:生长发育的形态指标是指身体及其各部分在形态上可测出的各种量度,如身高、体重、坐高、肩宽、头围等,其中身高和体重是最重要和常用的形态指标。故本题选D。

7.【答案】B。解析:《幼儿园教育指导纲要(试行)》中的教育目标较多使用"体验""感受""喜欢""乐意"等词汇,突出了情感、兴趣、态度、个性等方面的价值取向,着眼于培养终身学习的基础和动力。这表明幼儿园教育强调情感、态度取向。故本题选B。

8.【答案】A。解析:幼儿扭伤后如果没有骨折,应立即对伤处进行冷敷,使血管收缩止血,并达到止痛的目的。故本题选A。

9.【答案】D。解析:关于儿童教育,陶行知先生指出"儿童是新时代的创造者""小孩子多少都有其创造的能力",呼吁"我们发现了儿童有创造力,认识了儿童有创造力,就必须进一步把儿童的创造力解放出来"。为此,他明确提出了解放儿童创造力的"六大解放"的教育主张,倡导解放头脑,使之能想;解放双手,使之能做;解放眼睛,使之能看;解放嘴巴,使之能谈;解放空间,使之能飞;解放时间,使之能闲。故本题选D。

10.【答案】B。解析:结构游戏是指儿童运用积木、积塑、金属材料、泥、沙等各种材料进行建构或创造,从而创造性地反映现实生活的游戏。故本题选B。

二、简答题(本大题共2小题,每小题15分,共30分)

11.【参考答案】
(1)幼儿的发展是一个持续、渐进的过程,同时也表现出一定的阶段性特征。
(2)每个幼儿在沿着相似进程发展的过程中,各自的发展速度和到达某一水平的时间不完全相同。
因此,要充分理解和尊重幼儿发展进程中的个别差异,支持和引导他们从原有水平向更高水平发展,按照自身的速度和方式到达《3—6岁儿童学习与发展指南》所呈现的发展"阶梯",切忌用一把"尺子"衡量所有幼儿。

12.【参考答案】
《幼儿园工作规程》指出:幼儿园一日活动的组织应动静交替,注重幼儿的实践活动,保证幼儿愉快地、有益地自由活动。

首先，动静交替原则表现在一日活动的安排中。在组织活动的过程中，要注意调节幼儿活动的节奏，避免出现单调和疲劳。例如，有的幼儿园一日活动的安排多而零碎，幼儿常跟着教师匆匆忙忙地去做每一件事，而没有机会仔细去体会各种经验，这种长期匆忙所带来的压力会对幼儿的身心发展造成一定的不良影响。为避免这种情况，在大的环节转换后，应该允许有一些机会来满足幼儿的个别需要。如较安静、不爱社交的幼儿在集体活动后，需要有个能独处、静息的空间；对于活泼好动的幼儿，当集体活动中静坐的时间已超过其耐心的极限时，就需要让他有机会动一动。

其次，动静交替原则也表现在某一个教育活动中。例如，为了使一些费时较多、操作性较强的教育活动顺利进行，我们采取切段的方式，即教师可根据教学内容切段，让幼儿休息片刻以调适情绪。这样既能顺利完成教学内容，又能使幼儿及时展现自己的学习成果并感受学习快乐。特别是在操作类活动中，以切段方式体现动静交替的安排，还有利于照顾个别差异，速度慢者可利用段与段间的小憩完成任务，既能消除幼儿间的明显差异，也能使每个幼儿都体验到成功的快乐。

三、论述题（本大题1小题，20分）

13.【参考答案】

（1）积极的师幼关系指的是民主、平等的师幼关系，是幼儿在幼儿园中的主要人际关系之一。积极的师幼关系对幼儿及教师发展的意义主要体现在以下几个方面：

① 良好的师幼关系有助于幼儿获得关爱。幼儿教师的基本要求和责任就是关爱幼儿，幼儿可以体验到来自幼儿教师的关爱，从中获得精神需要的满足，是良好师幼关系的体现。因此，良好的师幼关系是幼儿获得真正关爱的基础和保障。

② 良好的师幼关系有助于幼儿获得安全感。幼儿的安全感主要是指心理上的安全感，一般而言，幼儿的安全感多来自于幼儿信赖的人。在幼儿教育活动中，幼儿教师即为幼儿最信赖的人，良好的师幼关系可以使幼儿更安全、自信、从容地进行活动。

③ 良好的师幼关系有助于幼儿之间建立同伴关系。良好的师幼关系可帮助幼儿建立良好的同伴关系，而不良师幼关系可能破坏幼儿之间的同伴关系。

④ 良好的师幼关系有助于教师的专业成长和发展。师幼关系直接影响教师对幼儿行为的理解和关注。良好的师幼关系有利于教师顺利地开展教育教学活动，提高教育质量，促使教师在自己的教育教学活动中不断地进行反思，进而在反思中提高教学能力，从而实现教师专业的完善和发展。

（2）建构良好师幼关系的策略。

① 幼儿园教师要树立正确的教育观和儿童观。幼儿教师要树立适合新时期幼儿成长且与幼儿心理相适应的新型教育观。因为，教师教育观念的变化一定会带来教育行为的变化。幼儿教师应该设身处地体验并理解幼儿的所作所为，以真诚、友爱和关怀的态度对待每一名幼儿。

② 教师对幼儿要持支持、尊重、接受的情感态度和行为。教师在教育过程中要充分考虑幼儿身心发展及兴趣的需要，尊重幼儿人格的独立，保护他们的自尊心。让幼儿根据自己的主观愿望和需要，用自己喜欢的方式，主动积极地参与活动，获取成功感。同时注意这种尊重和需要不是无原则的迁就和放任自流。

③ 教师对待幼儿应善于疏导而不是压制。允许幼儿表达自己的想法和建议，而不以权威的命令去要求幼儿。这种自由而不放纵，指导而不支配的民主教养态度和方式能使幼儿因被视为独立的个体而受到尊重和鼓励。

④ 教师对幼儿要尽量使用多种适宜的身体语言动作。教师对幼儿的观察领悟能力，对自身行为的反思能力都必须提高，教师还要对幼儿在活动中的行为进行观察和记录，及时调整自己的工作方式，采取适宜幼儿年龄特征及个性特征的身体语言来促进师幼互动关系的健康发展。

四、材料分析题（本大题共2小题，每小题20分，共40分）

14.【参考答案】

（1）材料中幼儿的分类能力体现出以下特点：

① 依据生活情境分类，即幼儿把日常生活情境中经常在一起的东西归为一类。材料中幼儿将狗、人和鸟分为一类是因为它们常常在一起出现。

②依据感知特点进行分类,如根据颜色、形状、大小或其他特点分类。材料中幼儿会将狗、人、鸟分成一类,是因为它们最突出的特点是都有头、脚、身体。

③依据事物最简单的属性进行分类。材料中幼儿把狗、人、鸟分为一类,是因为它们会长大,而船是不会长大的。

(2)幼儿分类能力的培养应该在不同的环境中进行,根据幼儿身心发展的阶段性和连续性的特点,由易到难、由浅入深地进行有意识地培养。

① 在日常生活中丰富幼儿的生活经验,随时随地培养幼儿的分类能力。如在日常生活中可以让幼儿学习垃圾分类,对可回收的塑料瓶、纸制品以及不可回收的果皮进行分类,同时也对幼儿进行了环境教育和良好的生活习惯教育。

② 在教学活动过程中,教师多提供可操作的玩具,让幼儿动手感知事物的属性、颜色、大小、形状及其他特点,潜移默化地渗透关于分类的相关经验,以间接指导为主加强幼儿分类能力的发展。

③ 在游戏活动中培养幼儿的分类能力,通过游戏教幼儿分类,激发幼儿对分类的兴趣。

15.【参考答案】

(1)以关怀、接纳、尊重的态度和幼儿交往,及时关注到幼儿的特殊需要。材料中,当王老师发现小雅的异常行为时,亲切地与她沟通,帮助她舒缓情绪,从而发现了小雅要大便的需求。在小雅大便后,教师仍持续关注其行为和情感的反应,体现了教师对幼儿的关爱。

(2)重视家庭的作用,与家庭密切配合促进幼儿的健康发展。家庭是幼儿园重要的合作伙伴。材料中,王老师在离园时,主动与小雅的妈妈约谈,将小雅在园表现明确告知,从而得知了小雅存在的困难。这体现出王老师重视与家长沟通,进而共同解决问题的意识。

(3)关注幼儿在活动中的表现与反应,敏锐地觉察他们的情绪,以适当的方式加以疏导。材料中小雅对"自动冲厕水箱的冲水声"产生了恐惧情绪,教师在觉察到这种情绪后,用轻柔的语气与小雅交流的同时,将其抱到远离冲水箱的位置蹲下,缓解了小雅的恐惧情绪。之后的一段时间,轮流陪伴小雅上厕所,并帮其了解水箱的冲水原理,最终帮助小雅适应了幼儿园的厕所。这体现出教师敏锐的观察能力和对幼儿细致入微的照顾。

总体而言,材料中的教师能及时关注到幼儿的需要,并为其创设安全、愉快、宽松的环境,让孩子在幼儿园生活中感到了温暖与包容,进一步促进了幼儿适应能力的发展。

五、活动设计题(本大题1小题,30分)

16.【参考设计】

大班体育活动:我和泡沫拼板一起玩

【活动名称】我和泡沫拼板一起玩

【活动目标】

(1)认知目标:认识了解泡沫拼板的用处以及泡沫拼板的多种玩法。

(2)技能目标:学会双脚踩在泡沫拼板上进行滑行,发展身体的平衡与协调能力。

(3)情感目标:体会与小朋友一起进行泡沫拼板滑行游戏的乐趣,培养幼儿参加体育活动的兴趣。

【活动准备】

(1)音乐准备:《去郊游》《健康歌》。

(2)物质准备:泡沫拼板若干,做好的"泡沫滑行板"若干。

【活动过程】

(1)开始部分——歌曲导入。

① 教师播放歌曲《去郊游》,请幼儿每人拿一块泡沫拼板当作方向盘。

② 跟随歌曲旋律,教师引导幼儿排成长队,走到户外活动区域。

(2)基本部分——活动展开。

① 热身活动。

A. 组织幼儿放下手中的泡沫拼板,并在室外按照顺序排成长队站好。

B. 播放《健康歌》,教师示范,幼儿模仿,共同做热身活动。

② 讨论、猜想泡沫拼板的滑行玩法并尝试。

③ 游戏一:"脚踩风火轮"。
A. 教师分发做好的"泡沫滑行板",每位幼儿一份,帮助幼儿穿戴。
B. 教师说明动作要领,并示范滑行动作。
C. 每位幼儿模仿,教师指导。速度逐渐提升,幼儿练习。
D. 游戏开始与进行中,要幼儿注意安全。
④ 游戏二:火车排排队,争做团结滑行员。
A. 请幼儿准备好滑行板,排成长队,将手放到前面幼儿的腰间,共同向前滑行(考虑大班幼儿协调能力的情况,建议每组的长队先由三名幼儿进行,依次增加人数,上升难度)。
B. 教师巡回指导,确保幼儿安全。
(3) 结束部分——放松操。
① 播放音乐,幼儿跟着老师做放松操。
② 教师带领幼儿回到教室,放松喝水,活动自然结束。
【活动延伸】
请幼儿到美工区利用家中的废旧物品,自制模拟滑行器。

2015年上半年中小学教师资格考试
保教知识与能力试题(幼儿园)参考答案及解析

一、单项选择题(本大题共10小题,每小题3分,共30分)

1.【答案】B。解析: 自然实验法是指在日常生活等自然条件下,有目的、有计划地创设和控制一定的条件来进行研究的一种方法。自然实验法比较接近人的生活实际,易于实施,又兼有实验法和观察法的优点,所以这种方法被广泛用于研究教育心理学、儿童心理学等领域。故本题选B。

2.【答案】B。解析: 道德感是幼儿评价自己或别人的行为是否符合社会道德行为标准时所产生的内心体验,它是在掌握道德标准的基础上产生的。看到同伴欺负别人会生气,看到同伴帮助他人会赞同,是孩子评价别人行为是否符合道德标准时产生的内心体验,属于道德感范畴。故本题选B。

3.【答案】D。解析: 儿童对性别的认知发展中的核心问题是性别恒常性的发展。所谓性别恒常性,即对性别基于生物特性的永久特征的认识,它不依赖于事物的表面特征,不会随人的发式、衣着、活动的变化而变化。通常将儿童性别恒常性的发展分为三个阶段:第一阶段(2~3岁),儿童首先形成性别认同,即有识别自己和他人性别的能力;第二阶段(4岁),性别稳定性阶段,儿童认识到随年龄的增长,人们的性别是稳定不变的;第三阶段(5~7岁),性别一致性阶段,儿童认识到性别不会随外界条件的改变而改变。性别一致性的获得意味着儿童完全获得性别恒常性。故本题选D。

4.【答案】A。解析: 一般认为人从2岁开始就有了自我意识,标志是通过"点红测验"。所谓"点红测验"就是悄悄地在婴儿的鼻子上抹上一点胭脂,然后把婴儿放到镜子面前,如果婴儿知道镜子中的是自己,就会去擦鼻子。故本题选A。

5.【答案】C。解析: 儿童在成长的过程中,逐渐发展出一种对自己和他人心理状态的理解能力。他们开始理解自己所思考的、知道的、感知的以及所相信的也许与其他人有所不同,并开始了解到人们的许多行为是由他们自己的认识和信念引起或推动的。儿童的这种能力被心理学家称为"心理理论"。故本题选C。

6.【答案】A。解析: 在感知运动阶段,儿童的游戏以练习性游戏为主,这也是儿童最早出现的一种游戏形式。这种游戏是为了取得机能性快乐而重复练习的活动。故本题选A。

7.【答案】D。解析: 日常生活和游戏是实施幼儿德育最基本的途径。故本题选D。

8.【答案】C。解析: 《托儿所幼儿园卫生保健工作规范》"健康检查"中规定:"托幼机构在岗工作人员必须按照《管理办法》规定的项目每年进行1次健康检查。"故本题选C。

9.【答案】B。解析: 从学科知识取向转向儿童经验取向是现代儿童教育的立场,该立场在夸美纽斯的《大教学论》(1632)中初露端倪,在卢梭的《爱弥儿》(1762)中孕育成型并诞生,在杜威的教育学理论中发育成熟。故

32

10.【答案】C。解析：黄蜂的毒液呈碱性，可用食用醋涂擦伤口，中和毒液。故本题选C。

二、简答题(本大题共2小题，每小题15分，共30分)

11.【参考答案】
班杜拉通过大量的实验研究和临床行为矫正，建立了现代社会学习理论。这个理论主要包括三个观点：
(1)三位一体的交互决定论。班杜拉认为的"三位"就是指个体的行动或行为、周围的环境以及个体的认知、动机及其他因素。这三者是互相决定、共同起作用的，可以是一果多因，或一因多果。
(2)替代强化。行为主义理论强调行为的获得主要是通过直接的强化，运用联想式和操作式条件反射。社会学习理论者通过对儿童和成人的大量研究，发现儿童的许多行为并未直接受到强化，而是在观察别人行为时，别人所受到的强化会影响儿童去学习或抑制这种行为。这个过程被称为间接强化或替代强化。
(3)观察和模仿。班杜拉在实验中发现，儿童在观察范型的过程中，即使未受到外部强化或替代强化，仍能获得范型的行为。强化只能影响行为的出现率，而不影响行为的模仿。行为的获得不是由强化决定，而是由观察(认知)决定的。

12.【参考答案】
观察应侧重于游戏与幼儿间的关系、角色与材料间的关系、游戏持续的时间、幼儿对游戏的态度、幼儿的言语及行为表现、幼儿的社会交往能力等。教师通过观察，了解是否需要增减游戏时间，游戏材料、游戏地点是否合适，幼儿是否具备相应的经验等。角色游戏是幼儿期最典型、最有特色的一种游戏。对于不同年龄段的幼儿，观察要点也要有所侧重。
(1)小班观察要点：幼儿是否知道自己扮演的角色，是否能够模仿角色进行游戏，是否能在教师的指导下遵守规则、爱护玩具。
目的：注意规则意识的培养，让幼儿在游戏中学会独立。
(2)中班观察要点：游戏主题是否稳定，有没有与别人交往的愿望，是否具备交往的技能，是否有发生纠纷的情节和原因。
目的：指导幼儿学会并掌握交往技能和规范，促进儿童与同伴的交往，在游戏中解决简单的问题，引导幼儿分享游戏经验。
(3)大班观察要点：游戏主题能否主动反映生活经验和人际关系，是否能合理地按照自己的意愿计划游戏，解决问题的能力是否提高。
目的：培养幼儿的独立性，鼓励幼儿在游戏中的创造性。通过讲评让幼儿相互学习，拓展思路，不断提高角色游戏水平。

三、论述题(本大题1小题，20分)

13.【参考答案】
(1)幼儿园为幼儿入小学做准备的原因：
学前儿童身心发展是一个矛盾统一、变化发展的过程，幼儿园和小学虽然同属于基础教育，但这两个阶段在教育任务、内容、形式、方法、作息制度及常规管理等方面都存在较大差异，幼儿从幼儿园到小学需要一个渐进的过程。学前教育和小学教育是相邻的两个教育阶段，衔接工作做得如何，直接影响幼儿入学后的适应情况及今后的健康成长和发展。因此，幼儿园应该为幼儿入小学做准备，以实现幼小衔接的平稳过渡。
(2)幼儿园应做以下两方面的准备：
① 学习方面的准备。学习方面的准备包括培养幼儿小学学习所需要的抽象思维能力、观察能力、对言语指示的理解能力和读、写、算所需要的基本技能等。
② 社会适应方面的准备。社会适应方面的准备包括培养幼儿任务意识与完成任务的能力、规则意识与遵守规则的能力、独立意识与独立完成任务的能力以及主动性、人际交往能力等。
教师可通过教学活动、游戏活动和一日生活活动培养幼儿的各种能力，如采用调整幼儿作息制度、改变活动时环境的布置、开展适应小学的教育活动、带领幼儿参观小学、开展联谊活动等形式进行。

四、材料分析题(本大题共 2 小题,每小题 20 分,共 40 分)

14.【参考答案】

(1) 材料一说明莉莉的思维以自我为中心。她还不会站在别人的立场上来观察世界、分析问题,只能站在自己的立场上去看问题。材料二说明莉莉的思维具有不守恒性。幼儿只能注意事物变化的一个方面或一个维度,不能同时注意事物变化两个方面或两个维度。由此可见,莉莉的思维处于前运算阶段。

前运算阶段的幼儿认识活动的主要特征及表现:①相对的具体性,借助于表象思维,还不能进行运算思维。②思维的不可逆性,缺乏守恒性。③自我中心性,幼儿站在自己经验的中心,只有参照他们自己才能理解事物。④刻板性,表现为在思考眼前问题时,其注意力还不能转移,还不善于分配;在概括事物性质时缺乏等级的观念。

(2) 这种思维特征对幼儿园教师的保教活动的启示:

首先,要通过各种活动丰富幼儿的表象,在教学活动中应重视幼儿在各种活动中所积累起来的感性经验,使幼儿能在头脑中形成清晰的印象。

其次,幼儿园开展的活动要坚持直观性原则,在为幼儿提供活动时要尽可能具体化、形象化、直观化,重视玩教具的鲜明性、形象性、生动性。

最后,教师在与幼儿沟通时,应避免使用反话。

15.【参考答案】

(1) 图中幼儿在搭建中可能遇到的问题有:

① 搭建过程中,两头的积木难以达到平衡;

② 搭建过程中积木频繁倒塌。

(2) 在解决问题的过程中幼儿能够获得以下经验:

① 获得有关物体平衡条件的学习经验。在积木游戏中,垂直堆高是幼儿早期就获得的基本的积木搭建方法。但是随着积木游戏技能的发展,幼儿开始追求堆高的高度、形式以及稳定性。于是在解决这些问题的同时,顺其自然地进入到探究物体平衡规则的过程中。

② 有关形状感知与理解的学习经验。积木本身就是一种低结构的材料,加之形状各异、大小不一,所以为幼儿提供了广阔的操作空间。幼儿在搭积木时经常会遇到这样的问题:同样的积木数量不够用。他们通常的解决方法就是用其他形状的积木代替,于是在代替的过程中就出现了形状组合的新问题。

③ 有关几何体特征的学习经验。各种形状的积木就是各种形状的几何体。幼儿操作积木的过程实际上就是感知几何体特征的过程。幼儿在解决积木的匹配问题时,往往会根据自己的需要主动比较各种几何体的异同,从而选择最能表现建筑物特点或最符合现实比例要求的积木。

(3) 该案例中幼儿使用的材料属于低结构材料,具有操作性、可变性、多功能等特点。该类材料可以充分发挥幼儿的想象力和创造力,可以培养幼儿的动手能力和团结协作的能力。

五、活动设计题(本大题 1 小题,30 分)

16.【参考设计】

中班主题活动:幼儿园的树木

【主题活动总目标】

(1) 幼儿对幼儿园里的树感兴趣,喜欢和树做朋友。

(2) 幼儿能够主动提出有关树的问题,并能与同伴积极讨论。

(3) 感知大树的生长变化,简单了解树对人和环境的作用。

(4) 以树为主题进行美工创作,关注树的色彩、形态等特征。

(5) 感受幼儿园的美。激发幼儿爱树、爱幼儿园的情感,培养爱护环境的意识。

主题活动一:树的秘密(中班科学活动)

【活动目标】

(1) 通过观察和比较,认识幼儿园中的树木,形成常绿树和落叶树的概念。

(2) 发现树的不同特征,学习做简单的记录。

(3) 积极探索有关树木的知识,乐意与同伴交流分享关于树木的知识和经验。

【活动准备】
（1）物质准备：院子里的树，不同常绿树和落叶树的树叶，树的图片。
（2）经验准备：对树叶的形态有简单的认识。
【活动过程】
（1）情景导入，引出主题。
活动开始前，教师带领幼儿到院子里去散步，在散步的过程中让幼儿观察院子里形状和高矮不同、树叶颜色各异的树。教师向幼儿讲解常绿树和落叶树，从而引出本次活动的内容。
（2）认识常绿树和落叶树。
① 教师通过多种角度教会幼儿区分两种树的特征（树叶的大小、厚薄、形状）。
② 教师小结：常绿树的叶子是硬硬的、光滑的、厚厚的、有水分的，表面有蜡质；落叶树的叶子是软软的、粗糙的、薄薄的、没有水分的。
（3）学习树的年轮。
在掌握常绿树和落叶树的知识后，教师引导幼儿观察树的年轮，并带领幼儿一起学习数年轮，教会数年轮的方法，巩固对年轮的认识。幼儿学会后，将幼儿分组，分发记录卡，让幼儿在院子里寻找有年轮的木制品，记录大树的年龄。
（4）游戏结束。
① 教师带领幼儿玩"树叶找家"的游戏。教师分发给幼儿准备的树叶，让幼儿摸一摸不同的树叶，描述感觉，并进行常绿树和落叶树的分类。
② 教师让幼儿自由交流大树的秘密有哪些，通过本次活动学到了什么。
主题活动二：我喜欢的树木（中班美术活动）
【活动目标】
（1）幼儿能大胆运用自己的想象，用自己喜欢的方式描绘出大树。
（2）幼儿能自主选择各种材料，对不同的"树"进行装饰。
（3）养成正确使用材料、有序收放材料的习惯。
【活动准备】
（1）物质准备：足够数量的绘画纸张、画笔。
（2）经验准备：对树的形象有一定的认识。
【活动过程】
（1）谈话导入，引起幼儿兴趣。
活动开始，教师在组织幼儿坐好之后提问幼儿知道哪些大树？它们是什么样子的？通过谈话引发幼儿回忆，根据幼儿的描述，教师进行总结，进而引出本次活动的内容。
（2）教师讲解示范，幼儿掌握绘画方法，教师巡回指导。
① 教师示范作画，在示范的过程中，依次说出线描、吹画、点画的方法与技巧，引导幼儿注意画面布局，重点讲解吹画、点画的注意事项。
② 带领幼儿观察绘画器材，进一步了解不同绘画材料的使用方法。
③ 教师交代要求，要求幼儿画出在生活中看到过的树，要布局合理。鼓励幼儿大胆选用自己喜欢的方法和颜色作画。
④ 教师巡回指导。
（3）幼儿展示作品。
组织幼儿将作品贴在展板上，引导幼儿互相欣赏，请幼儿说说喜欢的理由，并请其他幼儿表达想法。
主题活动三：和大树做朋友（中班社会活动）
【活动目标】
（1）通过活动，体验合作的乐趣。
（2）知道关心幼儿园里的树木，关注周围的环境。
（3）能用完整的语句表达对自然的喜爱之情。
【活动准备】
树木相关的视频，图片。

【活动过程】

(1) 视频导入,激发兴趣。

① 活动开始,教师播放和树木相关的视频,将幼儿的注意力吸引到活动中来。并引导幼儿讨论:为什么说树是人类的好朋友?树木对人类有哪些帮助?

② 教师以谈话的形式,引出本次活动的内容。

(2) 教师出示与树相关的图片,让幼儿认识到树的作用。

通过观察图片,教师向幼儿讲解树的作用(美化环境、净化空气、调节气温)。通过真实、生动形象的画面展示树木与自然及人类的关系,从而让幼儿感受到爱护树木,植树造林的重要性。

(3) 学植树。

教师告诉幼儿,3月12日是植树节。结合植树节,将幼儿分组,让其自选材料,尝试用自己喜欢的方式构建"森林",通过这一环节来表达自己对树木的认识。教师始终参与幼儿的活动,及时地给予引导和帮助。

2014年下半年中小学教师资格考试
保教知识与能力试题(幼儿园)参考答案及解析

一、单项选择题(本大题共10小题,每小题3分,共30分)

1.【答案】B。解析:1.5—2岁儿童语言发展为双词句阶段,就像我们发电报时用的语言,这种句子也被称为"电报句"。故本题选B。

2.【答案】D。解析:前运算阶段(2—7岁),个体开始运用简单的语言符号从事思考,具有表象思维能力,但缺乏可逆性。故本题选D。

3.【答案】C。解析:题目所述儿童属于安全型依恋的儿童。当母亲在场时,他们会自由地进行探索、与陌生人打交道,在母亲离开时会表现得心烦意乱,在看到母亲返回时显得高兴。故本题选C。

4.【答案】B。解析:4—5个月的婴儿出现最初的手眼协调。故本题选B。

5.【答案】C。解析:组织策略即根据知识经验之间的关系,对学习材料进行系统、有序的分类、整理与概括,使之结构合理化。组织策略在幼儿阶段表现不明显,处于此阶段的幼儿只是采用最初级的形式,如把两种有某种共同点的东西联系在一起记忆。故本题选C。

6.【答案】D。解析:杜威提出以"儿童为中心"理论。他认为教育的本质就是促进儿童的生长,学校生活应以儿童为中心。故本题选D。

7.【答案】A。解析:《3—6岁儿童学习与发展指南》中指出:"幼儿的学习是以直接经验为基础,在游戏和日常生活中进行的。"故本题选A。

8.【答案】C。解析:大约1岁半至2岁期间,幼儿就会具有应用某些"象征物"来代表某些事物的能力。依托象征性功能,幼儿可以脱离对当前实物的知觉,以表象代替实物进行想象,对生活中常见事物或活动进行"假装""想象""表演"或"模仿"的游戏,这样的游戏又被称为象征性游戏。故本题选C。

9.【答案】A。解析:幼儿通过日常生活活动获得发展,因此日常的观察是评估幼儿发展的最佳方式。故本题选A。

10.【答案】B。解析:止鼻血的有效方法为头略低,冷敷前额和鼻部。故本题选B。

二、简答题(本大题共2小题,每小题15分,共30分)

11.【参考答案】

(1) 结合生活实际对幼儿进行安全教育,教给幼儿简单的自救和求救的方法。

(2) 在幼儿园教学活动中,有意识地结合活动内容对幼儿进行安全教育,注重在活动中培养幼儿的自我保护能力。

(3) 在户外活动开展前,创设安全的生活环境,提供必要的保护措施。

(4) 在户外活动开展过程中,时刻注意引导幼儿注意安全。
(5) 注意强化幼儿的户外体育活动常规意识,把幼儿遵守常规的情况放在活动后的小结中,让幼儿知道遵守常规的重要性。

12.【参考答案】
主要观点:在加德纳看来,智能是由同样重要的多种能力而不是由一两种核心能力构成,各种智能是多维度、相对独立地表现出来而不是以整合的方式表现出来的。
(1) 每一个体的智能各具特点;
(2) 个体智能的发展方向和程度受环境和教育的影响和制约;
(3) 智能强调的是个体解决实际问题的能力及创造出社会需要的有效产品的能力;
(4) 多元智能理论重视的是多维地看待智能问题的视角。
智能种类:言语—语言智力、音乐—节奏智力、逻辑—数理智力、视觉—空间智力、身体—动觉智力、自知—自省智力、交往—交流智力、自然—观察智力。
教育启示:
作为教育者要树立这样一个观念:每个学生都具有在某一方面或几方面的发展潜力,只要为他们提供了合适的教育,每个学生都能成才。没有相同的孩子,当然也不可能有一种万能的教学方法。多元智能理论要求教师要针对不同幼儿的兴趣、需要、智能特点采用不同的、适宜的教学方法甚至是不同的教学形式。
"为了多元智能而教"和"通过多元智能而教"是多元智能理论的两个基本观点,前者指的是教育目的,强调孩子的发展必须是全面、和谐的发展,在全面发展的基础上也要有所侧重,智能没有优劣之分,因为社会需要各行各业的人才,所以根据幼儿的特点,教育目标也得有相应的改变。后者是对教育方法的新思考,针对同样的教学目的,对智能结构不同的幼儿要采用不同的教学内容和教学方法,一方面利用幼儿的智能强项来达到教育目标,正所谓殊途同归,另一方面利用其智能强项带动其智能弱项的发展,发挥智能强项的辐射作用,最终达到儿童的全面发展。

三、论述题(本大题1小题,20分)

13.【参考答案】
(1) 从教育目标来看,《幼儿园工作规程》第三条规定我国幼儿园教育的任务是:"贯彻国家的教育方针,按照保育与教育相结合的原则,遵循幼儿身心发展的特点和规律,实施德、智、体、美等方面全面发展的教育,促进幼儿身心和谐发展。"应全面落实《幼儿园教育指导纲要(试行)》《幼儿园工作规程》所提出的各项保育教育目标。
(2) 从儿童发展规律来看,儿童的发展是一个整体,要注重领域之间、目标之间的相互渗透和整合,促进幼儿身心全面协调发展,而不应片面追求某一方面或几方面的发展。
(3) 从幼儿园教育内容来看,幼儿园教育的内容是广泛的、启蒙性的,目前幼儿园教育内容按照幼儿学习活动的范畴相对划分为健康、语言、社会、科学、艺术等五个方面。各方面的内容都包含知识技能、情感态度、活动方式方法等多方面的学习。在实际教学过程中,幼儿实际的学习是综合的、整体的,幼儿园教育内容范畴的划分是相对的,教育过程中应依据幼儿的学习特点进行整合处理,以使幼儿通过真实而有意义的活动生动、活泼、主动地学习,获得完整的经验,促进身心全面和谐地发展。
活动目标的整合是"幼儿学习与发展整体性"实施途径的重要方式之一。幼儿园的教育目的是促进幼儿全面和谐地发展,教学活动是整合性的活动,幼儿园教学活动中有五大领域相互渗透,其教学目标也不是孤立的,要注意各领域目标之间的整合。活动目标中有情感、认知和动作技能三个方面,同时有健康、艺术、语言等多个领域的融合。

四、材料分析题(本大题共2小题,每小题20分,共40分)

14.【参考答案】
(1) 小虎的气质类型属于胆汁质。因为胆汁质的人的特点是情感发生迅速、强烈、持久,动作的发生也是迅速、强烈、有力。属于这一类型的人都热情、直爽、精力旺盛、脾气急躁、心境变化剧烈、易动感情,具有外倾性。小虎精力旺盛,做事急躁、马虎,不如意便大发脾气,随意动手打人,这都是胆汁质类型表现的主要特征。

(2)针对胆汁质的小虎,作为一名教师,应该采用因材施教的方法,切记不可过于急躁,对待小虎要有耐心。要注意培养小虎气质特点中优秀的一面,鼓励小虎发扬勇于进取、豪放的品质。如果小虎出现暴力、没有耐心的情况,要及时予以引导,防止任性、粗暴。材料中小虎发脾气后也非常后悔,教师应该抓住这一点循循善诱,平时给予小虎更多关注,与家长及时沟通,保证家园教育的一致性。在园教育时,注意培养小虎的创造力、韧性、决断力、行动力和表现力等多种优良的品质特征。

15.【参考答案】
(1)本案例中主要反映了教师在处理幼儿同伴交往过程中行为的引导。两位教师的做法各有利弊。
(2)幼儿的身心特征(生理因素、情感特征)一方面制约着同伴对他们的态度和接纳程度,另一方面也决定着他们在交往中的行为方式。教师在教学活动、生活活动中,要留意幼儿身心特征对幼儿同伴交往的影响,采取有针对性的引导策略。对两位教师回应方式的利弊之处分析如下:

教师 A 的做法的可取之处:发现幼儿同伴交往中出现问题,及时介入,介入过程中没有强制去让孩子按照自己的意愿执行,而是用一种讲道理的方式告诉幼儿做一个懂事的孩子。

不可取之处:该教师介入的方式属于主导者地位,也就是说以教师的身份介入到游戏当中,干涉了幼儿正常游戏的进行,而且让小莉离开秋千让给诺诺玩的时候,并没有询问小莉的意愿,委婉中透露着一种命令式的口吻,没有给予孩子述说自己意愿的机会。对于诺诺来说,这一次通过老师的介入满足了内心的愿望,下次遇到此类问题还是会第一时间想到找老师,欠缺自己动脑想问题、解决问题的能力,这种做法会养成孩子胆小、懦弱、依赖成人的不良习惯。

教师 B 的做法可取之处在于注意到了幼儿特点对同伴交往的影响,对交往当中弱势的一方,诺诺进行积极引导,帮助其分析原因、提出合理建议,抓住契机培养幼儿在交往当中的主动性、勇气,更为可取。

教师 B 考虑不周全之处在于她对幼儿处理问题的过程关注不够,仅笼统教给方法,对后期交往过程应有更多关注、引导、鼓励。

五、活动设计题(本大题 1 小题,30 分)

16.【参考设计】

大班主题活动:我是防火小能手

【活动目标】
(1)使幼儿在生活当中有一定的安全意识和自我保护能力。
(2)让幼儿认识消防电话 119,知道基本的安全防火知识。
(3)让幼儿学习自救的方法,体验逃生的过程。

【活动准备】
关于安全防火教育的彩色挂图一组(厨房、放鞭炮、灭火器等场景)。

【活动过程】
(1)出示萌萌放烟花的挂图,激发幼儿对活动的兴趣,导出活动主题。
① 教师通过语言引导,并介绍挂图。
师:过年的时候有一个叫萌萌的小朋友看到天空中漂亮的烟花,他也想放烟花,你们猜猜萌萌这样放烟花会发生什么呢?
② 观看完后让幼儿回答,根据回答进行小结。
师:萌萌这样做很危险,不小心就会点燃整间屋子,在放烟花的时候一定不能在室内进行,也一定不能对着自己、别人或易燃物品。
(2)组织幼儿讨论火灾产生的原因及预防火灾的方法。
① 引导幼儿讨论可能导致火灾的原因,如玩火、乱扔烟头、在禁放区燃放烟花、用明火照明寻找物品、地震、打雷、乱拉乱接电线等。
② 引导幼儿说出几种预防火灾的方法。
(3)组织幼儿讨论应对火灾的方法。
① 让幼儿熟悉几种自救逃生的方法与技能。
师:如果发生火灾,我们应该怎么做才能保护自己?
② 进行"安全防火自救"的游戏,培养幼儿遇火不惧怕、不慌张的心态,提高幼儿防火自救的能力。

(4)请幼儿分享感受,在分享中结束活动。
【活动延伸】
回到家与爸爸妈妈分享防火小常识,和爸爸妈妈一起排除家里火灾的安全隐患。

2014年上半年中小学教师资格考试
保教知识与能力试题(幼儿园)参考答案及解析

一、单项选择题(本大题共10小题,每小题3分,共30分)

1.【答案】B。解析:一般而言,小班儿童的有意注意只能保持3—5分钟。故本题选B。

2.【答案】A。解析:幼儿发展是幼儿教师选择教育教学内容最主要的依据。幼儿发展包括生理发展和心理发展两个方面。故本题选A。

3.【答案】A。解析:社会性的核心内容是人际关系。幼儿园的人际关系主要包括师幼关系和同伴关系。人际交往是促进幼儿社会性发展的主要途径。故本题选A。

4.【答案】B。解析:根据埃里克森人格发展的八阶段理论,婴儿期(0—1.5岁)面临的基本冲突是基本信任和不信任的冲突。故本题选B。

5.【答案】D。解析:婴儿的"分离焦虑"和三方面重要的认知能力有关,即"提取记忆能力""比较过去和现在的能力""预期可能在最近发生的事件的能力"。小于6个月的婴儿还没产生这三种能力,故不会有分离焦虑。大于6个月的婴儿记忆提取能力提高,当母亲离开后婴儿记忆中会产生以前母亲在场的图式,并和现在情境相比较,推测现在可能发生的事及"母亲会不会回来"。条件反射是婴儿出生不久就产生的,选项A不符合;婴儿分离焦虑的对象可能是父亲也可能是母亲,因此,产生分离焦虑不一定就是获得了母亲观念,选项B不符合;分离焦虑是一种消极的情绪,C选项显然予以排除。掌握客体永久性表明婴儿开始明白事物和人的存在,选项D符合。故本题选D。

6.【答案】A。解析:陶行知认为教与学都是为了生活实践的需要,教与学必须以"做"为中心,"一面做,一面学,一面教"。在幼儿教与学的过程中要"教学做合一",要以"做"为中心。故本题选A。

7.【答案】D。解析:机能性游戏是指幼儿反复做某个动作或活动以示快乐和满足。这类游戏能够自然地锻炼幼儿的感觉运动器官,有效地发展其身心机能。故本题选D。

8.【答案】D。解析:幼儿园应制定合理的幼儿一日生活作息制度,两餐间隔时间不得少于3.5小时。故本题选D。

9.【答案】C。解析:呆小症往往由于缺碘而引起。坏血病是由于人体缺乏维生素C所引起的疾病。佝偻病往往是由于缺乏维生素D而引起的。故本题选C。

10.【答案】B。解析:幼儿只能对事物、语言作简单、表面的理解。因此,对幼儿,尤其是小班幼儿千万不要说反话,因为幼儿对语言中的转义、喻义和反义现象也比较难理解。故本题选B。

二、简答题(本大题共2小题,每小题15分,共30分)

11.【参考答案】
集体教学活动是在教师的指导、带领下,全班幼儿一起进行的有计划、有目标的学习活动。集体教学活动能够在最短的时间内使幼儿获得某些知识和能力;在有限的空间和时间、利用有限的教育资源,尽可能促进所有幼儿在原有水平上共同发展。集体教学活动的缺点也在于此,那就是在同一时间,全班幼儿以同样的速度学习同样的内容,教师难以关注幼儿的个性和差异,难以因材施教。

12.【参考答案】
案例中的内容体现了学前儿童思维从具体到抽象的特点。学前儿童的思维主要是以形象思维为主,对物体的认识往往需要借助具体直观的材料,但数学知识却是一种高度抽象的知识,需要摆脱具体事物的其他无关特征才能获得。这与儿童对数学知识的理解恰恰需要借助于具体的事物,并且容易受到具体事物的影响的特点正是一对矛盾。这种矛盾在小年龄儿童身上体现得更突出。幼儿还不能从事物的具体特征中摆脱出来，从而抽象出数量特征，这种由事物的具体特征而带来的干扰，将随着他们对数学知识的抽象性质的理解而逐渐减少。

启示：幼儿学习数学必须借助于具体事物的影响，因此教师应该为幼儿提供多种学具、玩具，引发幼儿积极、主动地进行探索，注意采用多种教学方法，鼓励幼儿动手操作，及时对幼儿进行点拨。

三、论述题（本大题1小题，20分）

13.【参考答案】

（1）营造民主化的学习环境，为幼儿搭建主动学习的平台。例如，教师在课堂上提出一些探究性的问题后，要留给幼儿自己思维的空间，不要以诱导或者暗示的方式，把幼儿的思路限制在自己为他们设计好的模式中，要给他们自主学习的机会。在操作活动中要多提供让幼儿自主探究、自主体验的机会，要学会"等待"，不要急于把现成答案抛给幼儿，要让幼儿尽情地探索、体验，在自主状态下主动建构知识与经验。

（2）创造性地运用教材，为幼儿提供主动学习的材料。例如，科学活动《它能穿越管子吗》中，为幼儿提供操作材料：不同形状的白色弯管、直管，带螺帽的线、铅笔、打气筒、手电筒。先请幼儿猜测："带螺帽的线、铅笔、打气筒里打出来的气、手电筒里照出来的光，这四样东西能穿越管子吗？"接下来引导幼儿操作验证、引导发现："什么东西能穿越弯管？什么东西不能穿越弯管？"然后探讨问题："为什么线和空气能穿越弯管？为什么铅笔和光线不能穿越弯管？"最后再次实验并得出结论。

（3）改变教学方法，培养幼儿主动学习的能力，让幼儿主动提出并解决问题。例如，科学活动《会滚的物体》中，让幼儿自由操作去发现"什么东西会滚？什么东西不会滚？为什么？"对于幼儿来说，自己主动发现问题、探求新知，印象和感受最深刻，理解也最深刻。

（4）教给学习的方法，为幼儿创造主动学习的条件。例如，大班科学活动《昆虫》，课前我们让幼儿准备一些关于"昆虫"的信息。这样，在父母的协助下，他们大多从杂志、报纸、电脑等渠道上获得各种各样的关于昆虫的信息，有的还直接带来和父母一起捕捉到的昆虫及昆虫的标本等，这些准备过程，不仅丰富了幼儿的知识、扩大了感性认识、开阔了眼界，更重要的是让幼儿学会了收集信息的方法，培养了幼儿积极、主动、独立学习的乐趣与能力。

（5）改进指导策略，有效地促进幼儿主动学习。例如，科学教学中，营造幼儿主动探索氛围的策略：一是让幼儿带着疑问去探索；二是在操作过程中不限制幼儿的自由讨论、随机提问；三是允许孩子走动探索，还鼓励他们与同伴比较、分析、交流与合作；四是随时捕捉孩子不同的表现和发现。

四、材料分析题（本大题共2小题，每小题20分，共40分）

14.【参考答案】

该案例中为识字比赛创设的墙面环境体现了环境创设的基本原则，值得肯定和提倡。

（1）环境与教育目标一致的原则。幼儿园环境是幼儿园课程的一部分，在创设幼儿园环境时，要考虑它的教育性，应使环境创设的目标与幼儿园教育目标相一致。过去有的幼儿班级，虽然也重视环境创设，但很大程度上只是追求美观，为的是布置环境，或者只是盲目地提供材料，对环境的教育性考虑很少。而该案例当中，充分体现了环境创设与识字教育目标相一致。

（2）适宜性原则。幼儿正处在身体、智力迅速发展以及个性形成的重要时期，有多方面的发展需要。幼儿园环境创设应与幼儿身心发展的特点和发展需要相适宜。处于不同年龄阶段的幼儿，身心发展特点和需要表现出不同的年龄特征；即使是同一年龄阶段的幼儿，在兴趣、能力、学习方式方面也都存在很大差异。该案例中的环境创设应适应幼儿的这种差异，如：小火车上有简单和复杂的字。另外，环境是幼儿喜欢的卡通小火车形象，符合幼儿的兴趣，有较强的吸引力。

（3）经济性原则。给幼儿提供物质条件时，应以物质条件对幼儿发展的功能大小和经济实用性为依据，案例当中，节钱省料实用，根据教育目标需要，就地取材，一物多用。

不足：没有体现幼儿参与原则，教师应将幼儿参与环境创设融入课程，以便对幼儿有针对性地进行教育。幼儿不是环境创设的消极旁观者和享用者，而是环境创设的积极参与者和互动者。

15.【参考答案】

这位教师的做法不对，她的做法其实就是一种负面的情绪教育——"以暴制暴"。

"再哭爸爸就不来接你了"这样的严惩、恐吓和威胁性质的语言,不但会伤害孩子的自尊心,还会使幼儿丧失心理安全感。面对幼儿的负面情绪不正确的做法有:打骂、恐吓、哄骗、取消权利、讲大道理、给孩子定性、贴上胆小或坏脾气等标签。

正确的做法应为:采取积极的教育态度,找到幼儿情绪激动的真正原因,寻找情绪背后的需求和想法,及时安慰,引导孩子宣泄负面情绪,提供缓解情绪的物品等。

具体方法如下:

第一种,转移法。转移法是指把注意力从产生消极否定情绪的活动或事物上转移到能产生积极肯定情绪的活动或事物上来。

第二种,冷却法。当幼儿情绪强烈对立时,成人要把教育的重点放在平静幼儿的情绪上,使幼儿尽快恢复理智,而不要"针尖对麦芒"。可以采取暂时不予理睬的办法,待幼儿冷静下来后,让他想一想,反思一下:自己刚才的情绪表现是否合适,要求是否合理等。

第三种,消退法。对待幼儿的消极情绪可以采用条件反射消退法。

总之,在教师的情绪关注和培养下,随着年龄的增长,孩子的情绪会逐渐丰富,自我调节能力也会日益提高。

五、活动设计题(本大题1小题,30分)

16.【参考设计】

一、设计意图

《幼儿园教育指导纲要(试行)》在第三部分中指出:"家庭是幼儿园重要的合作伙伴,应本着尊重、平等、合作的原则,争取家长的理解、支持和主动参与,并积极支持、帮助家长提高教育能力。"亲子运动在家庭教育中,往往被父母忽视,这对密切亲子关系和促进儿童身心健康发展是极大的损失。为了帮助家长进一步学习亲子游戏的方式、方法,设计本次亲子运动会,使家长对亲子活动的目的、准备、过程以及如何引导活动有更详尽的了解。家长通过观察、亲身体验,感受如何引导孩子参与亲子活动,从而促进幼儿发展。

二、运动项目

运动项目一:蜈蚣竞走

【玩法】

(1)每班20名幼儿、20名家长,分两大组进行,每组包括幼儿组和家长组。两组分别站在场地两侧的起跑线后。

(2)根据老师口令行动,各组排成一列同时蹲下,后面人双手搭在前面人的肩上,听到口令后,幼儿组同时由起点出发,步调一致到达对面起跑线,家长组接力按幼儿组的路线跑到终点。

(3)先到达终点组为胜利组。

【规则】

(1)在行进过程中,每位成员必须保持下蹲姿势,手搭在前面人肩上,不得松开,若松开,退回起点重新开始。

(2)每大组中幼儿组最后一个人过线后,家长组方可开始行进。

运动项目二:接力赛跑(材料:皮球四个)

【玩法】

(1)每班20名幼儿、20名家长,分别站在场地的两侧,成一列纵队。

(2)听到老师口令,家长抱球跑到对面,把球交到幼儿手中。

(3)幼儿接住球后抱球跑到对面,把球传给下一位家长。依照顺序往返直到最后一位。

(4)最先跑完为胜者。

【规则】

(1)双手抱球,若中途球落地,捡起后返回原地接着跑。

(2)传球过程中不得抛球,必须过终点线方可传球。

三、家长工作要点

(1)家长要按照园内要求的时间准时带孩子到达运动会地点。活动前一天请保证幼儿充足的睡眠时间,以保证运动会当天幼儿以饱满的精神参加运动会。

(2)进行升旗、亲子操及亲子运动项目时,家长务必根据教师指令快速到达指定地点,家长应全身心投入运动会中,为幼儿做好榜样。

(3) 比赛期间请家长看管好自己的孩子,注意孩子的安全,陪同幼儿的家长请不要带幼儿在运动场地上随意走动,保持会场秩序。

(4) 本次活动的主题是"我运动,我快乐",本着"友谊第一,比赛第二"的良好心态参加比赛。

(5) 培养孩子的环保意识,家长提前准备一个垃圾袋,活动结束后把自己所在区域垃圾清理干净,保持场地清洁卫生。

(6) 运动会项目结束后,请家长(穿亲子服)配合集体合影留念,然后领取园内准备的运动会礼物,并到本班教师处签到后方可自由活动。

四、实施注意事项

(1) 事先熟悉活动地点的环境,了解周围是否有安全隐患,若有应及时处理。

(2) 做好活动的组织工作,强化活动纪律,确定负责人,事先制订好计划。保障幼儿安全,注意幼儿离园的安全。

(3) 对幼儿进行安全教育、纪律教育。各班教师随时清点幼儿人数,游戏活动强度应适中,教师应时刻关注幼儿在游戏中的表现,发现异常时,及时给予关注。